Cuentos Tradicionales del Zen

Dhamma Buddha

Published by Dhamma Buddha, 2024.

CUENTOS TRADICIONALES DEL ZEN

First edition. May 13, 2024.

Copyright © 2024 Dhamma Buddha.

ISBN: 979-8224374090

Written by Dhamma Buddha.

Tabla de Contenido

Aquí está...

CHAO CHOU PREGUNTÓ A NAN CHUAN, "¿QUÉ ES EL TAO?"

NAN CHUAN RESPONDIÓ: "LA MENTE ORDINARIA ES TAO".

CHAO CHOU PREGUNTÓ ENTONCES: "¿CÓMO SE PUEDE ABORDAR?".

NAN CHUAN RESPONDIÓ: "SI QUIERES ACERCARTE, SEGURO QUE TE LO PIERDES".

"SI NO TE ACERCAS A ÉL, ¿CÓMO SABES QUE ES EL TAO?"

"EL TAO NO ES UNA CUESTIÓN DE SABER, NI UNA CUESTIÓN DE NO SABER. CONOCER ES UNA FORMA ILUSORIA DE PENSAR, Y NO CONOCER ES UNA CUESTIÓN DE INSENSIBILIDAD.

SI UNO PUEDE REALIZAR EL TAO DE FORMA INEQUÍVOCA, SU MENTE SERÁ COMO EL GRAN ESPACIO: VASTA, VACÍA Y CLARA. ¿CÓMO, ENTONCES, PUEDE UNO CONSIDERAR ESTO COMO CORRECTO Y AQUELLO COMO INCORRECTO?".

AL OÍR ESTE COMENTARIO, CHAO CHOU SE DESPERTÓ DE INMEDIATO.

Hoy nos adentramos en el muy especial mundo del Zen. Es muy especial porque es el estado de conciencia más ordinario: ésa es su especialidad. La mente ordinaria siempre quiere ser extraordinaria; sólo la mente extraordinaria se relaja en lo ordinario. Sólo el excepcional está dispuesto a relajarse y descansar en lo ordinario. El ordinario siempre se siente inferior; por ese complejo de inferioridad intenta ser especial. El especial no necesita hacer ningún esfuerzo para ser especial, él es especial. No tiene complejo de inferioridad. No sufre de ningún vacío. Está tan lleno, rebosante, que puede ser lo que quiera que sea.

El mundo del Zen puede considerarse el más especial y también el más ordinario. Es una paradoja si se mira desde fuera; si se mira desde dentro no hay paradoja alguna. Es un fenómeno muy simple. La flor de rosa, la caléndula, el loto o una simple brizna de hierba no intentan ser especiales en absoluto. Desde la brizna de hierba hasta la estrella más grande, todas viven en su talidad. No hay esfuerzo, ni lucha, ni deseo. No hay devenir. Son absolutamente dichosos en su ser. Por lo tanto, no hay comparación, no hay competitividad. Y no hay cuestión de jerarquías: quién es inferior y quién es superior. Nadie es inferior, nadie es superior. De hecho, la persona que intenta demostrar que es superior es inferior.

La persona que acepta lo que es con alegría -no con resignación, ojo, no con desesperación, sino con profunda comprensión, y está agradecida por ello, agradecida a la existencia, agradecida al todo- es la más elevada.

Jesús lo dice: Bienaventurados los últimos en este mundo, porque ellos serán los primeros en mi reino de Dios. Él estaba hablando un lenguaje diferente porque estaba hablando a un tipo diferente de personas, pero la declaración tiene la cualidad del Zen en ella. Los últimos... Pero si intentas ser el último, no eres el último, recuérdalo.

Eso es lo que han estado haciendo los cristianos durante cientos de años: intentar ser los últimos para ser los primeros en el reino de Dios. No han entendido nada. Ser el último, no mediante el esfuerzo, no mediante la lucha, sino simplemente comprendiendo que "lo que soy, lo soy; no puedo ser de otra manera. No puedo ser nadie más, no necesito ser nadie más. Así es como el todo quiere que sea y yo me relajo en ello. Me rindo a la voluntad del todo...".

Un Maestro Zen no dirá: "Tú serás el primero". Eso es porque Jesús estaba hablando a personas que no conocían en absoluto el Zen. Jesús sabía lo que era el Zen. Estuvo en la India, en Ladakh, en el Tibet, y hay historias de que incluso estuvo en Japón. Hay un lugar en Japón donde la gente cree que estuvo de visita. Es posible, porque durante dieciocho años estuvo viajando, pasando de una escuela de misterios a otra. Pero él tenía que hablar de una manera judía.

Los judíos son gente muy orientada a los objetivos, siempre intentando llegar a alguna parte. Incluso los hindúes son personas muy orientadas a los objetivos; por eso no pudieron entender a Gautam el Buda, lo malinterpretaron. Buda fue mejor comprendido por los chinos, e incluso mejor por los japoneses, por la sencilla razón de que los chinos no son tan espiritualistas, porque siempre que alguien es espiritualista tiene una meta, la meta del otro mundo. Quiere ser especial en algún lugar, si no en esta vida, en la siguiente, si no aquí, después de la muerte, si no en la tierra, en el paraíso.

El paraíso es sólo la imaginación de las personas que viven una vida orientada a objetivos. No pueden ser religiosos a menos que exista una meta más allá de la muerte. Una vez que tienen una meta, están dispuestos a sacrificarlo todo por ella. No pueden ser simplemente religiosos - la religión no es su comprensión, la religión no es su alegría, la religión no es su forma de ser; es su deseo, es de nuevo en el fondo un viaje del ego. Es el ego el que crea el paraíso.

Los chinos nunca han sido espiritualistas como los indios. Nunca han estado tan orientados a los objetivos como los judíos, que siempre han buscado la tierra prometida. La tierra prometida es ahora, y durante tres mil años han estado buscando y buscando. La búsqueda comenzó con Moisés y aún continúa, y va a continuar. Siempre están esperando que venga el Mesías. Es debido a su espera y búsqueda que no pudieron aceptar a Jesús como el Mesías, porque si él es el Mesías entonces ¿qué pasará con su espera y búsqueda? Si es el Mesías prometido, ¿entonces qué? ¿Qué harán entonces? Todo su patrón de vida está arraigado en la búsqueda de una tierra prometida, en la búsqueda de un salvador. Si él es el salvador, toda su alegría desaparece. No pueden aceptarlo por la sencilla razón de que quieren seguir deseando, soñando y llegando a ser.

Los chinos, en cierto modo, habían sido gente muy diferente. Buda les atrajo inmediatamente; tuvo un éxito inmediato en la conciencia china. Y en Japón incluso penetró más profundamente porque los japoneses siempre han sido muy terrenales; viven aquí y ahora.

Zen, la propia palabra, viene de una raíz sánscrita dhyana. Es un error de pronunciación de otro error de pronunciación de otro error de pronunciación. Así que no soy el único que pronuncia mal las palabras. Es una antigua costumbre de los despiertos. La palabra sánscrita es dhyana. Buda la pronunció como jhana - la primera mala pronunciación comenzó con Gautam el Buda. Cuando llegó a China, los Maestros chinos, Hui Neng y otros, la pronunciaron como chana, y finalmente chana se acortó en chan. Cuando llegó a Japón, Rinzai y otros Maestros lo pronunciaron como Zen. Es la misma palabra sánscrita, dhyana, pero con cada cambio ha tomado un sabor diferente; con cada cambio de clima ha tomado un nuevo perfume. Se ha vuelto cada vez más hermosa. Ahora es mucho más bello que antes, y ha recorrido un largo camino.

Del dhyana al zen hay una evolución tremenda; han aparecido nuevas dimensiones inimaginables, hasta el punto de que si los antiguos videntes sánscritos y védicos llegan a conocer el zen no creerán que esto es lo que le ha ocurrido a su dhyana. Se ha desplazado casi a la polaridad opuesta, pero se ha vuelto mucho más bella, mucho más estética, mucho más grácil, mucho más femenina. No ha perdido nada.

Normalmente ocurre justo lo contrario: con el paso del tiempo las cosas se deterioran. No ha sido el caso del Zen. Con cada época que pasa y con la nueva conquista de un nuevo país y clima, de nuevas gentes. El Zen era tan capaz que absorbía nuevas cualidades; se enriquecía. Empezaron a crecer nuevas flores con nuevos colores.

Es la reunión de todo el genio de Asia, porque el genio indio, el genio chino y el genio japonés, que son las tres corrientes principales del genio asiático, han contribuido al Zen.

Lo primero que hay que entender es que no está orientada a objetivos. Es una forma de vida en el presente; no tiene nada que ver con una vida futura, con ningún paraíso. No es, en el sentido corriente, otra rama de la espiritualidad. No es ni espiritual ni material; es una trascendencia de ambas. No es de otro mundo, tampoco de este, sino una gran síntesis.

El Maestro Zen vive en la vida ordinaria, como todo el mundo, pero vive de una manera extraordinaria, con una visión totalmente nueva, con gran exquisitez, con tremenda sensibilidad, con conciencia, vigilancia, meditación, espontaneidad. No hay nada tan sagrado en el Zen, no hay nada tan mundano. Todo es uno, indivisiblemente uno; no puedes dividirlo en mundano y sagrado.

De ahí que encuentres Maestros Zen comprometidos en actividades muy mundanas; ningún santo hindú estará dispuesto a hacer tales cosas. Las llamará cosas mundanas. Ningún santo jainista puede concebirse a sí mismo cortando leña o sacando agua del pozo o acarreando agua del río - ¡imposible! Estas son actividades mundanas; son para la gente mundana. Pero los Maestros Zen no hacen distinciones. Puedes encontrar al Maestro Zen cortando leña, cocinando comida, sacando agua del pozo, cavando un hoyo en el jardín, plantando árboles... todo tipo de actividades ordinarias. Pero si lo observas, verás la diferencia.

La diferencia es tremenda, pero no es de cantidad: es de calidad. Trabaja con tal conciencia, con tal silencio, con tal alegría y celebración que transforma toda la actividad.

El jainista, el hindú, escapan del mundo. El Maestro Zen vive en el mundo y lo transforma. Hay un gran mensaje para el futuro de la humanidad: este va a ser el camino de una religiosidad futura. La vieja idea de renunciar al mundo ha fracasado totalmente, ha fracasado por completo. Es básicamente errónea y poco práctica. ¿Cuántas personas pueden renunciar al mundo? - Sólo una proporción muy pequeña, porque tienen que depender del mundo. El monje jainista puede no hacer nada; eso significa simplemente que otras personas hacen cosas por él. El santo hindú puede vivir en una cueva muy lejos, en el Himalaya, pero alguien le lleva comida desde el pueblo, le traen ropa y todo lo que necesita.

Si todo el mundo vive como monjes y monjas, ¿quién va a cuidar de estas personas? Sería un suicidio mundial. Pasarán hambre y morirán. Es una idea muy poco práctica para transformar el mundo en un tipo de vida religiosa.

El Zen es muy pragmático, práctico. Dice que eso es estúpido; renunciar es simplemente poco inteligente - ¡transfórmate!

Estate donde estés, pero de una forma nueva. ¿Y cuál es esa nueva forma? Ser no competitivo. Ser competitivo es ser mundano. Recuerda el énfasis: no se trata de vivir en el mundo o ir a las montañas; ser competitivo es ser mundano. Puedes ir a las cuevas, pero hay otros santos viviendo en otras cuevas y habrá competencia; entonces habrás creado otro mundo.

Entonces se hablará de quién está alcanzando nuevos siddhis, nuevos poderes, quién puede ayunar más, quién puede torturarse más, quién puede tumbarse en un lecho de clavos, quién puede vivir sin ropa en el frío invierno, quién puede sentarse bajo el ardiente sol con fuego a su alrededor: quién es el santo más importante. Habrá una jerarquía.

Una vez me invitó un shankaracharya... debió de haber algún error. Él no era consciente de mi forma de pensar. Me invitó. Yo estaba muy contento. Dije: "¡Esta es una buena oportunidad!" Así que fui allí, y por supuesto hubo grandes problemas.

El primer problema empezó cuando nos presentaron. El shankaracharya estaba sentado en un trono de oro y justo a su lado había un trono de oro más pequeño en el que estaba sentado otro monje hindú, y había otros monjes que estaban sentados en el suelo.

El shankaracharya me dijo: "Te estarás preguntando quién es este hombre que está sentado a mi lado en el trono más pequeño. Ha sido presidente del tribunal supremo, pero es un hombre espiritual tan grande que ha renunciado a ello. Renunció al mundo, a su alto salario, a su puesto, a su poder. Se convirtió en mi discípulo. Y es tan humilde que nunca se sienta en el mismo estrado que yo".

Le dije: "Veo que es muy humilde, está sentado en un trono más pequeño que el tuyo, ¡pero los demás están sentados en el suelo! Si es realmente humilde debería cavar un agujero en el suelo y sentarse allí, ¡si es realmente humilde! Sólo es humilde contigo y con los demás es muy arrogante".

Y pude ver la ira... Ambas personas se enfadaron mucho. Por un momento no sabían qué decir y qué no decir. Les dije: "¡Vean su humildad, ambos están enfadados! Y este hombre sigue sentado. Si es humilde, que se baje. ¡Cava un agujero inmediatamente! No se aferre al trono.

Y luego habrá una competición, por supuesto. Otros cavarán agujeros más grandes... Luego hay un pozo fuera, en el jardín: ¡deberá saltar al pozo para scr la persona más humilde!".

Todas estas ideas estúpidas se han propuesto durante siglos, pero surgen nuevas competiciones.

Y le dije al shankaracharya: "Simplemente está esperando a que mueras, e inmediatamente saltará a tu silla, se sentará allí. Sólo está esperando; ya está a mitad de camino. Está rezando en su corazón:

'Viejo tonto, muérete pronto', para poder decirle a otro que se siente en el trono más pequeño y presentarlo como una persona muy humilde. Ni tú eres humilde ni él es humilde. Si él es humilde por sentarse en un trono más pequeño, ¿quién eres tú? Estás sentado en un trono más alto que él. Y si sólo se trata de sentarse más alto o más bajo, ¿qué pasa con la araña del techo?

Él es lo más alto. Él es el más grande, porque está más alto que tú; tú no puedes ir más alto que él.

¿Y qué pasa con los pájaros que vuelan por el cielo?

"Si este es el camino, entonces no has renunciado a nada. Llevas la misma estupidez de siempre con nuevos nombres".

Sólo han cambiado los nombres, los viejos sueños continúan. Los viejos deseos, los viejos egos siguen fortaleciéndose. Puedes ir a cualquier monasterio y lo verás: persiste la misma competencia.

El Zen tiene un enfoque diferente. Dice: Estar en la vida - la vida no está mal. Si algo está mal, está mal en tu visión. Tus ojos están nublados, tu espejo de conciencia está polvoriento. Límpialo. Crea más claridad.

Si desaparece la competitividad, estás en el mundo y, sin embargo, no estás en el mundo. Si desaparece la ambición, entonces no queda mundo. Pero, ¿cómo pueden desaparecer la ambición y la competitividad?

Seguimos creando nuevas formas. Alguien intenta tener más dinero que tú y otro intenta ser más virtuoso que tú. ¿Cuál es la diferencia? Alguien intenta tener más conocimientos que tú, otro intenta tener más carácter que tú. Es el mismo deseo, el mismo sueño, la misma somnolencia. Y la gente sigue y sigue soñando. Sus sueños cambian, pero nunca despiertan.

Un hombre acude a una prostituta. Disfrutan haciendo el amor y él va cada vez más profundo.

Entonces, antes de que se dé cuenta, una de sus piernas se desliza dentro de la mujer, y luego la otra pierna, y antes de que pueda agarrarse a algo todo su cuerpo desaparece dentro de la mujer.

"¡Dios mío!", murmura, perdido en la oscuridad. Sobre su cabeza siente una bota. La agarra y tira de ella hacia abajo; junto con la bota viene una pierna, luego otra bota y otra pierna, y finalmente, ¡he aquí!

otro hombre.

"Oh", dice el hombre, "¿qué haces aquí? ¿También te has acostado con esta prostituta?".

"Sí", responde impaciente el hombre, "pero ahora no tengo tiempo para responder preguntas. He perdido mi caballo. ¿Ha visto mi caballo blanco por alguna parte?

Los sueños cambian, pero tú sigues cayendo en este o aquel sueño, y sigues perdiéndote en la oscuridad. La cuestión es despertar, no cambiar tus sueños, no sustituir el viejo sueño por otro, no crear un nuevo sueño en lugar del viejo.

Un hombre estaba sentado en medio de la calzada agitando los brazos como si remara una barca, reteniendo el tráfico de la ciudad.

Un impaciente conductor sale de su coche y se acerca a grandes zancadas al hombre. "Oye, ¿estás loco o qué? ¿Qué haces?"

"Estoy remando una barca", responde el hombre. "¿Quieres que te lleve?"

"¿Pero dónde está tu barco?"

"¿Qué? ¿No hay barco?", grita alarmado el barquero. "¡Entonces será mejor que empecemos a nadar!"

Si alguien te dice que esto es un sueño, que todo esto es una ilusión, inmediatamente empiezas otro sueño, otra ilusión.

La obra fue un fracaso y, a medida que avanzaba el segundo acto, también lo hacía el público. Finalmente, después de que el héroe hubiera salvado a su amada de una banda de ladrones, se volvió hacia ella y le dijo con un majestuoso movimiento de manos: "¡Ya está, cariño, los he ahuyentado a todos!".

Las palabras de agradecimiento de la heroína se vieron interrumpidas por una voz seca procedente de la última fila: "¡Todavía no, joven! Todavía somos diez los que dormimos aquí".

Todo el mundo está dormido de formas diferentes, en posturas diferentes, soñando sueños diferentes. Los cristianos sueñan sueños diferentes; por eso su paraíso es diferente. Los hindúes sueñan sueños diferentes, los jainistas sueñan sueños diferentes, los mahometanos sueñan sueños diferentes, los comunistas sueñan sueños diferentes. Su paraíso no está más allá de la tumba; esperan tenerlo aquí algún día, pero algún día, no ahora, no para ti. En el futuro llegará un momento en que la sociedad no tendrá clases, en que no habrá explotación, en que no habrá opresión, en que no habrá pobres ni ricos, en que no habrá Estado. Incluso el Estado desaparecerá porque no habrá necesidad de gobernar: la gente será tan buena, tan amable. No habrá necesidad de ningún gobierno. Eso también es un sueño. Es tanto un sueño como el viejo paraíso, el viejo cielo y el viejo firdaus; no hay nada muy diferente en ello.

Puedes cambiar la Biblia por Das Kapital o por Gita o por Corán, pero eres la misma persona.

El Zen insiste en que, a menos que tu conciencia sufra una transformación radical, nada cambia.

Seguirás siendo mecánico, tu vida seguirá siendo mecánica.

Una noche, Stalin pasea por delante del Hotel Ruso de Moscú. De repente oye un ruido sordo, mira hacia abajo y ve a sus pies el cadáver de un joven ruso. Mira hacia arriba y ve una luz procedente de una habitación del décimo piso. Sube corriendo, abre la puerta de golpe y ve a un inglés.

"¿Lo tiraste por la ventana?", pregunta Stalin.

"No", responde el inglés. "Tomamos juntos esta habitación. Antes de acostarnos colgué mi chaqueta en la percha, como es costumbre inglesa; él puso la suya en la silla, como es costumbre rusa. Yo puse mis pantalones en el armario, como es costumbre inglesa; él puso los suyos debajo del colchón, como es costumbre rusa.

A medianoche alguien llamó furiosamente a la puerta. Fui a abrir, como es costumbre inglesa, y él saltó por la ventana, ¡como es costumbre rusa!".

Los hábitos difieren, y a veces algunos hábitos pueden resultar peligrosos, pero la gente vive a través de los hábitos, no a través de la conciencia; la gente vive mecánicamente. Y puedes decirles que renuncien al mundo y renunciarán al mundo, tan mecánicamente como vivían en el mundo. Puedes decirles que se desnuden, que renuncien incluso a la ropa; renunciarán a ella tan mecánicamente como lo hacían cada día al ponerse la ropa.

La cuestión es cómo se puede abandonar este mecanicismo. La cuestión es mucho más profunda que los síntomas externos: hay que cambiar la raíz.

A su regreso a la Tierra, un astronauta describió Marte y a sus habitantes, hombres y mujeres. "Las mujeres marcianas tienen una peculiaridad asombrosa: tienen el culo por delante y las tetas por detrás", afirmó con seriedad.

"¡Pero eso es horrible!", exclamó el periodista.

"Para mirar, sí", respondió el astronauta, "¡pero es maravilloso para bailar!".

Un tipo caminaba por la calle muy alterado. Estaba tan alterado que se cruzó con un amigo que le dijo: "¡Hola!". Ni siquiera se dio cuenta. Entonces el amigo se volvió hacia él, le agarró por la corbata y le dijo: "¿Qué pasa, tío? ¿No me has visto?".

El primero apartó la mano de su corbata y dijo: "¡No me tires de la corbata otra vez, no me tires! Hoy estoy tan lleno de mierda que si vuelves a tirar de ella voy a tirar de la cadena".

Estas son las personas - puedes hacerlas religiosas, ¡irán a la iglesia llenas de mierda! Irán a los templos, pueden hacerse hindúes, mahometanos, cristianos, lo que quieras... ¡un poco más de mierda! Están cargando mucho, pueden cargar un poco más. De hecho, ¡cuando no tienen suficiente se sienten vacíos!

El Zen es una transformación radical de la conciencia. Te limpia totalmente y su método de limpieza es único; nunca se ha probado antes. Es la mayor contribución a la conciencia humana.

CHAO CHOU PREGUNTÓ A NAN CHUAN, "¿QUÉ ES EL TAO?"

Ahora bien, esta pregunta no tiene respuesta. Hay preguntas que pueden responderse y otras que no. Las preguntas que pueden responderse pertenecen a la ciencia y las preguntas que no pueden responderse pertenecen a la religión. Las preguntas sin respuesta son las verdaderas preguntas, porque están arraigadas en el misterio mismo de la existencia.

Esta pregunta parece muy inocente.

CHAO CHOU PREGUNTÓ AL MAESTRO NAN CHUAN, "¿QUÉ ES EL TAO?"

La pregunta parece sencilla, pero es la pregunta más imposible. Hacerla demuestra que no entiendes en absoluto lo que estás preguntando. Tao es otro nombre de "isness". No puedes preguntar: "¿Qué es isness?". Sólo puedes experimentarlo. ¿Cómo puedes preguntar "qué es isness"? Se puede experimentar, y ahora mismo, no mañana. Te rodea, lo respiras, formas parte de él. Es el latido mismo de tu existencia. Pulsa en tu sangre. Es tu conciencia.

Escucha este momento de silencio... ¡es este! Pero no hay manera de responder. Sí, se puede indicar.

De ahí que los Maestros Zen digan: "Los Budas sólo muestran la luna - no te aferres a sus dedos. Son sólo dedos que muestran la luna - mira la luna. Los dedos no son la luna. Los dedos que señalan la luna no son la luna en sí".

Tao es sólo una palabra, muy arbitraria, que no significa nada. Es sólo un dedo que señala el ser de la existencia. El gorjeo de los pájaros, los árboles en silencio, y todos vosotros sentados aquí en una profunda comunión con un tremendo amor en vuestros corazones... ¡Esto es! Pero esto no es una respuesta.

CHAO CHOU PREGUNTÓ, "¿QUÉ ES EL TAO?"

NAN CHUAN RESPONDIÓ: "LA MENTE ORDINARIA ES TAO".

Una de las mejores respuestas jamás dadas, y una de las respuestas que contiene la verdad última, tan simple y a la vez tan pregnante:

"LA MENTE ORDINARIA ES TAO".

¿Qué es la mente ordinaria? Cuando no hay nada en la mente, cuando no estás deseando nada, cuando no estás pidiendo nada, cuando no hay preguntas en tu mente, ni interrogantes, ni curiosidades, cuando no hay sueños agitándose en tu mente, ni pensamientos, ni recuerdos, ni proyecciones, ni pasado, ni futuro... entonces la mente es absolutamente ordinaria.

En esa mente ordinaria experimentarás Tao porque experimentarás el isness. Es debido a tus deseos, sueños y tu embriaguez con tus sueños que sigues perdiendo lo que siempre está disponible, lo que siempre se enfrenta a ti, lo que está fuera y dentro, lo que nunca has perdido ni por un solo momento, lo que incluso si quieres perder no puedes perder - es tu propia naturaleza intrínseca. Pero tantos pensamientos en la mente crean una nube a tu alrededor, y el tráfico siempre está ahí.

Observa el tráfico de la mente y te sorprenderás: ni por un solo momento hay un vacío. Y siempre que hay un hueco hay un sabor a Tao. La lejana llamada del cuco... y por un momento te olvidas de todos tus pensamientos. La llamada del cuco es tan hermosa, tan penetrante, que se clava como una flecha en el corazón. Por un momento todo se detiene... y de repente saboreas el Tao. Lo llamas belleza porque no sabes lo que es. Sí, la belleza es uno de sus aspectos. Una puesta de sol, y las nubes son todas doradas y el sol está a punto de caer en el océano, y todo el océano se ha vuelto rojo, e incluso tu respiración se detiene por un momento. El asombro es tal. Lo llamas asombro porque no sabes lo que es; ése es otro aspecto del Tao. Ves a una mujer hermosa o a un hombre hermoso, y por un momento te olvidas de todo lo demás. Tus ojos permanecen fijos, sin pestañear; te olvidas incluso de parpadear. Puedes llamarlo belleza física, forma, proporción: todos son aspectos de Tao. Esta noche llena de estrellas, tú tumbado en la hierba mirando al cielo, impresionado por su esplendor -lo llamas esplendor- es otro aspecto de Tao.

Al escuchar música, algo se agita en lo más profundo de tu ser; se produce una sincronicidad. Te has sintonizado con la música, surge en ti una danza sutil. ¿Lo llamas música? ¿Lo llamas poesía?

Es Tao, otro aspecto de Tao.

Tao tiene una realidad multidimensional. Tao es la experiencia más rica del mundo. La persona que conoce a Tao es el hombre más rico del mundo; tiene el mayor tesoro inagotable. Incluso los alejandrinos son mendigos comparados con él. Conociendo todos los aspectos de Tao uno se convierte en Tao mismo, porque cuando te familiarizas con estos aspectos de Tao, poco a poco te familiarizas contigo mismo -porque eso también es la dimensión interna de Tao. La puesta de sol es parte de la dimensión exterior, la música es parte de la dimensión exterior. Y el ser testigo, la vigilancia, la experiencia del asombro, la belleza, la maravilla, la alegría, el amor, son aspectos de la dimensión interior. Entonces sólo existe isness.

Buda lo llamaba suchness - tathata; tathata significa exactamente Tao. Puedes llamarlo isness; isness te lo hará más claro porque "Tao" parece una palabra extraña. Pero no lo traduzcas como Dios; puede traducirse como Dios, pero entonces inmediatamente te conviertes en víctima de muchas muchas asociaciones que se han convertido en parte de la palabra "Dios". Dios también significa Tao, pero en manos de los sacerdotes y los misioneros y los teólogos la palabra se ha corrompido; la han envenenado.

Friedrich Nietzsche dice: "Dios ha muerto". No está muerto, ha sido asesinado - asesinado por los sacerdotes, por los teólogos, por los políticos, asesinado por los llamados santos, la llamada gente santa. La palabra "Dios" es tan hermosa como "Tao" si se puede sacar de estas feas manos en las que ha caído.

Tao nunca formó parte de ningún sacerdocio. No se hizo ningún templo para Tao, no se esculpió ninguna estatua. Los seguidores, los amantes de Tao permanecieron muy atentos: sin oración, sin culto, sin ritual. Así es como han salvado su pureza, su inocencia, su belleza. Sigue siendo virgen.

CHAO CHOU PREGUNTÓ A NAN CHUAN, "¿QUÉ ES EL TAO?"

NAN CHUAN RESPONDIÓ: "LA MENTE ORDINARIA ES TAO".

No intentes ser extraordinario de ninguna manera, y todo el mundo lo hace. Nos han educado de tal manera, nos han dicho una y otra vez padres, profesores, todo el mundo que: "¡Sé el primero, sé especial, sé extraordinario!".

Quería a mi padre por muchas razones. Una de las razones era ésta: que nunca nos dijo a mí ni a mis otros hermanos que fuéramos competitivos. Nunca recuerdo que nos dijera: "Tenéis que ser los primeros, tenéis que esforzaros al máximo para ser los mejores de la clase". De hecho, nunca estuvo seguro de en qué clase estoy leyendo en la escuela. Siempre que alguien preguntaba: "¿En qué clase está leyendo su hijo?".

me preguntaba: "¿En qué clase estás leyendo?". Nunca preguntaba después de los exámenes y los resultados, si has aprobado o has suspendido, como si eso no le preocupara en absoluto.

Tenía muchas cualidades hermosas, pero esta era la que más me gustaba de él. No envenenaba nuestras mentes volviéndose competitivo.

Si mis profesores vinieran a verle y le dijeran: "Su hijo no asiste a clase, es travieso, crea problemas, nunca está atento, siempre está mirando por la ventana, está continuamente castigado pero nunca aprende nada...". De cada siete días, al menos cinco está fuera de clase porque le castigan a estar fuera, ¡le gusta estar ahí!

Si le damos un castigo, le decimos: 'Ve y da siete vueltas alrededor del edificio de la escuela', él da diecisiete vueltas. Parecemos tontos, y si le decimos: 'Esto es un castigo', él dice: 'Para ti puede serlo, pero hoy no he hecho ningún ejercicio, así que ha estado bien'.

Muchas gracias". No pasa un solo día sin que lo envíen al director. El director se ha cansado tanto de él que nunca le pregunta qué ha hecho; simplemente le castiga y le envía de vuelta; eso se ha convertido en una rutina. Y está abocado al fracaso".

Y mi padre dirá: "¿Y qué? ¡Pues que suspenda! Son pocos los alumnos que van a suspender; el sistema es tal que todos no pueden aprobar, así que alguien va a suspender. ¿Y qué si es uno de los que suspenden? Y no sé en qué clase estudia, así que si suspende o aprueba nunca lo sabré".

Nunca miró mis certificados. Siempre que se lo traigo me dice: "Fírmalo tú, que te las apañas bien". Así que se lo firmo yo.

Cuando en la universidad quedé primera en la lista y me dieron la medalla de oro, parecía un poco enfadado. Me dijo: "Esto no está bien, porque a ti no te importa -te conozco-, ¡pero para otra persona la medalla de oro habría sido algo muy valioso!".

Le quería por estas cualidades. Estas son las cualidades que hay que dar a cada niño: no competitividad, no ambición.

Cuando volví de la universidad a casa, nunca me preguntó: "¿Qué quieres hacer ahora?". Todo el pueblo me preguntaba: "¿Ahora qué vas a hacer? ¿Te vas a hacer recaudador?

¿Vas a ser profesor, o esto y lo otro, porque has encabezado la lista? Puedes conseguir cualquier servicio, lo que quieras". Nunca preguntó nada al respecto.

Cuando me convertí en profesor de universidad, me preguntó: "¿Por qué te molestas en ir a la universidad? ¿Por qué no puedes ser simplemente profesor en la escuela primaria? Lo tenemos delante".

Cuando dejé la universidad, todos los que me conocían vinieron a decirme: "No renuncies a un puesto tan hermoso. Tienes grandes posibilidades: tarde o temprano serás vicerrector de la universidad. Espera". Fue la única persona que se alegró, que dijo: "¡Bien! No te preocupes.

Si necesitas dinero o tienes algún problema, dímelo. Todavía estoy vivo, puedo ayudarte. Si no quieres trabajar, no trabajes; o si quieres hacer algo pequeño, puedes hacer algo pequeño. Si quieres convertirte en alfarero, conviértete en alfarero. O si quieres ser tejedor, hazte tejedor. Si quieres hilar, tengo una hermosa rueca; te la daré. Y si no quieres hacer nada, no te preocupes: puedo arreglármelas, sigo trabajando. Mientras yo viva no debes preocuparte".

Era la única persona... Incluso mis enemigos me dijeron: "Esto no está bien, deberías retirar tu dimisión". Incluso el ministro de Educación me llamó personalmente y me pidió que retirara la dimisión. Puede que la hayas presentado en algún momento y que luego te arrepientas".

Un día vio mis certificados. Me dijo: "Has dejado la universidad, has abandonado el servicio, ¿por qué no quemas estos certificados?". Fue él quien me sugirió la idea y los quemé inmediatamente. Le dije: "¡Eso está muy bien!...".

Traemos a nuestros hijos desde el principio con él - los celos, la envidia. Les hacemos pelear, luchar.

Toda nuestra idea de la vida se basa en la supervivencia del más fuerte, y el más fuerte significa el más fuerte, el más astuto. Así que sean cuales sean los medios, a nadie le importan los medios. Tienes que alcanzar algún fin, tienes que demostrar tu valía. Tienes que demostrar al mundo que no eres una persona corriente.

Y la mente ordinaria es Tao. Por eso al mundo le falta alegría, dicha, bendición, porque estamos enloqueciendo a todo el mundo. Todo nuestro sistema educativo crea una especie de neurosis, y quienquiera que esté por delante en esa neurosis se hace muy famoso. Ahora la gente que se convierte en presidentes y primeros ministros, gente mundialmente famosa, gente poderosa, si miras en sus vidas no encontrarás nada más que neurosis. No encontrarás más que ansiedad, angustia, locura. Están hirviendo por dentro, manejando de alguna manera una cara, ni siquiera una cara, es sólo una máscara.

Este es el mayor alcohol que está afectando a la conciencia humana. No podemos ver correctamente porque estamos en un estado de embriaguez. Lo que estamos viendo no está ahí y lo que está ahí no lo estamos viendo. Y si toda nuestra vida está al revés no hay maravilla en ella.

Un borracho se paseaba alrededor de la estatua de Joseph Stalin, sollozando desesperadamente. Un policía, curioso, se le acercó y le oyó decir: "Juro que no beberé ni una gota más, ¡lo juro!".

El policía se apiadó de él y le preguntó por qué estaba tan desesperado. Y el borracho respondió: "¡Veo a dos como él!".

Ahora, un Joseph Stalin era suficiente... ¡dos de él!

Un hombre acudió a un psicoanalista. Sufría de visión doble: veía todo como dos, no como uno. Miraba a un pilar y veía dos pilares, y por supuesto tenía dificultades: ¿cuál era el verdadero? Pero de alguna manera se las arreglaba: tendría que buscar a tientas y averiguar cuál era el verdadero. Mirará a la puerta y habrá dos puertas: ¿cuál es la verdadera? Y existía el peligro de que intentara pasar por la irreal y se diera contra la pared.

Un día tuvo que ir al psicoanalista porque llegó a casa y vio a su mujer -no una, sino dos- y se confió a la mujer. No se lo había dicho a nadie; de alguna manera se las arreglaba.

Cada vez era más difícil. Incluso caminar por la calle le resultaba muy difícil; tenía que estar conscientemente en guardia. Y le dijo a la esposa: "Ahora tengo que confesar que he empezado a ver dos cosas en vez de una. Ahora mismo os estoy viendo a vosotros dos".

Y su mujer dijo: "Eso está bien. Así que te quedas con uno y yo me voy con otro".

¡Eso era demasiado! Así que se apresuró y dijo: "¡Espera, espera un poco! Iré al psicoanalista. Ya es hora, tengo que irme".

Y fue al psicoanalista. Y el psicoanalista lo miró -no a él, en realidad, sino alrededor de la habitación- y le dijo: "¿Así que dices que ves cosas dobles, los cuatro?".

¡Solía ver cuatro cosas en vez de una!

Nuestros psicoterapeutas, nuestros psicoanalistas están siempre mucho más locos que los locos. Nuestra tierra es realmente un gran manicomio. Y nosotros la hemos convertido en un manicomio.

Una esposa llamó al psiquiatra muy agitada. "¡Doctor, doctor!", gritaba. "¡Desde esta mañana mi marido está convencido de que es un caballo!".

"No se preocupe -respondió el médico-, su marido es jockey. Esto podría ser sólo una deformación profesional momentánea. Tráigamelo, estaré aquí las próximas dos horas".

"¡Gracias, doctor!", exclamó la mujer, aliviada. "Estaré allí en un minuto. Sólo tengo que ensillarlo y vendremos al galope".

Porque todos están locos, no estar loco se vuelve muy difícil. Por eso Jesús sufrió, Sócrates sufrió, Buda sufrió. Estas son las personas que no están locas.

Ahora bien, este hombre, Nan Chuan, está obligado a sufrir en un mundo que vive por objetivos, por grandes ideales. Tal hombre está destinado a sufrir porque dice:

"LA MENTE ORDINARIA ES TAO".

El propio esfuerzo por ser extraordinario es el esfuerzo por volverse loco. La cordura es Tao. Estar cuerdo es saber lo que es Tao, estar cuerdo es estar en Tao. Si no experimentas Tao, eso significa simplemente que, de un modo u otro, estás loco. Pero como todos los demás son como tú, no lo sentirás. Volverse cuerdo entre estos locos crea problemas. De repente te quedas solo, de repente la multitud está en tu contra. De repente ves que nadie está de acuerdo contigo, todo el mundo está en desacuerdo contigo.

Te matarán, te asesinarán, te apedrearán, te envenenarán, porque la multitud no tolerará tu existencia.

Pero todas estas personas que han conocido la verdad han visto este simple hecho: que con ser corriente basta, no hace falta nada más.

Ese es mi planteamiento. No te estoy dando grandes ideales.

El otro día Akam me preguntó que uno de mis sannyasin ha abandonado sannyas en Holanda y se ha convertido en seguidor de un mahatma hindú que afirma conocer el secreto de la inmortalidad, la inmortalidad física. La forma en que Akam ha escrito la pregunta es tal que siento que Akam también se siente atraído.

Akam, tú también haces lo mismo. Abandonas sannyas y también te conviertes en seguidor del mahatma - porque quiero deshacerme de todo tipo de estúpidos. Y estos mahatmas son buenos: me ayudan a deshacerme de la gente estúpida. Inmortalidad física... Hace millones de años que el hombre sabe que todo el mundo tiene que morir y todo el mundo muere. Buda murió, Mahavira murió, Krishna murió, Lao Tzu murió, Jesús murió, Mahoma murió... ¡todo el mundo muere! Algún mahatma tonto, algún hombre loco todavía puede atraer a la gente. Eso simplemente significa que la gente está loca. Y esto no es nuevo, este tipo de gente siempre ha existido. Una cosa es buena acerca de estas personas: que mientras están vivas no puedes probar que están equivocadas, y cuando están muertas, ¿qué puedes hacer?

Sri Aurobindo solía decir lo mismo, que había llegado a conocer el secreto de la inmortalidad física. Cuando murió fue un shock, porque tenía miles de seguidores. Algunos de mis amigos estaban allí en su ashram y me informaron de que durante veinticuatro horas la noticia no se difundió fuera del ashram porque nadie podía creer que Sri Aurobindo pudiera morir: "Él conoce el secreto de la inmortalidad física, así que debe estar profundamente dormido o puede haber entrado en SAMADHI profundo". ¿Pero cuánto tiempo se puede esperar? Al cabo de veinticuatro horas estaba absolutamente claro que había muerto. Pero los tontos son tontos, ¡aún así esperaron dos días más! Por supuesto la noticia se filtró, pero aún así esperaron tres días. Cuando el cuerpo empezó a apestar, cuando había todas las pruebas de que conservar este cuerpo era absolutamente absurdo, enterraron el cuerpo, aún con el deseo de que volviera en un cuerpo nuevo. Y siguen esperando.

Y entonces comenzaron a pensar que la madre que era la sucesora de Sri Aurobindo, ella vivirá para siempre. Accidentalmente ella vivió mucho tiempo, así que sus esperanzas se hacían más y más grandes que: "¡Ella sabe ciertamente el secreto de la inmortalidad física!" Pero entonces un dia ella murio. Otra vez el choque...

Y esto ha estado sucediendo una y otra vez. Pero una cosa es buena: no se puede hacer nada cuando una persona está muerta. No puedes discutir con él, no puedes decirle: "¿Qué pasa con tus teorías? ¿Qué ha pasado con tus teorías?". Mientras está vivo, por supuesto, no puedes refutarlo. Y siempre hay tontos que se interesan por todo tipo de estupideces.

Sólo las personas muy inteligentes pueden entender esta afirmación:

"LA MENTE ORDINARIA ES TAO".

¡Ser absolutamente corriente, vivir una vida corriente, comer cuando se tiene hambre, beber cuando se tiene sed, dormir cuando se tiene sueño, ser joven cuando se es joven, viejo cuando se es viejo y muerto cuando se está muerto...! No te empeñes en seguir caminando aunque estés muerto. No intentes vivir una existencia póstuma. ¡No intentes ser un fantasma!

He oído a un fantasma decirle a otro fantasma: "¡Lo que tú digas, pero yo no creo en la gente!".

Ni siquiera los fantasmas creen en ti, ¡pero tú crees en los fantasmas! Ni siquiera los fantasmas son tan tontos como para creer en ti, pero tu estupidez no conoce límites.

El Zen sólo puede atraer a personas muy inteligentes. Cualquier tonto puede ser atraído por la idea de la inmortalidad física o siddhis como... Ahora Maharishi Mahesh Yogi ha encontrado el siddhi de volar. Ahora, ¿qué vas a hacer volando? ¿Mm? ¡Parecerás simplemente estúpido! Sólo piensa en ti mismo volando en esta Sala de Buda... y si tu pijama se resbala... ¡sujétate el pijama y trata de volar! ¡Y todo el mundo estará tirando de él! ¿Qué sentido tiene todo esto? Incluso si puedes volar, ¿dónde vas a aterrizar?

Pero en nombre de la religión se siguen haciendo todo tipo de tonterías. Cuanto más disparatado, cuanto más imposible parece, más atrae a la gente neurótica. Las verdades simples no atraen a la gente neurótica.

Lo que estoy haciendo aquí es muy sencillo, muy ordinario, no hay nada espiritual en ello, nada sagrado. No estoy intentando hacer de vosotros personas santas, simplemente estoy intentando hacer de vosotros personas cuerdas, inteligentes y corrientes que puedan vivir sus vidas alegremente, bailando, celebrando. Y eso es el Tao.

CHAO CHOU PREGUNTÓ ENTONCES: "¿CÓMO SE PUEDE ABORDAR?".

Eso es lo que siempre pregunta la mente lógica: "¿Cómo?" Si dices: "Es la mente ordinaria", aun así la persona lógica preguntará: "¿Cómo puede uno acercarse a ella?". La mente lógica sigue sin entender. Si es la mente ordinaria, entonces no es cuestión de acercarse a ella; ya está ahí. Ya lo tienes, ya es así. Pero tu mente sigue y sigue, una y otra vez, dando rodeos, hasta el mismo punto.

Siempre has preguntado: "¿Cómo lograrlo?". Si alguien te decía que puedes alcanzar siddhis, poderes, inmediatamente preguntabas: "¿Cómo?".

Ahora, Nan Chuan no está diciendo nada especial. Está diciendo: La mente ordinaria que ya tienes... no hay preguntas de "cómo" y no hay preguntas de acercarse a ella. Nunca la has perdido, simplemente te has olvidado de ella. Se ha cubierto; sólo tienes que descubrirla.

NAN CHUAN RESPONDIÓ: "SI QUIERES ACERCARTE, SEGURO QUE TE LO PIERDES".

Si quieres acercarte a ella, es una señal segura de que la vas a perder, porque nos acercamos a cosas que están lejos, nos acercamos a cosas que no están disponibles, nos acercamos a cosas que son objetos en el mundo exterior.

La mente ordinaria es tu subjetividad; no puedes acercarte a ella. ¿Quién va a acercarse a ella? Tú eres ella. No hay separación entre tú y la mente ordinaria. Ahora estás creando una nueva ilusión de separación, de ahí la pregunta: "¿Cómo acercarse a ella?". Ahora has dividido el sujeto -el que se acercará- y el objeto -el que tiene que ser abordado-. Por supuesto, entonces surge la pregunta: "¿Qué medios hay que emplear?".

Y todo ello carece de sentido. No hay que emplear medios ni métodos. Basta con comprender que se nace con ello. Pero la mente lógica persiste. El discípulo sigue preguntando: "Si no te acercas, ¿cómo sabes que es el Tao? Tenemos que acercarnos a él, estudiarlo, comprenderlo, encontrarlo, sólo entonces podremos saber que esto es el Tao."

Nan Chuan dice:

"EL TAO NO ES UNA CUESTIÓN DE SABER..."

Es el conocedor, por lo que no puede ser una cuestión de conocimiento. El conocedor no puede ser conocido; no se puede reducir a lo conocido. No puede reducirse a un objeto. Siempre es el conocedor, el testigo; nunca se convierte en lo conocido.

"NO ES CUESTIÓN DE SABER NI DE NO SABER".

"Pero no me malinterpretes", intenta decir Nan Chuan, porque la mente lógica salta inmediatamente a lo contrario: si no es cuestión de saber, entonces debe ser cuestión de no saber.

Te hace consciente desde el principio de que no es cuestión de saber ni de no saber, porque lo que es cuestión de no saber puede convertirse en cuestión de saber. Lo que hoy es desconocido, mañana puede ser conocido. Muchas cosas antes eran desconocidas, ahora son conocidas. Muchas cosas que hoy se desconocen, algún día se conocerán.

La ciencia sólo cree en dos categorías: lo conocido y lo desconocido. Y lo desconocido se transforma cada día en conocido. La idea última de la ciencia es que llegará un día en que ya no quedará nada desconocido; todo lo desconocido se habrá convertido en conocido. Ése es el objetivo de la ciencia.

La religión parte de la tercera categoría: lo incognoscible. No se trata ni de saber ni de no saber. No se la ignora ni se la conoce. Trasciende a ambos, está detrás de ambos. Está detrás de todas las divisiones y dualidades.

"SABER ES UNA FORMA ILUSORIA DE PENSAR..."

Si alguien dice: "He conocido el Tao, he conocido la verdad, he conocido a Dios, he conocido el Dhamma".

sabe perfectamente que ha estado viviendo en una ilusión, porque es el conocedor y nunca puede convertirse en lo conocido.

"SABER ES UNA FORMA ILUSORIA DE PENSAR Y NO SABER ES UNA CUESTIÓN DE INSENSIBILIDAD".

Los que piensan "No sabemos" son simplemente insensibles, y los que piensan "Sabemos" son sólo egoístas. Tienes que dejar ambas cosas: tienes que dejar tus ideas egoístas de saber y tienes que dejar tus insensibilidades. Tienes que volverte más sensible y menos egoísta. Y entonces ocurre la trascendencia. Entonces la vida se vuelve simple y sin complicaciones, pero tremendamente misteriosa.

"SI UNO PUEDE REALIZAR EL TAO INEQUÍVOCAMENTE..."

Recuerda que Nan Chuan dice: "Si uno puede darse cuenta...". No se trata de saber o no saber, sino de darse cuenta de que "¡Yo soy eso!". Es un reconocimiento. Si uno puede reconocer...

"SI UNO PUEDE REALIZAR EL TAO INEQUÍVOCAMENTE..."

Si tienes alguna sospecha, si hay alguna vacilación, si todavía dudas de si esto es así o no, eso significa simplemente que todavía estás en el mundo de la dualidad. Cuando uno trasciende lo dual no queda ninguna duda. La duda es la sombra de la dualidad. Así que cuando uno reconoce su naturaleza es indudable, es inequívocamente así. No hay duda de si está bien o mal: es evidente por sí mismo.

"SI UNO PUEDE REALIZAR EL TAO INEQUÍVOCAMENTE, SU MENTE SERÁ COMO EL GRAN ESPACIO..."

Como el cielo, ilimitado, abierto por todos lados, infinito. Será vasto, inconmensurable. Será vacío, absolutamente vacío de todo contenido. Será sólo un espejo que no reflejará nada, sólo un lago silencioso,

absolutamente silencioso y absolutamente claro. En esa claridad está la Budeidad, en esa claridad está el despertar.

Esa claridad es el despertar.

"¿CÓMO, ENTONCES, PUEDE UNO CONSIDERAR ESTO COMO CORRECTO Y AQUELLO COMO INCORRECTO?"

No queda nada. No hay cuestión de esto y aquello, por lo que no se puede tener ninguna duda. Es inequívocamente así. Sólo hay vacío, vasta claridad y cielo infinito. Y todo es silencio: toda dualidad se ha ido, el conocedor se ha ido, lo conocido se ha ido, el vidente se ha ido, lo visto se ha ido, el observador se ha ido, lo observado se ha ido, lo objetivo, lo subjetivo... todo se ha ido. Sólo hay una claridad pura, un testimonio silencioso. En esto no hay contenido, así que no puedes confundir que esto es correcto o que aquello es correcto. No queda nada, no hay contenido. Por lo tanto es inequívocamente así, es indudablemente así, es autoevidentemente así.

AL OÍR ESTE COMENTARIO. CHAO CHOU SE DESPERTÓ INMEDIATAMENTE.

Si uno sabe escuchar... Chao Chou estuvo viviendo con Nan Chuan durante muchos años, así que no creas que fue el primer encuentro con el Maestro: fue el último encuentro, de hecho. Después de eso no quedó nada. Pero estuvo viviendo con el Maestro meditando, sentado en silencio, escuchando, sólo estando con el Maestro, durante años - como si la fruta estuviera absolutamente madura y sólo una pequeña brisa y la fruta cae a la tierra. No habría ocurrido si la fruta no estuviera madura, recuerda.

AL OÍR ESTE COMENTARIO...

La observación es tremendamente significativa, pero sólo penetrará en tu corazón si has estado en profunda comunión con el Maestro. Fue el último esfuerzo de la mente, el último esfuerzo de la lógica. Estaba justo en el límite cuando se hizo esta observación, cuando Nan Chuan dijo:

"SI UNO PUEDE REALIZAR EL TAO DE FORMA INEQUÍVOCA, SU MENTE SERÁ COMO EL GRAN ESPACIO: VASTA, VACÍA Y CLARA. ¿CÓMO, ENTONCES, PUEDE UNO CONSIDERAR ESTO COMO CORRECTO Y AQUELLO COMO INCORRECTO?"

AL OÍR ESTE COMENTARIO, CHAO CHOU SE DESPERTÓ DE INMEDIATO.

Este despertar inmediato, este despertar repentino es uno de los grandes problemas para los demás, para los que no comprenden el

Zen y su enfoque. Para ellos la realización significa un fenómeno gradual, pero para el Zen siempre es súbita, siempre es inmediata. Y debe ser inmediata por la sencilla razón de que es tu naturaleza la que se abre. Cualquier observación que puedas permitir que penetre en tu interior será capaz de hacer el milagro. No se trata de si el comentario es muy significativo o no; a veces un comentario muy insignificante o a veces sólo una bofetada del Maestro o a veces cuando el discípulo pregunta al Maestro y el Maestro permanece en silencio sin responderle... ¡el silencio! O a veces el discípulo está sentado bajo el árbol y una hoja seca cae del árbol... y la hoja que cae. Ahora no hay ninguna observación, el árbol no es consciente del discípulo, la hoja no cae para él, sino simplemente la hoja que cae... y algo sucede.

Todo lo que se necesita es un estado de silencio, de conciencia meditativa. Entonces cualquier cosa puede desencadenar el proceso, cualquier cosa trivial puede desencadenar el proceso.

La iluminación tiene que ser repentina; no puede ser gradual porque no es un logro. Es simplemente el descubrimiento de algo olvidado. Es un recuerdo, un reconocimiento.

Es lo que se denomina transmisión especial. No se transmite nada y, sin embargo, ha ocurrido algo.

Este es el milagro de la relación entre el Maestro y el discípulo. Este es el mayor milagro que existe; no hay nada que se le compare, es incomparable.

Puede suceder aquí - va a suceder aquí a mucha gente. A medida que te imbuyas más y más de mí, a medida que seas capaz de dejar de lado tu mente lógica más y más, cualquier día, en cualquier momento - uno nunca sabe, es impredecible... y algo puede transpirar. Y de repente todo es luz, de repente ha salido el sol.

Intenta no ser especial. Sé corriente y espera en silencio la transmisión especial. Sucederá.

Ha sucedido antes, puede suceder ahora. Es el camino más fácil hacia Dios, hacia el Tao, hacia la verdad última.

¡Ven a por él!

La primera pregunta
Pregunta 1:
MAESTRO,
¿QUÉ ES COMPRENSIÓN Y QUÉ ES INCOMPRENSIÓN?

Dharmaraj,

La mente es incomprensión - cualquier tipo de mente, buena o mala, educada o inculta, culta o inculta, cristiana o hindú; no importa qué tipo de mente sea. La mente como tal es un malentendido. Mente significa que estás sacando conclusiones a priori; no estás viendo lo que es, estás viendo lo que quieres ver. No estás viendo sino proyectando. Tu mente es un proyector; utiliza todo como una especie de pantalla, se proyecta a sí misma en la pantalla.

En la penumbra puedes ver una cuerda como una serpiente. la serpiente no existe; es tu miedo proyectado, la cuerda se convierte en una pantalla. Pero para ti la serpiente se vuelve tan real como si realmente estuviera allí. Puede afectarte, te afectará. Puedes empezar a temblar, puedes empezar a correr, puedes resbalar con una cáscara de plátano, puedes caerte, puedes tener un ataque al corazón... y todas estas cosas serán reales. ¡Incluso se puede morir! Y no había ninguna serpiente. Tú lo creaste todo, tú lo inventaste, tú lo proyectaste.

El mundo que conocemos no es realmente el mundo que es; es el mundo que estamos proyectando. Se trata de un malentendido. Por eso los místicos orientales han llamado a nuestro mundo nada más que un maya, un

ilusión. No significa que las rocas no estén ahí, que las paredes no estén ahí y que puedas atravesarlas. No significa que la materia no exista. Simplemente significa que lo que existe no es conocido por ti, y lo que es conocido por ti es otra cosa. Algo existe ciertamente, pero permanece desconocido para la mente.

La mente es una barrera. No te permite ver, sentir, conocer, comprender. Sigue creando malentendidos, es la fuente de todas las distorsiones. Por lo tanto, a menos que se deje de lado la mente, no surge la comprensión.

Comprensión significa un estado de no-mente. En eso consiste la meditación. La meditación es el arte de apartar la mente, de no permitir que interfiera, de no permitir que se interponga entre tú y lo real. Cuando te enfrentas a lo real sin interferencias de ningún tipo -filosóficas, políticas, religiosas-, cuando no hay ninguna idea entre tú y lo real, cuando lo real simplemente se refleja en ti como un árbol se refleja en el lago o la fac@ se refleja en un espejo, entonces hay comprensión.

La comprensión es un subproducto de la meditación; la incomprensión es una sombra de la mente. Y éstas son las dos únicas maneras en que un hombre puede vivir: o se puede vivir como mente o se puede vivir como meditación.

Si vives como una mente estarás viviendo en la incomprensión. Pero como millones de personas a tu alrededor viven también en la mente, nunca te das cuenta de lo que le estás haciendo a la realidad, cómo la estás distorsionando, cómo la estás evitando continuamente.

En lugar de familiarizarte con ello, cómo tu mente está funcionando como una barrera... no es un puente.

Pero si vives con gente que tiene la misma mentalidad que tú... Un cristiano que vive entre cristianos nunca sentirá que hay algo malo en el cristianismo. El hindú puede verlo muy fácilmente porque no tiene la misma proyección. El judío puede verlo muy fácilmente; no hay ningún problema en ello. De hecho, el judio no puede entender como tanta gente es engañada por una doctrina estupida. El cristiano puede ver la estupidez del hindú - es tan obvio. El hindú puede ver la ideología mediocre de los mahometanos; no se necesita mucha inteligencia para verlo. El mahometano puede ver lo mismo en hindúes, cristianos y judíos. Todos siguen peleándose entre sí intentando demostrar que el otro está equivocado, pero la realidad es que la mente está equivocada.

Esa es la diferencia. No te estoy diciendo que el hinduismo sea correcto o que el cristianismo sea correcto o que el judaísmo sea correcto. Simplemente te estoy diciendo que la mente está equivocada y la no-mente está bien. Ahora, la no-mente no puede tener ningún adjetivo: no puede ser hindú, no puede ser mahometana, no puede ser cristiana. La mente puede tener un adjetivo. La mente tendrá un adjetivo, está obligada a tener un adjetivo. Tendrá una cierta definición, una cierta limitación. La no-mente es vasta como el gran espacio; es vacío, es claro. Es claridad, es transparencia.

Pero todos vivimos en nuestros prejuicios porque todos estamos orientados hacia el pasado. Lo que nos han enseñado lo repetimos, lo que nos han dicho se lo diremos a nuestros hijos. Así es como las enfermedades se transmiten de una generación a otra. Lo llamamos herencia, lo llamamos cultura, religión, lo llamamos nuestro gran pasado. El pasado está muerto y cargar con los muertos es convertirse uno mismo en un muerto.

Vivir en el presente es la única manera de estar realmente vivo y de estar en sintonía con la realidad. Dios es siempre presente, nunca pasado, nunca futuro. No puedes decir "Dios fue", no puedes decir "Dios será" - sólo puedes decir "Dios es".

La no-mente es: la mente nunca es. O pertenece al pasado... Puedes mirar dentro, puedes intentar averiguarlo.

No hablo de ninguna teoría abstracta, simplemente constato un hecho. Puedes experimentar con ello. Puedes mirar dentro de cada uno de tus pensamientos y verás de dónde viene; pertenece al pasado. O tal vez tengas algún deseo de futuro; eso tampoco es más que un pasado modificado, un pasado refinado.

Pero la mente nunca está presente.

Y comprender significa estar en sintonía con lo que es, estar totalmente en sintonía, de acuerdo con el Tao, con Dios, con el dhamma, con la verdad.

Mis sannyasins no pertenecen a ninguna religión; no pueden pertenecer. Pertenecen a la realidad. Pertenecen a la realidad que está fuera y a la realidad que está dentro, y viven en una armonía entre lo que está fuera y lo que está dentro. Esa armonía es lo último en comprensión.

Buda lo ha llamado sabiduría, prajna. Buda ha dicho que la meditación es el medio y la sabiduría es el fin. La meditación es el árbol y la sabiduría es su floración. Pero las personas que siguen cargando con sus prejuicios, sus ideologías, sus doctrinas políticas, sus teologías, sus nacionalidades, sus pasados, siguen siendo estúpidas.

Si quieres seguir siendo estúpido, aférrate a la mente. La mente puede llegar a ser muy sofisticada, pero no es más que estupidez sofisticada. Es estupidez pretendiendo ser inteligente; eso es lo que llamamos intelligentsia, los llamados intelectuales. En realidad, no son personas inteligentes, sólo fingen serlo. Profesores, autores, filósofos, eruditos, no son personas inteligentes, de lo contrario habrían sido Budas; sólo son intelectuales. Su mente está repleta de gran información, y la mente es capaz de recoger gran información.

Los psicólogos han descubierto que un único sistema mental tiene tal potencial, casi inimaginable, de recopilar información, que parece que no puede ocurrir. ¿Cómo puede ocurrir? Los psicologos dicen que cada mente puede contener toda la informacion contenida en todos los libros del mundo. Por supuesto, entonces la persona se verá como un gran intelecto. Sí, tiene una gran cantidad de información -se ha convertido en un ordenador-, pero si miras en su vida, si miras en su vida ordinaria o en momentos en los que su información no sirve para nada, en los que tiene que enfrentarse a la vida y responder espontáneamente, verás inmediatamente su mediocridad, su estupidez.

Y es un hecho bien conocido que los eruditos, profesores, filósofos, se comportan muy estúpidamente en situaciones en las que se necesita espontaneidad. Si les preguntas algo que ya saben, sobre lo que tienen suficiente información, entonces parecerán personas muy grandes e inteligentes. Pero basta una pequeña situación para dejarlos en evidencia.

Un gran erudito se aloja en un hotel. Está muy disgustado y se queja al recepcionista del hotel. "¿Qué clase de hotel es éste?", grita. "No hay papel higiénico en el baño".

"Lo sentimos mucho, señor. Debe haber sido un error".

"¡Esto es demasiado! Anoche no pude limpiarme porque no había papel. Sois una panda de incompetentes".

El gerente acudió al rescate del empleado. "Señor, debería haber llamado al servicio de habitaciones. ¿No tiene lengua?"

"¡Claro que sí, pero no soy contorsionista!".

En el baile, un profesor con un ojo de madera estaba solo en un rincón. Estaba tan acomplejado por su ojo de madera que apenas se relacionaba con la gente. Se sentía muy triste y solo. Entonces vio al otro lado de la sala a una chica que también estaba sola. Tenía una verruga enorme en la nariz.

"Bueno", pensó para sí, "no es ninguna belleza con esa verruga y todo eso, pero no importa, quizá quiera bailar conmigo".

Así que se armó de valor y se acercó a ella. "¿Te... te gustaría bailar conmigo?", tartamudeó.

Su rostro se iluminó. "¡Me gustaría! Lo haría!", gritó.

Ofendido, el profesor le gritó: "¡Nariz verrugosa! Nariz de verruga!"

Cualquier pequeña situación en la que su información no sea aplicable, en la que su erudición no tenga nada que decir, bastará para desenmascarar su estupidez.

Dharmaraj, en lo que respecta al Zen, la mente es malentendido y la no-mente es comprensión. Si quieres tener comprensión, pasa de la mente a la no-mente. No sigas puliendo la mente. Eso es lo que hace la gente. Puedes seguir puliéndola toda tu vida; al final tendrás una mente muy pulida, pero eso significará simplemente un malentendido muy pulido. Será difícil que la gente lo vea -tu estupidez estará muy oculta-, pero si te cruzas con un Buda entonces quedarás al descubierto. Entonces sus ojos de rayos X verán inmediatamente que sólo eres estúpido y nada más.

Cuando Maulingaputta, un erudito muy grande y famoso de los días de Buda, vino a verle, había venido realmente a discutir con él. Había venido con sus quinientos seguidores. Este tipo de gente siempre puede reunir a otros estúpidos que se dejan impresionar por su información. Siempre hay suficientes tontos en el mundo. Si eres un tonto, no te desanimes: aún puedes convertirte en gurú, ¡porque hay tontos más tontos que tú! Y esto no tiene fin. Sólo tienes que armarte de valor y empezar a alardear de tu conocimiento de los Vedas, la Biblia y el Corán, y encontrarás a muchos tontos a tu alrededor. Puede que no entiendan a Buda -de hecho, no entenderán a Buda-, pero te entenderán a ti. Buda parecerá estar demasiado lejos, demasiado alejado, casi como si viviera en otro planeta. Pero tú estás muy cerca de ellos; en el fondo eres la misma persona, de la misma calidad, sólo que tú tienes una mayor cantidad de información que ellos.

Y la gente se impresiona mucho por la cantidad. Para ver la calidad se necesita comprensión; para ver la cantidad no se necesita comprensión. Cualquier tonto puede ver cantidad.

Quinientos necios seguían a Maulingaputta y éste viajaba por todo el país derrotando a otros eruditos. Ahora sólo quedaba Buda; pensaba que había conquistado a todo el mundo. Ese era un fenómeno rutinario en la India, que los eruditos solían vagar por el país, discutiendo, discutiendo, debatiendo, derrotando, conquistando. Es lo mismo que otros hacen con las espadas - lo hacían con sus mentes afiladas. Usaban sus mentes como espadas, cortándose el cuello unos a otros.

Llegó a Buda, muy arrogante, obviamente, porque conocía todos los Vedas y todos los Upanishads y conocía toda la sabiduría antigua. Era muy educado, muy culto. Pertenecía a una muy famosa

familia de eruditos; durante generaciones habían sido famosos. Y su nombre se extendía como la pólvora; y, por supuesto, quinientos discípulos que venían con él.

Buda lo miró y lo primero que hizo fue reírse.

Maulingaputta se ofendió. Le dijo: "¿Por qué te ríes?".

Buda dijo: "Me río porque una vez me quedé en una aldea durante la estación de las lluvias...".

En la estación de las lluvias, Buda solía quedarse cuatro meses porque era imposible viajar. Piensa en las carreteras de veinticinco siglos antes, ¡las carreteras indias! Incluso ahora, en la estación lluviosa, no vale la pena viajar por ellas, y Buda viajaba a pie y era difícil, casi imposible. Así que solía quedarse cuatro meses en un lugar; ocho meses viajaría para difundir su palabra.

Buda dijo: "Una vez estuve en un pueblo durante cuatro meses. Todos los días veía a un hombre sentado delante de su casa contando todas las vacas, búfalos y toros que iban al río a beber agua y volvían del río. Me interesó saber por qué iba contando cada día cuántas vacas, cuántos toros, cuántos búfalos habían ido al río. Así que le pregunté: "¿Qué ocurre? ¿Te pertenecen esas vacas, toros y búfalos? ¿Por qué sigues contando?

"Me dijo: 'No, no me pertenecen, pertenecen a la gente del pueblo'.

"¿Cuántas vacas te pertenecen? le pregunté.

"Nadie me había preguntado esto. Soy un hombre pobre. No tengo ni una vaca'".

Buda dijo: "Entonces, ¿por qué sigues contando? Y pareces tan feliz contando las vacas, los toros y los búfalos de los demás. ¿Eres tonto? ¿Por qué pierdes el tiempo? ¡Y todos los días! Es mejor tener tu propia vaca, aunque sólo tengas una, porque te dará leche y alimento.

"Al verte me acordé de ese hombre, Maulingaputta."

Maulingaputta dijo: "¿Qué parentesco tengo con ese hombre? ¿Estás loco o qué? ¿Por qué deberías recordar a ese hombre?".

Y Buda dijo: "Estoy recordando a ese hombre porque todo lo que sabes no te pertenece. Son las vacas de otros: los Vedas, los Upanishads. Veo que tienes la cabeza llena de todo tipo de cosas, de dichos hermosos, de dichos sabios. Te han hecho parecer sabio, pero no eres un hombre sabio. Dime una cosa: ¿sabes o simplemente repites las escrituras?".

La pregunta había surgido de repente. Nadie se la había planteado antes porque Maulingaputta nunca se había topado con un Buda. Se encontraba con otros eruditos que también contaban lo mismo -vacas, toros y búfalos de otros- y, por supuesto, él había contado más que ellos.

Buda le miró profundamente y le dijo: "Acércate a mí, déjame mirarte a los ojos y respóndeme con sinceridad: ¿es ésta tu experiencia? ¿Has experimentado a Dios? ¿Has experimentado el samadhi? ¿Has experimentado la verdad?".

Maulingaputta se sintió avergonzado, empezó a mirar hacia abajo, no podía levantar la cabeza delante de Buda.

Y Buda dijo: "Al menos eres una persona sincera, una persona honesta. Respeto tu sinceridad: no puedes mentir. ¿Quieres experimentar la verdad, o crees que basta con que otros la hayan conocido y puedes seguir repitiendo sus palabras como un loro?".

Maulingaputta dijo: "Sí, señor, me gustaría saberlo".

Entonces Buda dijo: "Siéntate a mi lado y durante dos años permanece en absoluto silencio: no hables, no preguntes, no argumentes, no estudies. Tira todas tus escrituras y durante dos años siéntate en silencio a mi lado. Después de dos años podrás preguntar lo que quieras".

Después de esos dos años, Buda preguntó a Maulingaputta: "¿Ahora quieres preguntar algo?".

Maulingaputta se inclinó, tocó sus pies y dijo: "Estoy agradecido. El silencio me lo ha enseñado todo, esos dos años de silencio sentado a tu lado. He experimentado. Ahora no hace falta que me digas nada. Soy tuya, estoy a tu servicio. No has discutido, pero has vencido. No me has vencido y sin embargo me has vencido".

La comprensión surge del silencio; silencio significa no-mente. El malentendido es todo tipo de ruido en tu mente. Dharmaraj, pasa de la mente a la no-mente, del ruido al silencio.

La segunda pregunta

Pregunta 2:

MAESTRO,

SOY UN HIPÓCRITA. ¿QUÉ DEBO HACER?

Narayandas Diwari,

ES BUENO, es hermoso que reconozcas, que confieses que eres un hipócrita. Este es el principio, el principio de la sinceridad, el principio de la verdad. La hipocresía ya no puede permanecer mucho tiempo. La hipocresía sólo puede permanecer si sigue fingiendo que no es hipocresía. Existe fingiendo ser lo que no es.

En cuanto reconoces que llevas una máscara, ésta ya ha empezado a resbalar. Te has dado cuenta de que ese no es tu rostro. La máscara sólo puede permanecer en tu rostro mientras sigas creyendo, fingiendo, engañando a los demás y a ti mismo que es tu verdadero rostro. Y el problema es:

si engañas a los demás al final empezarás a engañarte a ti mismo. La persona que sigue siendo astuta con los demás, tarde o temprano empieza a ser astuta consigo misma Olvida el lenguaje de la sinceridad, la autenticidad, la verdad. Ha estado mintiendo tanto tiempo que todo lo que sabe ahora es mentir; sigue mintiendo. Y si los demás empiezan a creer en sus mentiras -porque se vuelve muy astuto mintiendo- al ver que los demás están creyendo en sus mentiras, él mismo empieza a creer en esas mentiras; naturalmente, cuando tanta gente está creyendo, debe haber algo de verdad en ello. ¿Cómo puedes engañar a tanta gente? ¡La gente no es tan tonta!

Este es el mayor problema de llevar máscaras: se convierten en tus caras. Poco a poco desaparece la distancia entre el rostro original y la máscara, se pegan, casi se sueldan. De hecho, al separarlas sentirás como si te estuvieras pelando la piel: es doloroso, es quirúrgico.

Pero estar con un Maestro es estar en una mesa de operaciones. Es una operación porque todo lo que se ha acumulado a tu alrededor y que es falso tiene que ser cortado, trozo a trozo. Duele. Se ha convertido casi en tu segunda naturaleza - tu originalidad está completamente olvidada - se ha vuelto mucho más importante que el original.

Por lo tanto, lo primero que me gustaría decirte, Narayandas, es que es bueno, tremendamente bueno, que lo aceptes. De lo contrario, es muy difícil, especialmente para los indios, aceptar que son hipócritas. Todos son hipócritas. Durante siglos han vivido en la hipocresía; esa se ha convertido en su forma de vida. Sus mahatmas, sus santos, sus supuestos grandes hombres, todos ellos viven en la hipocresía; y la gente más pequeña naturalmente sigue a los supuestos grandes. La hipocresía se ha metido en la sangre, en los huesos, en la médula.

Siempre le ocurre a una cultura antigua, y la India es una de las culturas vivas más antiguas; no muy viva, por supuesto, pero aún respirando; vegetando, casi en coma, pero aún respirando. Todavía no ha muerto. Es una desgracia que no haya muerto, porque si hubiera muerto habría nacido algo nuevo.

Ha habido otras grandes culturas que han desaparecido del mundo. ¿Dónde está Babilonia, Asiria? Desaparecidas, absolutamente desaparecidas. ¿Dónde está la antigua civilización de Egipto? La civilización que hizo las pirámides ha desaparecido por completo. La antigua civilización china ya no existe.

¿Dónde está Grecia y su gran civilización, y la cultura romana? Todas han desaparecido.

Si miras por el mapa del mundo, la única cultura antigua que de alguna manera todavía se arrastra es la cultura india. Es tan antigua, tan lisiada, tan paralizada, que sólo puede fingir. Ha perdido todo el valor de ser verdadera, de ser aventurera, de ser inquisitiva. Se ha vuelto casi fosilizada, es un gran cementerio.

Pero de alguna manera las personas que están en la tumba no están completamente muertas; ese es el problema. Si estuvieran muertos, se acabaría con ellos. De alguna manera están vivos y han acumulado muchas mentiras mientras tanto.

¿Has observado este hecho? - que los niños nunca son hipócritas, ¡no pueden serlo! Simplemente dicen lo que sea. A medida que crecen empiezan a decir mentiras; tienen que hacerlo, sólo para sobrevivir con la gente adulta, porque toda la gente adulta miente. Y poco a poco el niño empieza a ver el hecho de que si quieres sobrevivir tienes que mentir.

Mi planteamiento al respecto siempre ha sido el siguiente: siempre que mi padre me pregunta algo, yo le hago inmediatamente otra pregunta: "¿Quieres la verdad? ¿Estás dispuesto a escuchar la verdad? ¿O quieres algo dulce? Tú decides". Si me preguntara: "¿Has hecho esto? ¿Has saltado al pozo de alguien y te has bañado en el pozo?". Le preguntaré inmediatamente: "Dime una cosa: ¿quieres la verdad? ¿Estás dispuesto a escuchar la verdad? ¿Estás dispuesto a no castigar la verdad? Si no estuve en el pozo - otra persona - ¡entonces tendrás que demostrarlo!".

Era una persona muy hermosa. Siempre me decía: "Puedes decir la verdad y te protegerán". Y yo le decía la verdad, fuera cual fuera. Pero a veces él mismo se metía en problemas por mi culpa.

Un día me dijo: "Estás sentado fuera, al sol...". Era una mañana fría de invierno. "Una persona va a verme y hoy no quiero verle. Es un pesado y me va a destrozar todo el día, y es muy difícil deshacerse de él. Así que simplemente dile: 'Mi padre no está en casa'. "

Vino el pesado y me preguntó: "¿Dónde está tu padre?".

Le dije: "Está dentro, pero me ha dicho que le diga al pesado, porque le va a destrozar todo el día, que no está dentro de casa".

Se enfadó mucho. Entró en casa, buscó a mi padre y le dijo: "¿Qué te pasa?

¿Qué dice tu hijo?"

Entré y mi padre tenía problemas porque ese pesado era uno de los hombres más ricos del pueblo y podía hacer daño de muchas maneras.

Mi padre me dijo: "¿Qué le has dicho?".

Le dije: "¿Quieres la verdad?".

Por un momento dudó porque ahora le iba a costar, pero finalmente se decidió. Sí, todo lo que ha dicho se lo había dicho. Sólo que se me había olvidado decirle que no te lo dijera a ti. Pero hizo exactamente lo que le había dicho. Ahora lo siento, ha sido culpa mía. Él no tiene nada que ver".

Muchas veces tuvo dificultades por mi culpa, pero nunca me castigó por ser sincero. Entonces no había necesidad de que yo faltara a la verdad.

Lo mismo hacía con mis profesores, pero ellos no eran tan valientes. Entonces les contaba mentiras y les decía: "¡Son mentiras!

Pero tú quieres escuchar mentiras y proteges mentiras y apoyas mentiras. Me estáis creando un hipócrita".

Pero así es como envejece la gente: más viejos son, más astutos se vuelven. Y lo mismo le ocurre a una civilización: cuanto más vieja, más astuta.

Por ejemplo, los estadounidenses son más honestos que cualquier otro país por la sencilla razón de que son el pueblo más nuevo del mundo, sólo trescientos años de historia; no es nada comparado con el pasado milenario de la India. Incluso los historiadores más realistas dicen que la India ha existido al menos durante diez mil años; sobre eso hay suficientes pruebas. Pero hay otros historiadores, que no son tan aceptados, que dicen que la India ha existido al menos durante noventa mil años. Y hay una posibilidad, porque en los Vedas la descripción de una estrella es tal que había ocurrido sólo noventa mil años antes.

La descripción es tan exactamente cierta que no puede ser sólo imaginación, poesía. Es tan científicamente cierta que parece que el registro tiene al menos noventa mil años. Y si el registro tiene noventa mil años, entonces las personas cuyo registro es deben haber vivido más de noventa mil años. ¿Qué son trescientos años? América es como un niño pequeño; de ahí la verdad, la autenticidad.

Puedes preguntar a una chica americana "¿cuántas veces has hecho el amor antes de casarte?" y te contestará. Pero ninguna mujer india responderá; es imposible. Toda su vida será destruida.

Esos datos sólo se pueden recopilar en Estados Unidos, no en la India. Y los santos indios siguen diciendo: "Mira, en nuestro país ninguna chica pierde la virginidad", porque no hay datos al respecto. No se pueden recopilar datos por la sencilla razón, no de que sea cierto, sino de que nadie está dispuesto a decir la verdad.

Sólo en Estados Unidos se pueden encontrar estos datos.

Se puede hacer todo tipo de preguntas a la gente y la gente está dispuesta a responder sinceramente, sin otra razón que ayudar a la encuesta científica. Están dispuestos a arriesgar su vida personal. Se puede preguntar a los maridos estadounidenses cuántas relaciones extramatrimoniales tienen, pero no se puede preguntar a un marido indio. Te dirá: "¿Qué? ¿Relaciones extramatrimoniales? Nunca he pensado en ello, nunca he soñado con ello".

En opinión de la dulce joven, el banco era demasiado público. Su galán sugirió inmediatamente que cambiaran de asiento a uno más alejado, más discreto y oscuro.

"¿Y prometes no abrazarme?", preguntó tímidamente.

Su amante asintió con la cabeza.

"¿Y prometes no besarme?"

De nuevo su amante asintió.

"Entonces, ¿para qué demonios ir allí?", preguntó la chica con enfado.

Así es como sigue funcionando la hipocresía: finge una cosa, oculta justo lo contrario de ella.

Un hombre llegó a su pub local para tomar una copa el viernes por la noche. Justo cuando iba a abrir la puerta, una monja saltó de entre las sombras y le dijo con fervor: "Hijo mío, ¡detente antes de que sea demasiado tarde! ¡Esta taberna es la Casa del Diablo! Arrepiéntete de tus pecados y olvida la bebida del demonio".

El hombre tuvo una idea brillante y le dijo a la monja con picardía: "¿Cómo puedes condenar algo que nunca has experimentado? ¿Has probado alguna vez el alcohol? ¿Has sentido alguna vez que es saludable y que tiene muchas propiedades buenas?".

"¡Nunca!", gritó. "¡Soy una monja!"

Después de persuadirla seriamente, la bebedora convenció a la monja para que probara un poco. "Pero espere", dijo la monja, "con esta ropa me reconocerán. ¿Por qué no me traes un poco de bebida en esta vieja taza de porcelana?".

El hombre entró en el bar, se acercó al camarero y le dijo: "Buenas noches, Jim. Deme una pinta de su mejor cerveza y un gin-tonic grande en esta copa, por favor".

"¡Por Dios!", exclamó el camarero. "¿Está esa vieja monja merodeando fuera de mi bar otra vez?"

Es bueno, Narayandas Diwari, lo que dices:

SOY UN HIPÓCRITA. ¿QUÉ DEBO HACER?

Primero véalo claramente, obsérvelo, todas sus formas sutiles, todo su mecanismo. Debe haber llegado muy profundo. Tendrás que ser muy consciente de ello. Y no es necesario hacer nada más - porque si haces algo, eso creará represión.

No soy partidario de hacer mucho. Todo mi esfuerzo aquí es ayudarte a ser más consciente de las cosas.

Y el milagro de la consciencia es que todo lo que está mal, en el momento en que te vuelves plenamente consciente de ello, cae por sí mismo, y todo lo que está bien, cuando te vuelves plenamente consciente de ello, se convierte en tu propio ser.

La conciencia es el fenómeno más alquímico del mundo.

Y es bueno que se haya producido un reconocimiento; es un buen comienzo. La semilla ha caído en el suelo. Sigue siendo cada vez más consciente. Observa cada acto, cada pensamiento, cada sueño. Y no hagas nada, no tengas prisa por hacer algo. Simplemente sigue observando, tomando nota de lo que ocurre en tu interior, de cómo estás viviendo tu vida. Y poco a poco te darás cuenta de un cambio que sucede por sí mismo. Y cuando cualquier cambio sucede por sí mismo tiene una belleza propia.

La tercera pregunta

Pregunta 3:

MAESTRO, ESTANDO AQUI CONTIGO, MI VIDA SE HA VUELTO TAN SIMPLE Y ORDINARIA. AHORA CUANDO TENGO HAMBRE DUERMO, CUANDO ESTOY

CANSADO COMO. ¿ME ESTOY ACERCANDO A LA
ILUMINACIÓN?

Dharmamurti,

¡Claro!

La cuarta pregunta

Pregunta 4:

MAESTRO, POR FAVOR, HABLA SOBRE EL MIEDO A
VOLVERSE LOCO, A CAMINAR SOBRE EL FILO DE LA
NAVAJA.

Anand Eti,

Por favor, no tengas miedo de la locura, por la sencilla razón de
que ya estás loco. Este mundo es un inmenso manicomio. Todos los
niños nacen cuerdos, pero no pueden vivir cuerdos mucho tiempo;
es imposible. Es criado por otros locos, enseñado por otros locos,
condicionado por otros locos. Está destinado a volverse loco; sólo
para sobrevivir tiene que volverse loco.

Sólo de vez en cuando ha habido una persona cuerda: un Buda,
un Zaratustra, un Lao Tzu, un Jesús.

Y lo más extraño es que estas personas cuerdas parecen locas
porque los llamados locos no están realmente locos. Los verdaderos
locos son los llamados cuerdos. La gente a la que meten en los
manicomios es simplemente gente muy sensible, gente vulnerable,
gente delicada, no tan dura como los otros que viven en el mercado.
No tienen la piel tan gruesa, por eso se derrumban. Los de piel gruesa
siguen viviendo entre todo tipo de locuras; siguen adaptándose.

El hombre tiene una capacidad infinita para adaptarse, y cada
niño aprende a adaptarse con todo tipo de cosas.

Sólo mira en tu propio ser, a cuántas supersticiones te has
ajustado, cuántas creencias estúpidas estás cargando. Y no es que
no haya momentos en los que te das cuenta de su estupidez, pero
esos momentos de cordura los dejas de lado porque son momentos
peligrosos. Sí, de vez en cuando se abre la ventana, pero la cierras

inmediatamente. Tienes que cerrarla porque temes que los vecinos vean que tu ventana está abierta. No quieres mostrar tu cordura a nadie.

Jesús dice: Si no sois como niños, no entraréis en mi reino de Dios. ¿Qué quiere decir? Quiere decir: Si no volvéis a ser cuerdos, tan cuerdos como todo niño, no entraréis en mi reino de Dios.

Anand Eti, no tengas miedo de volverte loco - no puedes ¡Ya ha sucedido! Ahora si realmente quieres tener miedo de algo es de volverte loco. Eso es lo que puede suceder aquí. Si puedes seguir aquí el tiempo suficiente, entonces puedes volverte cuerdo. Pero esa cordura será vista por los demás como locura.

Kahlil Gibran tiene una hermosa parábola al respecto:

Una bruja entró en un pueblo. Dijo un abracadabra, echó una poción mágica en el pozo del pueblo y dijo a la gente que estaba allí: "¡Quien beba el agua de este pozo se volverá loco!".

En el pueblo sólo había dos pozos: uno era público, para la gente corriente, y el otro estaba en el palacio, para el rey, su reina y su visir. El rey estaba muy contento:

"Es bueno que nos hayamos salvado". Pero por la noche se dio cuenta de que no ha sido una fortuna.

Preguntó al visir, su viejo y sabio consejero: "Hay que hacer algo inmediatamente", porque al anochecer todo el pueblo se había vuelto loco. Tenían que beber el agua. ¿Cuánto tiempo se puede estar sediento? Y no había más agua que la de aquel pozo. Al anochecer todo el pueblo enloqueció.

Pero al anochecer empezó a correr el rumor por el pueblo de que el rey, el visir y la reina se habían vuelto locos. El ejército del rey también se había vuelto loco, sus guardaespaldas se habían vuelto locos, así que estaba absolutamente desprotegido.

Y al ponerse el sol, todo el pueblo se reunió alrededor del palacio gritando: "¡Ya no queremos a este rey loco! Queremos cambiarlo!"

El rey preguntó a su viejo y sabio consejero: "¿Qué hacer?".

Dijo: "Ahora sólo se puede hacer una cosa. Yo los mantendré comprometidos de alguna manera: tú sal corriendo por la puerta de atrás, bebe el agua del pozo y vuelve".

El rey y la reina huyeron por la puerta trasera. El visir mantuvo a la gente hablando, la mantuvo ocupada. Y esperaba que el rey y la reina salieran por la puerta trasera, pero no salieron por la puerta trasera. ¿Por qué habrían de venir por la puerta trasera? Se habían vuelto locos. Vinieron por la puerta principal - ¡bailando! Los vio entre la multitud; no podía creer lo que veían sus ojos. Bailaban con la gente y la gente decía: "¡Mirad! Nuestro rey y nuestra reina han recobrado la cordura". Y celebraron toda la noche.

El visir tuvo que correr a beber el agua. Toda la noche fue una gran fiesta. Por supuesto, estaban contentos de que su rey, su reina, su visir, todos habían recuperado la cordura. Ahora todo el pueblo estaba cuerdo de nuevo.

Buda parece loco, Jesús parece loco. Ahora los locos como Sigmund Freud piensan que Jesús es neurótico! nd Freud es neurótico, pero piensa que Jesús es neurótico y trata de probarlo y convence a mucha gente. Ha convencido a casi toda la mente contemporánea.

Pregúntame, Eti:

POR FAVOR, HABLE DEL MIEDO A VOLVERSE LOCO.

Todo el miedo es absolutamente infundado. Ya te has vuelto loco, de lo contrario no habrías sido capaz de existir en la sociedad. Sea cual sea la sociedad a la que perteneces, ya te has distorsionado. Ya no sois inocentes; ya estáis corrompidos y envenenados por los sacerdotes, los políticos y los pedagogos. Ellos han hecho el trabajo; mi función aquí es deshacerlo.

Y no hay necesidad de pedir pruebas. Cuando digo que el mundo entero es un manicomio, no hace falta que lo demuestre. Puedes mirar a tu alrededor y encontrarás mil y una pruebas.

Mulla Nasruddin le decía a uno de sus amigos el otro día: "Le di a un hombre un billete de una rupia por salvarme la vida".

"¡Dios mío!", dijo el amigo. "¿Qué ha hecho?"

"Me devolvió setenta y cinco paise."

Dave y Mabel están sentados en el porche. Mabel dice: "Vaya, eres un buen tipo, Dave. ¿Me quieres? ¿De verdad me quieres?"

"Sí, te quiero, Mabel."

"¿Morirías por mí, Dave?"

"¡No, Mabel, el mío es un amor eterno!"

Mulla Nasruddin intentaba ahorcarse. Un amigo lo observaba. Le dijo: "¡Mira, Nasruddin, si quieres ahorcarte tienes que ponerte la soga alrededor del cuello, no debajo de los brazos!".

"Bueno", dijo Nasruddin, "lo he intentado, ¡pero luego me siento asfixiado!".

Un borracho australiano sale tambaleándose de un pub borracho hasta las trancas y, al ver a una joven de pie en la calle, se le acerca tambaleándose. "¿Quieres hacer el amor?", le pregunta.

Ella le mira de arriba abajo. "No", responde, "en realidad no".

"Bueno", dice, "¿qué tal si te acuestas mientras lo hago?".

Iban cuatro negros en un coche a noventa millas por hora. El coche se sale de control y choca contra un muro de ladrillos. Los cuatro ocupantes del coche quedan esparcidos por el suelo. De milagro, ninguno resulta herido, pero todos siguen aturdidos.

Un policía se acerca al grupo y grita: "¡Muy bien! ¿Quién demonios conducía?"

"Nadie", dijo uno de los hombres. "¡Estábamos todos en el asiento trasero encendiéndonos!"

Cuando Fidel Castro visitó Estados Unidos, se advirtió al personal de seguridad que sólo permitiera la entrada a personas con credenciales cubanas. Cuando preguntaron cuáles eran las credenciales cubanas les dijeron: "Una barba y un puro".

Así que primero llegó Fidel Castro y detrás le siguieron los demás. El hombre que iba detrás llevaba barba y fumaba un puro y dijo: "Relaciones públicas", así que le dejaron entrar.

A continuación llegó otro hombre con barba, fumando un puro, que dijo: "Jefe de Policía".

"Pase", fue la respuesta.

A continuación se acercó un hombre sin barba y sin puro. Cuando le pararon en la entrada, para identificarse tiró de la parte delantera de sus pantalones y dijo: "¡Policía secreta!".

Un capitán del ejército judío entra en el salón de una prostituta, se dirige a la señora y le dice: "¿Cuánto cobraría por el placer de mi compañía?".

"Veinte dólares, señor", responde ella.

"¡Muy bien!", dice y cruza hacia la ventana, la abre y grita: "¡Compañía, en marcha!".

Un hombre resulta gravemente herido en un accidente de tráfico y tiene que ser trasladado al hospital. Cuando abrió los ojos, el médico estaba a su lado con expresión seria.

"Bueno", tartamudeó el médico, "tengo buenas y malas noticias para usted. ¿Qué quiere oír primero?"

"Dame primero las malas noticias", respondió el herido.

"Tuvimos que quitarte una de las piernas".

"Bueno", dijo el hombre, "me lo esperaba. Fue un mal accidente".

"Sí", dijo el médico, "¡pero por desgracia quitamos el equivocado!".

Con lágrimas rodando por sus mejillas con voz entrecortada, el hombre preguntó: "Entonces, ¿cuál es la buena noticia?".

"Bueno", dijo alegremente el médico, "¡hay un tipo en la cama de al lado que quiere comprarte las zapatillas!".

Y, Anand Eti, ¿crees que puedes volverte loco en este mundo? Perteneces a este mundo, ¡eres parte de él!

Ya estás loco. Por lo tanto, todo miedo es infundado. Abandona todo miedo.

Ahora intenta comprender el mecanismo de tu locura. Una vez que aceptas que ya estás loco, existe la posibilidad de ir más allá, pero si simplemente sigues teniendo miedo de volverte loco, entonces no hay posibilidad. Ese miedo no te ayudará; ese miedo seguirá volviéndote más y más loco. El miedo mismo es parte de la locura, de lo contrario no hay nada que temer. La muerte es absolutamente cierta; si hay algo cierto en la vida es la muerte. Todo lo demás es incierto, sólo la muerte es segura, así que no hay nada que temer de la muerte. La vejez está destinada a llegar. Todo en la vida cambia. Los amigos de hoy pueden ser enemigos mañana; los enemigos de hoy pueden convertirse en amigos mañana. La persona a la que más quieres puede que la odies; la persona a la que odias hoy puede que te enamores mañana. La vida es un flujo y no puedes mantener nada estático. Entonces, ¿qué sentido tiene temer nada? Simplemente hay que vivir momento a momento, disfrutando de lo que haya.

El miedo no te permite vivir totalmente; siempre te retiene. Nunca te permite la intensidad, la pasión, la totalidad, la plenitud; te mantiene dividido. Amas a una mujer y amas a medias porque tienes miedo. ¿Quién sabe dónde te llevará el amor, adónde te conducirá? Siempre eres parcial, fragmentario, y porque eres parcial y fragmentario nada te da la alegría que puede darte.

El miedo no te va a ayudar. El miedo puede volverte cada vez más loco.

En lugar de tener miedo, vuélvete frío, tranquilo. Abandona este estado febril y vuélvete vigilante. Una vez que aceptas un hecho fundamental -que la sociedad ya te ha vuelto loco- ahora el trabajo a realizar es cómo salir de este estado antinatural que la sociedad te ha impuesto. Y no es difícil, es muy sencillo. Es tan simple como la serpiente que se desliza fuera de su vieja piel. Una vez que entiendas el mecanismo de la locura...

Por ejemplo, estas son las causas de la locura; la ambición es la causa fundamental. Intenta comprender tu ambición; tu esfuerzo por ser alguien en el mundo te volverá loco. Simplemente no seas nadie y entonces no habrá problema. Deja la ambición y empieza a vivir, porque la persona ambiciosa no puede vivir; siempre lo pospone. Su verdadera vida siempre será mañana, y el mañana nunca llega.

La persona ambiciosa está destinada a ser agresiva y violenta, y la persona violenta y agresiva está destinada a volverse loca.

La persona no ambiciosa es pacífica, cariñosa, compasiva. La persona ambiciosa siempre tiene prisa, corre, se precipita hacia algo que siente vagamente que está ahí, pero nunca lo encontrará.

Es como el horizonte: no existe, sólo aparece. La persona no ambiciosa vive en el presente, y estar en el presente es estar cuerdo. Estar totalmente en este momento es estar cuerdo.

La cordura significa un estado de paz, armonía, alegría, dicha, bendición.

Quinta pregunta

Pregunta 5:

MAESTRO,

OJALÁ HUBIERA NACIDO EN LA EDAD OSCURA.

Reverendo Banana,

¡YO TAMBIÉN! ¡Te ves terrible en la luz!

La última pregunta

Pregunta 6:

MAESTRO,

¿CÓMO NO SER JUDÍO?

Gyan Deva,

ES REALMENTE DIFÍCIL no ser judío porque ser judío no es sólo formar parte de una determinada cultura, religión, tradición -hay judíos en todas partes, en los hindúes, en los mahometanos, en los cristianos-, ser judío es más una psicología que una religión.

El judaísmo es calculador, siempre calculando sobre la vida, siempre pensando en términos de negocios, en términos de dinero, en términos de beneficio.

Eso es lo que yo llamo judaísmo.

Todos los judíos no son judíos y todos los no judíos tampoco son no judíos. La judeidad es un fenómeno mucho más amplio. Los hindúes se limitan a los hindúes, los mahometanos se limitan a los mahometanos, los judíos se desparraman por todas partes. Es algo psicológico, mucho más psicológico que cultural. Es fácil no ser hindú; sólo tienes que deshacerte de tus conceptos. Es fácil no ser cristiano, no ser mahometano, no ser budista, pero no ser judío es ciertamente difícil. Es algo que ha entrado en el estilo de vida de todo el mundo.

A todos nos educan para ganar más, para conseguir más, para arrebatar más. Dar menos y obtener más: eso es ser judío. Y es realmente difícil abandonar la idea, porque eso significará una transformación total; será realmente una conversión. Será algo muy fundamental, muy básico. Tiene que ver con abandonar todas nuestras valoraciones.

Por ejemplo, valoramos las cosas que tienen algún fin utilitario, no valoramos las cosas que no tienen ninguna utilidad. Tendremos que cambiar toda nuestra conciencia de lo utilitario a lo no utilitario. Una flor es mucho más valiosa que una bayoneta. Esta lluvia que cae sobre el tejado y su sonido es mucho más valiosa que todo el dinero del mundo. Estos árboles verdes son mucho más valiosos que tener cualquier conquista mundana: llegar a ser Alejandro Magno o Adolf Hitler, llegar a ser presidente de un país o primer ministro de un país. Disfrutar de una hermosa puesta de sol es mucho más valioso que tener un nombre mundialmente famoso. Poder experimentar la maravilla de la naturaleza o el esplendor o la existencia es mucho más valioso que conseguir el premio Nobel.

Tenemos que cambiar todo el sistema de valoración. Tenemos que desaprender la mente triunfadora, la mente ambiciosa, y tenemos que aprender una forma de vida totalmente nueva, de disfrutar, de regocijarnos.

Y eso es exactamente el Zen. Su cualidad básica, la más esencial, es la capacidad de disfrutar de lo ordinario, de lo muy ordinario, con una percepción extraordinaria. Si alguien te regala el diamante Kohinoor, por supuesto que lo apreciarás; pero si alguien te regala simplemente una flor de caléndula, dirás gracias pero no lo dirás de verdad; será sólo una formalidad. No te sentirás realmente agradecido.

Esto hay que aprenderlo, este espíritu hay que imbuirlo Toda vuestra visión del mundo cambiará. Entonces no podréis ser triunfadores; entonces tendréis que permanecer contentos dondequiera que estéis, seáis lo que seáis. Nadie quiere quedarse donde está, sea lo que sea. Incluso en el mundo, empiezas a sentirte satisfecho, empiezas un nuevo tipo de deseo, ambición por el otro mundo. Empiezas a buscar placeres celestiales, el paraíso. Es el mismo juego, es la misma mente.

Tus santos son todos judíos, todos los mahatmas son judíos, por la sencilla razón de que intentan conseguir algo en el otro mundo. Están ganando virtud, están haciendo actos meritorios para ganar algo en el otro mundo. Son mucho más judíos que la gente común. La gente ordinaria pide cosas ordinarias - dinero, poder, prestigio - tus mahatmas las condenan como momentaneas. Ellos piden gozo eterno, dicha eterna, dicha sin fin. No van a satisfacerse con cosas pequeñas. Llaman a las cosas de este mundo "juguetes"; las cosas reales pertenecen al otro mundo. Son mucho más codiciosos, y la codicia es judía.

Ser no codicioso significa simplemente que tienes que vivir cada momento sin ningún motivo, por la pura alegría de vivir, por la pura alegría de bailar, por la pura alegría de cantar. Del mismo modo que florecen las flores, cantan los pájaros y fluyen los ríos, cuando vives cada momento sin ninguna razón, sin ningún propósito, sin ninguna motivación, sin ningún fin, como si fuera el primero y el último momento y estás completamente satisfecho con ello, entonces desaparece el judaísmo.

Gyan Deva, preguntas:

¿CÓMO NO SER JUDÍO?

Sé del momento, vive el momento. Aprende el arte de permanecer en el presente. Ni el pasado ni el futuro existen. El pasado ya no existe, el futuro todavía no; sólo existe el presente. Entra en el presente con tu totalidad, desmotivado.

Y el milagro es que tremenda va a ser tu dicha. Sí, eterna va a ser tu dicha. Pero recuerda, déjame recordarte, no estoy diciendo que vivas el momento para que puedas alcanzar la dicha eterna. Si esa es tu idea entonces de nuevo caes en la vieja trampa. Es una consecuencia, no un fin. No puedes pedirlo. Es un subproducto, viene por sí mismo, no necesitas preocuparte por ello.

En mi infancia me encantaba nadar, tanto... y sobre todo en la época de lluvias, cuando el río de mi pueblo se vuelve casi oceánico, se hincha y se hace tan grande. Es un río salvaje. Todas las montañas vierten su agua en él. En las lluvias estaba casi todo el día en el río.

Otros amigos me preguntaban: "Debe de tener algo, ¿por qué sigues nadando en el río durante horas?".

Y yo les decía: "Es la dicha más grande que he conocido". Y sólo para probar algo de ella vendrán conmigo. Y al cabo de unos minutos dirán: "No conseguimos nada en absoluto, así que nos vamos y estamos temblando y no vemos la dicha por ninguna parte. Y el peligro está ahí - el río es tan salvaje que nos dices que lo crucemos, que vayamos al otro lado".

Y los torrentes eran tan fuertes que me llevaba casi una milla llegar a la otra orilla y luego caminar una milla hacia arriba, entonces llegaré al punto desde donde puedo saltar de nuevo para llegar a mi casa.

Dijeron: "Todo esto es peligroso. Y hay tanto barro y tantas espinas, y la vida está en peligro, y sentimos casi que el río nos va a matar Y no vemos ninguna dicha".

Y cuando un joven realmente perdió la vida... también había ido allí para encontrar la dicha conmigo. Su nombre era Hari. Cuando Haridas vino a mí le di el nombre de Haridas en recuerdo suyo, porque se parecía casi a Haridas. Y siempre que miro a Haridas sonrío: me acuerdo de él. Simplemente se perdió en el río. Lo intentamos durante dos o tres días, pero ni siquiera pudimos encontrar su cadáver.

Desde entonces estaba allí solo; entonces nadie vendrá a buscar la dicha en el río. Y dirán que estoy loco, y en cierto modo tenían razón, porque venían sólo a buscar la dicha y mi dicha era nadar en el río, estar en el río, fluir con el río, ir con el río dondequiera que me llevara. Y la dicha era sólo un subproducto. La dicha es siempre un subproducto.

Pregúntale al bailarín; te dirá que hay una gran dicha. Pero si bailas para obtener dicha, simplemente te cansarás; no encontrarás ninguna dicha. Pregunta al cantante, pregunta al músico. Y simplemente transpirarás y sentirás cansancio en la garganta. Sólo hay dicha para aquellos que cantan por cantar, que no buscan nada, y la consiguen.

Esta es una de las leyes más fundamentales de la vida. Ais dhammo sanantano -esta es la ley fundamental- Buda dice que no puedes encontrar directamente la dicha; siempre viene como un subproducto, como una sombra.

Ama, y habrá dicha; pero no busques la dicha en el amor, de lo contrario la dicha no se encontrará y el amor desaparecerá.

Así que cuando digo que vivas el momento y toda la dicha será tuya, no me malinterpretes. No estoy diciendo que vivas el momento para que puedas alcanzar la dicha. No estoy diciendo que vivas el momento porque esa es la manera de alcanzar la felicidad. Si ese es tu argumento, fallarás y entonces dirás que no tenía razón. Lo que digo es que vivas el momento y que de repente, de la nada, la felicidad descienda sobre ti.

Y una vez que lo has probado, todo lo judío desaparece, toda la codicia desaparece, porque llega y te llena tanto que no hay lugar para nada más: para la codicia, para los celos, para la competitividad, para la ambición, para el futuro, para el pasado. Llena todos los rincones de tu ser. Te desborda, empieza a desbordarte.

Gyan Deva, aprende a vivir el momento por sí mismo, por su propia alegría, y te llevarás una gran sorpresa. Puedes llamar a esa sorpresa Tao, dhamma, Dios, nirvana, iluminación, dicha, o la palabra que prefieras. No tiene nombre, es una experiencia sin nombre.

La puerta vacía está abierta de par en par

EL MAESTRO ZEN SHEN TSAN OBTUVO SU ILUMINACIÓN A TRAVÉS DE PAI CHANG. ENTONCES REGRESÓ AL MONASTERIO EN EL QUE HABÍA SIDO ORDENADO POR SU "PRIMER MAESTRO", EL MONJE QUE LE HABÍA EDUCADO DESDE LA INFANCIA Y QUE, EN AQUEL MOMENTO, ERA UN HOMBRE MUY ANCIANO.

UN DÍA, SHEN TSAN ESTABA AYUDANDO A SU VIEJO MAESTRO A BAÑARSE. MIENTRAS LAVABA LA ESPALDA DEL ANCIANO, LE DIJO: "¡QUÉ TEMPLO TAN BONITO, PERO EL BUDA QUE HAY EN ÉL NO ES NADA SANTO!". SU VIEJO MAESTRO SE DIO LA VUELTA Y LE MIRÓ, TRAS LO CUAL SHEN TSAN COMENTÓ: "AUNQUE EL BUDA NO SEA SANTO, AÚN PUEDE IRRADIAR LA LUZ".

DE NUEVO, UN DÍA, MIENTRAS EL ANCIANO LEÍA UN SUTRA CERCA DE UNA VENTANA CUBIERTA DE PAPEL, UNA ABEJA INTENTÓ DESESPERADAMENTE, CON TODAS SUS FUERZAS, SALIR VOLANDO DE LA HABITACIÓN A TRAVÉS DEL PAPEL, PERO FUE INCAPAZ DE ATRAVESARLO. SHEN TSAN, AL VER ESTO, DIJO: "EL MUNDO ES TAN VASTO Y ANCHO QUE PUEDES LIBERARTE FÁCILMENTE EN ÉL. ¿POR QUÉ, ENTONCES,

PERFORAS TONTAMENTE UN PAPEL VIEJO Y PODRIDO?".

"MIENTRAS LA PUERTA VACÍA ESTÁ ABIERTA DE PAR EN PAR ¡QUÉ INSENSATO ES INTENTAR SALIR EMPUJANDO CONTRA LA VENTANA!

¡AY! ¿CÓMO PUEDE USTED, MAESTRO, LEVANTAR LA CABEZA POR ENCIMA DEL CENAGAL PONIENDO LA NARIZ CONTRA PAPEL VIEJO Y PODRIDO DURANTE CIEN AÑOS?".

AL OÍR ESTE COMENTARIO, EL ANCIANO DEJÓ SU BOO1Z Y LE DIJO A SHEN TSAN: "DESDE HACE YA BASTANTES VECES, HACES COMENTARIOS INUSUALES. ¿DE QUIÉN HAS OBTENIDO TUS CONOCIMIENTOS MIENTRAS ESTABAS FUERA DE CASA?".

SHEN TSAN RESPONDIÓ: "HE ALCANZADO EL ESTADO DE REPOSO PACÍFICO POR LA GRACIA DEL MAESTRO PAI CHANG. AHORA HE VUELTO A CASA PARA PAGARLE MI DEUDA DE GRATITUD".

EL VIEJO MAESTRO PREPARÓ ENTONCES UN GRAN FESTIVAL EN HONOR DE SU JOVEN DISCÍPULO, CONVOCÓ A LOS MONJES DEL MONASTERIO AL SALÓN DE ACTOS Y ROGÓ A SHEN TSAN QUE PREDICARA EL DHARMA A TODOS. SHEN TSAN SUBIÓ AL TRONO Y, SIGUIENDO LA TRADICIÓN DE PAI CHANG, PREDICÓ LO SIGUIENTE:

"IRRADIA SINGULARMENTE LA LUZ MARAVILLOSA LIBRE DE LA ESCLAVITUD DE LA MATERIA Y DE LOS SENTIDOS.

SIN ATADURAS DE PALABRAS Y LETRAS, LA ESENCIA SE EXPONE DESNUDA EN SU PURA ETERNIDAD.

NUNCA CONTAMINADA ES LA NATURALEZA-MENTE; EXISTE EN PERFECCIÓN DESDE EL PRINCIPIO.

CON SÓLO DESECHAR TUS ILUSIONES SE REALIZA LA BUDEIDAD".

EN CUANTO EL VIEJO MAESTRO OYÓ ESTA ESTROFA, SE DESPERTÓ DE INMEDIATO.

Un hombre llama por teléfono al psiquiátrico y pregunta: "¿Puede decirme quién está en la habitación número 12, por favor?".

"No hay nadie en esa habitación, señor", es la respuesta.

"¡Ah bien, eso significa que he escapado!"

El hombre es absolutamente inconsciente de su propio ser. Conoce todo lo demás, intenta conocer todo lo demás, excepto a sí mismo, por la sencilla razón de que se da por sentado. Piensa como si se conociera a sí mismo Y ahí está el error fundamental, el error más fundamental que se puede cometer.

Somos, pero no sabemos quiénes somos. Nuestros nombres nos engañan: nos dan cierta sensación de que eso es lo que somos. Nuestros cuerpos reflejados en el espejo, nuestros rostros reflejados en los ojos de la gente, nos van dando una cierta idea de nuestra identidad. Poco a poco, acumulamos toda esta información y creamos una imagen de nosotros mismos que es totalmente falsa. No podemos conocernos a nosotros mismos mirándonos en los espejos, porque los espejos sólo pueden reflejar nuestro cuerpo, y nosotros no somos el cuerpo. Estás en el cuerpo, pero no eres el cuerpo. Tu comportamiento, tu carácter, tus acciones pueden mostrar tu mente, pero no a ti.

Hay una escuela de psicólogos, una de las más importantes, que se llama conductista. Piensan que el hombre es su comportamiento: no eres más que la totalidad de tus acciones, de modo que si tus acciones pueden ser comprendidas, eres comprendido. El hombre es más, mucho más que la suma total de sus acciones; el hombre no es sólo su comportamiento. El hombre es la conciencia más íntima de su cuerpo, de su mente, de sus acciones.

A menos que tomes conciencia de tu conciencia, a menos que tomes conciencia de tu luz interior, seguirás viviendo en ilusiones. Y perpetuamos las ilusiones porque son baratas, fáciles de conseguir; no cuestan nada, y nos las pueden entregar los demás.

Descubrirse a uno mismo es arduo: es emprender la mayor exploración. Es más fácil ir a la luna, más fácil ir al Everest. Es mucho más difícil ir al propio centro, por la sencilla razón de que tendrás que viajar solo, completamente solo. Como dice uno de los grandes místicos griegos, Plotino: "Es un vuelo del solo al solo".

Por eso muy pocas personas se han iluminado, cuando en realidad es un derecho de nacimiento de todos iluminarse. E incluso si a veces, por algún accidente, la gente se interesa por conocerse a sí misma, inmediatamente se convierten en víctimas de las palabras: teorías, filosofías, ideologías. Se convierten en víctimas de escrituras, doctrinas, dogmas; de nuevo se pierden en una jungla de palabras. Sí, encontrarán hermosos dichos, inmensamente cargados de significado, pero ese significado permanecerá oculto para ustedes; no serán capaces de descubrirlo. No has sido capaz de descubrirte a ti mismo; no puedes descubrir el significado de las palabras de Gautam el Buda o de Jesús el Cristo o de Mahavira el Jainista - imposible. Sólo puedes comprender aquello que has experimentado; la comprensión nunca va más allá de tu experiencia. Puedes acumular palabras, puedes convertirte en un erudito, en un gran erudito. Y de nuevo estarás en un nuevo tipo de ilusión: la ilusión que crea la información. Cuanta más información tengas, más sentirás que sabes.

Se cree que la información es sinónimo de conocimiento, pero no es así. Saber es un asunto totalmente distinto.

Conocer es experimentar; la información sólo se acumula en el sistema de memoria. Un ordenador puede hacerlo, no tiene nada de especial; no hay nada especialmente humano en ello.

Dos ratas de gran tamaño entraron un día en un cine y fueron directas a la sala de proyección. Una vez dentro se comieron todo el rollo de película. Después de comer, una rata miró a la otra y le preguntó: "¿Te ha gustado la película?".

A lo que el otro respondió: "No, me gustó más el libro".

Estos son los eruditos, ¡las ratas! Siguen comiendo palabras, siguen acumulando palabras. Pueden tener montañas de palabras y se vuelven muy elocuentes sobre las palabras. Pueden engañar a los demás; eso no es tan malo porque sólo pueden engañar a las personas que ya están engañadas; no se les puede hacer mucho más daño. Pero al engañar a los demás, poco a poco se engañan a sí mismos, y ese es el mayor problema.

El 99% de las personas supuestamente religiosas -santos, mahatmas- no son más que eruditos. En lo que respecta a las palabras, son muy inteligentes, pero si miras en lo más profundo de sus ojos, encontrarás a los mismos seres humanos estúpidos. Nada ha cambiado.

El otro día leía una declaración de Abdul Ghaffar Khan; se le conoce como el Gandhi de la frontera.

Se le considera uno de los discípulos más cercanos de Mahatma Gandhi. Tiene noventa y cuatro años. Ha dedicado toda su vida a la filosofía de la no violencia, y la declaración que hizo es tan violenta que hasta yo me quedé sorprendido. No pensaba que haría algo tan estúpido a una edad tan avanzada. Y la declaración la hizo delante de Vinoba Bhave; estaban reunidos y hubo una rueda de prensa. Ambos son los mayores seguidores de Mahatma Gandhi y predicadores de la no violencia en el mundo.

El periodista preguntó al Gandhi de la frontera: "¿Qué dice usted de Z.A. Bhutto, que ha sido condenado a muerte? ¿No intentó usted salvarlo? - ¿Porque usted cree en la no violencia?".

Se puso furioso. Sus ojos se enrojecieron de ira y dijo: "¡Ese hombre era un pecador! Había que quemarlo vivo en público".

Se olvidó por completo de la filosofía de la no violencia. No está contento con matarlo; quería que lo quemaran vivo, en público. No muerto en la horca o fusilado - eso es demasiado misericordioso - quemado vivo, porque era un pecador.

Ahora bien, ¿es este hombre un hombre de no violencia? Entonces Jesús debió equivocarse cuando rezó a Dios:

"Abba perdona a toda esta gente, a la gente que me está crucificando, porque no saben lo que hacen. Son gente inconsciente; lo están haciendo muy inconscientemente".

Jesús es un hombre de no violencia, no Abdul Ghaffar Khan. ¿Dónde ha fallado? Se llenó de bellas palabras, pero no han transformado su conciencia. Y Vinoba Bhave no se opuso en absoluto; eso significa acuerdo. Él estaba presente; podría haber dicho: "¿Qué estás diciendo? Al menos no es gandhiano". Pero no se opuso. Su silencio demuestra su acuerdo.

Esto es lo que ha sucedido a millones de personas en todo el mundo. Los cristianos han estado matando a miles de personas en nombre de Cristo, con la Biblia en la mano, asesinando, masacrando.

Los mahometanos han hecho lo mismo, los hindúes también.

Es difícil saber cuántos monjes budistas fueron quemados por los hindúes en la India porque la historia de la India no existe en absoluto, nadie se ha molestado en escribir la historia. Pero miles de monjes budistas fueron quemados vivos, del mismo modo que Abdul Ghaffar Khan quería quemar a Z.A. Bhutto. Miles de budistas fueron quemados vivos, si no, ¿cómo desaparecieron todos de este país? El impacto de Buda fue tan grande que millones de personas se convirtieron al budismo. Entonces, ¿qué pasó con todos ellos? ¿Por qué huyeron del país? Y los que se quedaron atrás fueron asesinados.

Y los hindúes hablan de no violencia, amor, amistad, amor universal, amor divino. En cuanto a las palabras, la gente es muy lista y puede seguir elaborando estas palabras, filosofando.

Pueden entrar en sutilezas profundas; pueden hacer distinciones muy sutiles, pero su conciencia permanece inafectada.

Una joven monja llegó al convento jadeando y llorando: "¡Madre, madre, ha ocurrido algo terrible!".

"¿Qué pasa, hija mía?", preguntó preocupada la madre superiora.

"¡Un maníaco, madre - un maníaco sexual me violó!"

"¡Ah no, hija, ah no! ¿Cuándo ocurrió?"

"¡Ayer, anteayer y de nuevo hoy!".

Puedes imponer el carácter a la gente, pero no puedes imaginar la conciencia. La conciencia tiene que ser descubierta. Estas personas pueden incluso llegar al cielo, pero crearán un cielo propio, vivirán en un mundo propio. Repetirán el mismo tipo de mundo allí. Si esta gente - estos hindúes, mahometanos, cristianos, estos monjes y monjas y estos mahatmas y santos, católicos y protestantes - si esta es la gente que va al cielo, el cielo no puede ser diferente de esta tierra. Las mismas cruzadas, las mismas guerras, todo tipo de estupideces seguirán, continuarán. Será sólo una repetición, tal vez en una escala más amplia, más grande, más sofisticada, pero no puede ser cualitativamente diferente.

El joven Barrington-Smythe acababa de llegar a las Puertas Perladas. San Pedro le daba la bienvenida y le hablaba de la vida social del cielo. "Aquí practicamos mucho deporte, joven amigo mío", le dijo San Pedro.

Peter. "Los lunes y jueves es polo, y los martes y viernes cricket".

"Bueno, en realidad, señor", respondió el joven, "no me gusta mucho el deporte".

"Bueno, entonces quizás disfrutes las noches de los miércoles", sugirió San Pedro. "Hay una gran cena.

Después de la comida, cuando el oporto se ha pasado unas cuantas veces, nos soltamos la melena, ¡te lo aseguro!".

"En realidad, señor, no me gusta beber", respondió el joven.

"Ah", dijo San Pedro. Tras un breve silencio, sugirió: "Entonces disfrutarás de los sábados por la noche.

Tenemos un baile con muchas señoritas de por aquí. Mucho jaleo, ya me entiendes".

"En realidad, señor", volvió a decir el joven, "no disfruto mucho de la compañía de señoritas".

Tras una larga pausa, San Pedro preguntó: "Barrington-Smythe, ¿no será usted homosexual por casualidad?".

"¡Oh, no, señor!"

"Lástima", dijo San Pedro, "¡tampoco disfrutarás de los domingos por la noche!".

Las mismas personas serán transportadas al cielo, al paraíso; no va a ser diferente en absoluto. La cuestión no es ir al cielo, la cuestión no es en absoluto encontrar a Dios. La cuestión es saber "¿Quién soy yo?". A partir de ahí comienza la verdadera evolución, sólo a partir de ahí y de ninguna otra parte.

El Zen es el método más bello jamás descubierto para entrar en lo más íntimo de tu ser. No cree en el carácter, sólo cree en la conciencia. Al cambiar tu conciencia, tu carácter cambia automáticamente, pero al cambiar tu carácter tu conciencia no cambia de la misma manera. De hecho, tu conciencia se reprime si cambias tu carácter. Se crea así una dualidad, una escisión. Tu conciencia permanece de un tipo, tu carácter de otro tipo, y se desunen. Te conviertes en dos personas o incluso en muchas.

Te vuelves polipsíquico, te conviertes en una multitud. En vez de llegar al descanso, en vez de llegar al silencio profundo, en vez de experimentar la paz, te vuelves más neurótico, más ruidoso. Pierdes toda armonía interior, todo acuerdo.

Eso es lo que les pasa a los llamados moralistas: simplemente van haciendo un remiendo desde fuera; van blanqueando a la gente. Jesús ha llamado a este blanqueo 'blanquear los sepulcros'. Dentro hay un cadáver apestoso y por fuera lo han blanqueado. Desde fuera la tumba parece hermosa; incluso puedes ponerle rosas, puedes hacer crecer flores en la tumba, hierba. Puedes hacer que parezca hermosa, pero por dentro no es más que una tumba.

Y esa es la situación del hombre. Y todo ha sucedido porque hemos creído demasiado en el carácter. Podemos saber, podemos no saber. El noventa y nueve coma nueve por ciento de la gente del mundo son conductistas - lo que digan no importa. Si miras en el fondo, pertenecen a la escuela de Pavlov y Skinner; todos creen en el conductismo. Todos ellos creen que tu comportamiento puede ser cambiado, entonces tú eres cambiado porque no eres nada más que tu comportamiento. Puede que no lo digan, puede que ni siquiera sean conscientes de su creencia fundamental, pero así es como ha vivido la sociedad hasta ahora. Esta sociedad no es religiosa.

El hombre religioso aún no ha llegado, la sociedad religiosa aún no ha surgido, la cultura religiosa aún está en el futuro, en el horizonte, pero tenemos que traerla; no ha sucedido. Ha ocurrido en algunos casos individuales aquí y allá, pero esas personas se pueden contar con los dedos de la mano.

Esta es una historia tremendamente hermosa. Adéntrate en ella muy meditativamente porque cada enunciado contiene grandes tesoros.

EL MAESTRO ZEN SHEN TSAN OBTUVO SU ILUMINACIÓN A TRAVÉS DE PAI CHANG.

LO PRIMERO es conocer la diferencia entre un Maestro y un profesor. El Zen hace una distinción muy clara: el maestro es el que te enseña; puede que no se haya conocido a sí mismo, pero ha estudiado. Es un erudito, conoce las escrituras. Puede ayudarte a entrar en el mundo de los libros; puede introducirte en los entresijos de las filosofías, las ideologías, las doctrinas. Puede darte educación, información, pero no puede transformarte.

El Maestro es aquel que trae transformación a tu ser, que te ayuda a encontrar tu propia luz.

El trabajo del maestro es directo; simplemente te transfiere lo que sabe. El conocimiento es transferible, la sabiduría es intransferible. Por lo tanto, el trabajo del Maestro es indirecto, nunca puede ser directo. El Maestro funciona como un agente catalizador, su presencia ayuda. Es como cuando sale el sol por la mañana y los pájaros empiezan a cantar. Están despiertos, volando, disfrutando del nuevo día, dándole la bienvenida con sus cantos. El sol no les ha hecho nada directamente, pero algo ha sucedido; el sol ha creado un ambiente en el que los pájaros se sienten frescos, jóvenes, vivos. Las flores empiezan a abrirse. El sol no se acerca a cada flor y la obliga a abrirse, no de esa forma directa, sino que sus rayos danzan alrededor de la flor. Da calor a la flor, la anima, pero de una forma muy delicada. Hay que tratar las flores con delicadeza; si fuerzas sus pétalos para que se abran, las destruirás. Puede que consigas abrirlos, pero al abrirlos los habrás matado; no estarán vivos. El sol crea simplemente un clima en el que pueden abrirse, en el que tienen ganas de abrirse. Un instinto interior se sincroniza con el calor del sol. Y las flores se abren y empiezan a exhalar su fragancia.

Ese es exactamente el trabajo del Maestro. Él no puede entregarte lo que sabe, pero puede crear un cierto campo de energía en el que tus pétalos puedan abrirse, en el que tus semillas puedan ser alentadas, en el que puedas reunir el coraje suficiente para dar el salto, en el que un salto cuántico se haga posible.

Por lo tanto, la iluminación no es una obra directa del Maestro. Ocurre a través de él, por su gracia, pero no por él.

EL MAESTRO ZEN SHEN TSAN OBTUVO SU ILUMINACIÓN A TRAVÉS DE PAI CHANG.

Recuerda la palabra a través de, no por.

REGRESÓ AL MONASTERIO EN EL QUE HABÍA SIDO ORDENADO POR SU "PRIMER MAESTRO"...

Fíjate en la diferencia. A Pai Chang se le llama "Maestro", a Shen Tsan se le llama "Maestro", pero a su antiguo maestro no se le llama "Maestro", sólo "maestro", porque él le ordenó sólo en el mundo de las escrituras, teorías - hermosas teorías pero todas vacías, sin contenido.

Este era EL MONJE QUE LO HABÍA CRIADO DESDE LA INFANCIA Y QUE, EN ESE MOMENTO, ERA UN HOMBRE MUY VIEJO.

UN DÍA, SHEN TSAN ESTABA AYUDANDO A SU VIEJO MAESTRO A BAÑARSE. MIENTRAS LAVABA LA ESPALDA DEL ANCIANO, LE DIJO: "¡QUÉ TEMPLO TAN BONITO, PERO EL BUDA QUE HAY EN ÉL NO ES NADA SANTO!".

La palabra "santo" nunca es utilizada por la gente Zen en el sentido cristiano o hindú. No se utiliza en el sentido de sagrado porque para el Zen no hay nada sagrado ni nada mundano. "Santo" se utiliza en su sentido literal de totalidad. Quien es íntegro es santo, quien vive una vida de totalidad es santo.

Quien vive de forma fragmentaria, a medias, dividido, vacilante, desintegrado, es impío. No tiene nada que ver con pureza o impureza, recuerda. No tiene nada que ver con la virtud o el pecado, recuerda.

El uso zen de la palabra "santo" significa simplemente alguien que es íntegro, alguien que vive cada momento en su totalidad. Todo lo que hace, lo hace totalmente. Si come, come santamente; si duerme, duerme santamente. Si habla, habla santamente. Si escucha, escucha santamente. Cualquiera que sea el acto, su conciencia está totalmente involucrada en él, comprometida con él. Está apasionadamente presente en sus acciones. Si está en silencio, entonces está realmente en silencio, no sólo en la superficie. Puedes seguir cavando más y más profundo en él, pero sólo encontrarás silencio y silencio, capa sobre capa. A medida que profundices encontrarás capas más gruesas de silencio. Cuando llegues al núcleo no encontrarás más que silencio. Su sabor es el mismo.

Buda solía decir: "El hombre santo sabe igual, como el océano. Puedes probarlo desde cualquier parte -desde esta orilla o desde aquella, desde la orilla o desde el centro- siempre está salado. Así es el hombre santo".

El hombre santo vive sin contenerse; todo lo que hace lo hace por completo.

Shen Tsan estaba bañando a su viejo maestro. Frotándose la espalda, dijo:

"ESTE ES UN TEMPLO TAN FINO..."

Cada cuerpo es un hermoso templo, según el Zen. Cada cuerpo es un santuario de Dios; Dios está consagrado en todos. No necesitas ir a ningún otro sitio para encontrar a Dios; si puedes encontrarte a ti mismo, has encontrado a Dios.

Se esconde dentro de ti, es tu interior.

"ES UN TEMPLO TAN BONITO", DIJO SHEN TSAN, "¡PERO EL BUDA QUE HAY EN ÉL NO ES NADA SAGRADO!".

Tal vez el viejo maestro se estaba bañando y también recitaba un sutra. Eso es lo que hacen los monjes budistas: se bañan y recitan un sutra. Los pundits hindúes hacen lo mismo, los sannyasins hindúes hacen lo mismo. Se bañan en el Ganges y recitan gayatri y otros mantras.

¡Están divididos! Si quieres recitar gayatri, recita gayatri -olvídate de tomar un baño. Y cuando estés tomando un baño, toma el baño, olvídate de gayatri. Entonces deja que este baño sea tu único mantra.

Debe haber estado recitando algún mantra porque piensan: "¿Por qué perder el tiempo? Puedes hacer ambas cosas". Seguirán comiendo y seguirán recitando en su interior un cierto mantra sagrado. ¿Por qué perder el tiempo? Pero entonces te estás perdiendo la totalidad de la comida, entonces no estás saboreando tu comida. ¿Cómo puedes hacerlo? La mente sólo es capaz de hacer una cosa a la vez; no puede hacer dos cosas a la vez, es imposible. Si estás comiendo, deja que toda tu conciencia sea la del gusto, la del olfato. Olvídate de todo. Entonces incluso el pan ordinario puede saber como la comida más deliciosa posible. Pero tú no estás presente.

Mira a la gente comiendo - están hablando, hay gente que está escuchando la radio o viendo la televisión. He oído hablar de americanos estúpidos que incluso hacen el amor mientras ven la televisión. - ¿qué decir de comer? ¿Por qué perderse? Usted puede hacer ambas cosas - usted puede hacer el amor y usted puede ir en ver la TV. Ahora, ni verás la tele ni harás el amor; no podrás disfrutar de ninguna de las dos cosas, echarás de menos ambas. Hay gente que no puede comer si no tiene compañía para hablar y cotillear y discutir. Cuando estás hablando sigues tragando - tragar no es comer.

Comer debería ser una meditación, una oración. Deberías ser más respetuoso con la comida porque es vida, es alimento. Y de ahí surgen mil y un problemas. Porque mientras comes estás leyendo el periódico o discutiendo con la esposa o escuchando la radio o mirando la televisión o hablando con un amigo o sosteniendo el teléfono, te perderás la alegría de comer. Comerás más porque tus papilas gustativas no se sentirán satisfechas y contentas. Entonces acumularás grasa innecesaria en el cuerpo.

Entonces hay que empezar a hacer dieta, ayuno, naturopatía y siguen todo tipo de tonterías. Pero lo sencillo que se debería haber hecho en primer lugar era: simplemente comer y no hacer nada más.

Cuando le preguntaron a Lin Chi: "¿Cuál es tu meditación?", respondió: "Cuando como, simplemente como, y cuando duermo, simplemente duermo. Cuando camino simplemente camino".

La persona que preguntaba dijo: "Pero esto es lo que hacemos todos".

Lin Chi dijo: "No, no es eso lo que haces. Cuando comes, haces mil y una cosas más. Lo sé porque yo había sido como tú antes de iluminarme. Había vivido de la misma manera loca y estúpida, así que sé cómo vives. No me digas que eso es lo que hace todo el mundo".

Lo más estúpido en la vida es vivir a medias, porque el momento que se va se va para siempre.

Pero la gente vive de forma tan inconsciente que es casi imposible que sea consciente de lo que hace.

Un tipo volvía del trabajo a su casa en un barrio residencial de las afueras de una típica ciudad estadounidense. Las casas estaban en un gran recinto rodeado de hermosos céspedes. Mientras caminaba, un tremendo dolor de barriga se apoderó de él. Ya era de noche y aún le quedaban tres manzanas por recorrer, así que decidió aliviar su dolor de barriga bajo el arbusto que había junto a una casa cercana. Terminó, se levantó, se cerró los pantalones y echó un vistazo para ver su obra. ¡Qué sorpresa! No había nada.

La hierba estaba limpia, muy limpia. Para asegurarse encendió el mechero, pero no había nada, así que muy desconcertado se fue a casa.

Aquella noche no pudo dormir por pensar en el misterio de la desaparición de la mierda y, cuando al día siguiente descubrió que le faltaba el mechero, volvió al jardín. Encontró el mechero pero ni rastro de la mierda.

Al enderezarse, sus ojos se encontraron con los de una anciana ofendida. "¡Ah!", gritó ella. "¡Así que eres tú quien se ha cagado en mi tortuga!".

Si observas tu vida verás lo que sigues haciendo. Y no se trata sólo de la gente corriente, sino de la gente que tú llamas muy extraordinaria, los genios; ellos también son tan inconscientes como tú, o incluso más.

Se dice de Karl Marx, el fundador del comunismo, que un día estudiando en el Museo Británico se encontró por primera vez con la teoría de que si bebes o fumas, o usas cualquier cosa, puedes ahorrar dinero usándola más. Por ejemplo, si estás fumando un cigarrillo de una marca muy cara y empiezas a usar un cigarrillo más barato, en cada cigarrillo estarás ahorrando dinero; cuantos más cigarrillos fumes, más dinero ahorrarás. Estaba encantado.

Fue al mercado -era fumador empedernido-, compró el cigarrillo más barato, tantos como pudo llevar a casa. Su mujer no daba crédito a lo que veía: "Lleva tantos paquetes, ¿va a abrir una tienda o algo así?". Preguntó: "¿Qué pasa?".

Y estaba tan contento que dijo: "¡Espera! Ahora no hace falta trabajar. Sólo podemos ahorrar dinero fumando más y más. Tú también empieza a fumar, y tampoco impidas que los niños fumen.

Y el que venga a casa, que fume tanto como nosotros: se ahorrará más dinero. Con cada cigarrillo se ahorrará tanto dinero". Y cerró las puertas y empezó a fumar.

La esposa pensó: "Se ha vuelto loco ¿Cómo puede ahorrar dinero si sigue fumando, sólo fumando?".

Llamó a su amigo, Friedrich Engels, que se esforzó en discutir con él: "¡Estás siendo tonto!".

Tardó horas en convencerle de que "¡Esto es una tontería! Morirás de cáncer o de alguna enfermedad peligrosa, ¡y no ahorrarás dinero! La teoría es correcta sólo si fumas doce cigarrillos de una marca cara y doce cigarrillos de una marca barata; entonces estarás ahorrando dinero. Pero eso no significa que sigas fumando cigarrillos día y noche y entonces no habrá necesidad de trabajar."

Ahora bien, personas como Karl Marx, que se consideran muy lógicas, pueden comportarse de forma muy inconsciente.

Un día sucedió:

Edison estaba escribiendo unas cartas. Llegó su mujer, que sabía que a Edison no le gustaba que le molestaran en mitad de su trabajo porque a veces perdía el hilo de su teoría. Ella le había traído el desayuno, así que lo dejó a un lado y se fue a hacer otro trabajo.

Mientras tanto llegó un amigo. Al ver que el desayuno se enfriaba y que él estaba tan ocupado escribiendo, le gastó una broma y se lo comió. Cuando terminó la carta miró a su alrededor. Vio el plato vacío y le dijo al amigo: "Perdona, has llegado un poco tarde, ya he terminado mi desayuno".

Al ver el plato vacío pensó que debía haber terminado, que debía haberse comido el desayuno.

Ni siquiera la gente corriente, sino los llamados genios... Edison es una de las personas con más talento de la historia: descubrió mil cosas -mil cosas es un logro poco común-, pero permaneció toda su vida inconsciente, hasta el punto de que una vez olvidó su propio nombre.

Se dice de Immanuel Kant, un gran filósofo alemán, que había que recordarle cada pequeña cosa por haber vivido una vida tan inconsciente. Cada pequeña cosa tenía que serle recordada, incluso cosas como esta:

Un día llegó a casa después de su paseo vespertino, se paró en la esquina de la habitación, dejó su bastón sobre la cama pensando que él estaba tumbado en la cama y el bastón estaba de pie en la esquina de la habitación. El criado, al ver la luz encendida, miró por el ojo de la cerradura y se quedó perplejo -¿qué está pasando? - porque vio a Immanuel Kant de pie en la esquina de la habitación y el bastón tumbado en la cama. Llamó a la puerta.

Immanuel Kant abrió la puerta y el criado le preguntó: "¿Qué ocurre? ¿Qué haces?"

También yo me siento un poco raro. Algo va mal, pero no sé exactamente qué es. Me siento muy cansado".

Todo hombre tiene un Buda en su interior, pero el Buda no es sagrado, no está entero. Vivimos en fragmentos. Alguien vive en su cabeza, alguien vive en su cuerpo, alguien vive en otra parte. Alguien está centrado en el dinero, alguien en el poder, alguien en algún otro viaje, en algún otro número. Pero nadie es totalmente consciente de lo que está haciendo, de lo que está siendo.

"¡QUÉ TEMPLO TAN BONITO!", DIJO SHEN TSAN, "¡PERO EL BUDA QUE HAY EN ÉL NO ES SANTO EN ABSOLUTO!". SU VIEJO MAESTRO SE DIO LA VUELTA Y LE MIRÓ, TRAS LO CUAL SHEN TSAN COMENTÓ: "AUNQUE EL BUDA NO SEA SANTO, AÚN PUEDE IRRADIAR LA LUZ".

En ese momento, cuando el viejo maestro miró hacia atrás -en cierto modo conmocionado, porque lo que Shen Tsan había dicho era muy chocante, en cierto modo grosero por parte de un discípulo, ¡diciendo que no es santo! - en ese shock su mente debió detenerse. Y al mirar a Shen Tsan por un momento, debió entrar en un estado de no-mente, sólo por un momento. Y ese es el momento en el que empiezas a irradiar a Buda.

... SHEN TSAN COMENTÓ: "AUNQUE EL BUDA NO SEA SANTO, AÚN PUEDE IRRADIAR LA LUZ".

De vez en cuando... así que si puede irradiar la luz de vez en cuando puede irradiar la luz para siempre. Es sólo cuestión de un poco más de conciencia.

DE NUEVO, UN DÍA, MIENTRAS EL ANCIANO LEÍA UN SUTRA CERCA DE UNA VENTANA CUBIERTA DE PAPEL, UNA ABEJA INTENTÓ DESESPERADAMENTE, CON TODAS SUS FUERZAS, SALIR VOLANDO DE LA HABITACIÓN A TRAVÉS DEL PAPEL, PERO FUE INCAPAZ DE ATRAVESARLO.

LAS ABEJAS PARECEN TENER algo parecido a las mentes humanas, exactamente el mismo tipo de estupidez. Las puertas pueden estar abiertas, pero si una abeja está dentro de la habitación, atrapada dentro de la habitación... y puede haber venido de la puerta abierta pero intentará salir por la ventana cerrada. No sólo las abejas sino también otros pájaros se comportan de la misma manera. Cualquier pájaro puede entrar en tu habitación; las puertas están abiertas, ha venido por la puerta, pero no puede volver por la misma puerta. Empieza a intentar atravesar la pared, el techo... y cuanto más lo intenta, más se desespera, porque no hay forma de atravesar el techo o la pared o la ventana cerrada. Y en esa desesperación, frustración se vuelve cada vez más ciego, temeroso, asustado. Pierde toda inteligencia. Y lo mismo ocurre con los seres humanos.

Un día Buda entró en su asamblea de monjes. Debía ser una mañana como ésta.

Sus sannyasins estaban sentados esperándole. Estaban perplejos porque era la primera vez que Buda venía con algo en la mano: un pañuelo. Todos miraron el pañuelo ¿Qué ocurría? Debía de haber algo especial en él. Buda se sentó en la plataforma y, en lugar de empezar a hablar a la asamblea, miró el pañuelo y empezó a hacerle unos nudos, cinco en total. Toda la asamblea se quedó mirando: ¿qué está pasando?

Y luego preguntó a la asamblea: "¿Alguien puede decirme: este pañuelo es el mismo que era antes de que le hicieran los nudos?".

Sariputta dijo: "Es una pregunta delicada. En cierto modo el pañuelo es el mismo porque nada ha cambiado, en cierto modo no es el mismo porque han aparecido estos cinco nudos que antes no estaban. Pero en lo que se refiere a la naturaleza interna del pañuelo -a su naturaleza-, es el mismo; pero en lo que se refiere a su forma, ya no es el mismo. La forma ha cambiado: el fondo es el mismo".

Buda dijo: "Bien. Ahora quiero abrir estos nudos". Y comenzó a estirar ambos extremos del pañuelo alejándolos uno del otro. Le preguntó a Sariputta. "¿Qué te parece? Estirando más podré abrir los nudos?".

Me dijo: "Estarás haciendo que los nudos sean aún más difíciles de abrir porque se harán más pequeños, más apretados. '

Buda dijo: "Correcto. Entonces quiero hacer la última pregunta: ¿qué debo hacer para poder abrir los nudos, los nudos atados? ¿Cómo puedo desatarlos de nuevo?"

Sariputta dijo: "Bhagwan, me gustaría primero acercarme y ver cómo en primer lugar se han atado los nudos. A menos que sepa cómo han sido atados me es difícil sugerir alguna solución".

Buda dijo: "Cierto, Sariputta. Eres dichoso, porque ésa es la pregunta más fundamental que hay que hacerse. Si estás en un aprieto, lo primero es cómo te metiste en él, en lugar de tratar de salir de él.

Sin hacer la pregunta más fundamental y primaria, empeorarás las cosas".

Y eso es lo que hace la gente. Preguntan: "¿Cómo podemos salir de nuestra sexualidad, codicia, ira, apego, celos, posesividad, esto y lo otro?", sin preguntarse: "¿Cómo, en primer lugar, nos metimos en ellos?".

Todo el planteamiento de Buda es: primero ve cómo entras en la ira. Si puedes ver la entrada, la misma puerta es la salida; no se necesita otra puerta. Pero sin conocer la entrada, si intentas encontrar la salida, no la encontrarás; te desesperarás cada vez más. Y eso es lo que la gente sigue haciendo.

¿Qué buscas en las Escrituras? - soluciones. Tú creas los problemas - ¡y las soluciones están en las escrituras! ¿Por qué no miras tú mismo los problemas? ¿Cómo los creas? ¿Por qué no observas cuando creas un determinado problema? Y los creas todos los dias, asi que no es cuestion de que tengas que volver atras. Hoy vas a enfadarte de nuevo, hoy vas a sentir de nuevo el impulso sexual: mira cómo surge, mira cómo entras en él, cómo te enganchas a él, cómo se vuelve tan grande como una nube que te rodea y te pierdes en ella. ¡Y luego vas a preguntar a los demás!

Funcionas casi como una abeja estúpida. Las abejas pueden ser perdonadas, pero tú no puedes ser perdonado.

Shen Tsan aprovecha todas las oportunidades para hacer saber a su antiguo maestro lo que le ha ocurrido. No quiere decirlo directamente porque no se puede decir directamente. Sería demasiado descortés decir directamente: "Me he iluminado". Eso puede entorpecer más que ayudar; el ego del viejo maestro puede resultar herido. Y la iluminación no se puede afirmar; hay que presentar pruebas de ella. Tienes que ser muy seductor al respecto, y eso es lo que él está haciendo. Está siendo muy seductor; está lanzando aquí y allá unos cuantos comentarios como flechas, golpeando desde todas direcciones en el corazón mismo del viejo maestro, para hacerle ver que Shen Tsan no es la misma persona que él le había dejado. Un ser totalmente nuevo ha llegado a él, una nueva conciencia ha nacido en él. Ha renacido.

... MIENTRAS EL ANCIANO LEÍA UN SUTRA...

Ahora se ha hecho viejo, pero sigue leyendo un sutra. Los sutras son buenos cuando eres niño, los sutras son buenos cuando eres joven, pero hay un momento en que debes madurar lo suficiente como para ir más allá de la información y empezar a buscar la transformación. Ahora este hombre se está haciendo tan viejo; todavía con las manos temblorosas debe estar sosteniendo un sutra antiguo, todavía buscando alguna salida.

Y la hermosa oportunidad surgió porque una abeja entró en la habitación. Ahora la abeja ha entrado por la puerta abierta. ¿Por dónde entrará? ¿Cómo has entrado tú en el mundo? ¿Cómo entras cada día cuando te levantas por la mañana de nuevo en el mundo?

¿Has observado alguna vez? - cuando por la mañana por primera vez eres consciente de que el sueño se ha ido, hay un intervalo de unos segundos en el que la mente no existe, sólo unos segundos.

El sueño ya no existe y el mundo aún no ha empezado. La mente tardará un poco en empezar. Hay un hueco, un intervalo, unos segundos. Si estás lo suficientemente alerta podrás ver cómo entras cada día en el mundo. ¿Cuál es tu primer pensamiento? ¿Puedes decir cuál ha sido tu primer pensamiento hoy?

Debes haber entrado, pero no eres consciente en absoluto.

Vivimos tan mecánicamente. Cada momento es una oportunidad, pero seguimos perdiéndola en nuestra estupidez.

... LA ABEJA LO INTENTÓ DESESPERADAMENTE CON TODAS SUS FUERZAS... CON TODA SU FUERZA DE VOLUNTAD...

SALIR VOLANDO DE LA HABITACIÓN A TRAVÉS DEL PAPEL.

Eso es lo que los yoguis, los llamados ascetas están tratando de hacer con toda su voluntad, con todo su esfuerzo, empeño, con toda su fuerza. Intentan atravesar el muro en lugar de sentarse en silencio, calmarse y callarse, buscando la puerta por la que han entrado.

Lo más importante cuando se tiene un problema es no empezar inmediatamente a hacer algo, de lo contrario empeorará el problema. Lo más importante es no hacer nada de momento. Siéntate en silencio, relájate, descansa, déjate llevar. En lugar de tratar de averiguar el camino, observa por dónde has entrado, porque cada problema tiene su propia solución y cada pregunta tiene su propia respuesta. Si eres lo suficientemente cuidadoso, lo suficientemente consciente, podrás encontrarla allí, y en ningún otro lugar podrás encontrarla. Ninguna escritura te va a ayudar.

LA ABEJA INTENTABA, CON TODAS SUS FUERZAS, SALIR VOLANDO DE LA HABITACIÓN A TRAVÉS DEL PAPEL, PERO NO LO CONSEGUÍA. SHEN TSAN, AL VER ESTO, DIJO: "EL MUNDO ES TAN VASTO Y ANCHO QUE PUEDES LIBERARTE FÁCILMENTE EN ÉL. ¿POR QUÉ,

ENTONCES, PERFORAS TONTAMENTE UN PAPEL VIEJO Y PODRIDO?".

¡Esto era demasiado! El Maestro está leyendo unas viejas escrituras. Y cuanto más vieja es la escritura, la gente piensa, mejor es; cuanto más podrida, más importante piensan; cuanto más antigua, más significativa piensan.

El Zen cree en la quema de las escrituras. La pintura Zen más famosa es la de Bodhidharma quemando escrituras, arrojándolas al fuego. No significa literalmente. Hay tontos...

Cuando vivía en Jabalpur, un amigo me trajo un cuadro de Bodhidharma quemando las escrituras. Un joven vino a verme, vio el cuadro y me preguntó su significado. Le dije el significado. Se fue a casa y quemó todas sus escrituras. Y entonces no pudo dormir en toda la noche porque se sintió muy perturbado. Los dioses pueden enfadarse, ¿qué ha hecho?

Por la mañana temprano, a las cuatro, llamó a mi puerta. Me dijo: "¡Sálvame, me estoy volviendo loco!

He hecho lo que me sugeriste: he quemado las escrituras. Mi madre está loca, mi padre está loco. Toda mi familia está pensando que tengo que ser internado en un manicomio porque he quemado el SRIMAD BHAGAVAD GITA, y dicen que este es el acto más sacrílego. Y no pueden creerlo y he intentado convencerles de usted y de sus ideas, y me han dicho: "¡Ese hombre está loco y usted también!". ¿Qué se supone que debo hacer ahora? No he podido dormir en toda la noche. Yo mismo tengo miedo. Krishna debe haberse sentido ofendido. Ahora, ¿cómo puedo salvarme?".

Le dije: "¿Cuántas escrituras tenías?". Me contestó: "Tenía el RAMAYANA y el SRIMAD BHAGAVAD GITA y algunas más".

Llamé por teléfono a un librero y encargué esos libros, se los di al joven y le dije que no volviera a venir nunca más a verme: "Porque usted no es la persona indicada para venir aquí, ¡es usted un tonto!

Ese cuadro y todo lo que he dicho no debe tomarse al pie de la letra; es una metáfora. Es significativo como una metáfora. Sí, tienes que quemar todas las escrituras de tu mente. Quemar papel viejo y podrido no va a ayudar. Si no ayuda leerlo, ¿cómo va a ayudar quemarlo? Es el mismo papel viejo y podrido tanto si lo lees como si lo quemas".

El Maestro debe haber sentido que algo tiene que hacerse ahora, y como el Maestro sintió que su discípulo ya no es el mismo, Shen Tsan dijo este hermoso sutra:

"MIENTRAS LA PUERTA VACÍA ESTÁ ABIERTA DE PAR EN PAR ¡QUÉ INSENSATO ES INTENTAR SALIR EMPUJANDO CONTRA LA VENTANA!

¡AY! ¿CÓMO PUEDE USTED, MAESTRO, LEVANTAR LA CABEZA POR ENCIMA DEL CENAGAL PONIENDO LA NARIZ CONTRA PAPEL VIEJO Y PODRIDO DURANTE CIEN AÑOS?".

Primero ha dicho como si hablara con la abeja, ahora ha dicho directamente al Maestro. Ahora ha sentido: "Ha llegado el momento, ahora el Maestro está dispuesto a escuchar".

AL OÍR ESTE COMENTARIO, EL ANCIANO DEJÓ SU LIBRO Y LE DIJO A SHEN TSAN: "DESDE HACE YA BASTANTES VECES, HACES COMENTARIOS INSÓLITOS"

SÓLO LOS BUDDHAS pueden hacer observaciones inusuales; están obligados a hacer observaciones inusuales. Sólo a través de la sabiduría surge el fuego de la rebelión. El conocimiento es convencional, los expertos son tradicionales.

Sólo los iluminados son la sal de la tierra.

EL VIEJO PROFESOR DIJO: "DESDE HACE YA BASTANTES VECES, HAS HECHO OBSERVACIONES POCO CORRIENTES. ¿DE QUIÉN ADQUIRISTE TUS CONOCIMIENTOS MIENTRAS ESTUVISTE FUERA DE CASA?".

SHEN TSAN RESPONDIÓ: "HE ALCANZADO EL ESTADO DE REPOSO PACÍFICO..."

Ahora era el momento, el momento adecuado. Todo tiene que decirse en el momento adecuado; si lo dices cuando no es el momento adecuado, es inútil. De ahí que el Maestro tenga que esperar, esperar la estación adecuada, el clima adecuado, el momento adecuado. Nunca se sabe cuándo llegará, pero cuando llega, sólo entonces es posible el despertar.

SHEN TSAN RESPONDIÓ: "HE ALCANZADO EL ESTADO DE REPOSO PACÍFICO... HE LLEGADO A MI CENTRO... POR LA GRACIA DEL MAESTRO PAI CHANG "

Recuerda la palabra "gracia": no por el esfuerzo, sino por la gracia.

"AHORA HE VUELTO A CASA PARA PAGAR MI DEUDA DE GRATITUD CON VOSOTROS.

"Y he vuelto a casa porque me habéis educado, habéis trabajado duro conmigo.

Todo lo que sabías has intentado transmitírmelo. Por supuesto, no estabas iluminado y no podías ayudarme a iluminarme, pero sin ti tal vez no habría podido encontrar al hombre adecuado, Pai Chang."

Y Pai Chang era un hombre poco común. No era un monje, no era un bhikkhu, un sannyasin, vivía la vida de un hombre ordinario, mundano. Siguió siendo un laico toda su vida, incluso después de haberse iluminado. Nunca abandonó sus actividades ordinarias. Llegó a tener miles de seguidores, mucha gente se reunía a su alrededor, pero él siguió haciendo su trabajo habitual. Mucha gente le invitó, incluso el rey, a que "No necesitas trabajar más, podemos hacer un gran monasterio para ti. Tienes tantos seguidores que no necesitas trabajar. Puedes ayudar a la gente".

Me dijo: "Estoy ayudando. Sólo así puedo ayudar a la gente. Me gustaría permanecer en el mercado".

Puede que este viejo maestro fuera mucho más famoso; tenía muchos discípulos -Pai Chang no era más que un profano-, pero ahora era el momento adecuado para decirle. Puede que al principio no le escuchara, que se sintiera ofendido, pero Shen Tsan le dijo: "Tenía que venir a presentarte mis respetos, mi gratitud. Has hecho mucho por mí: me preparaste para Pai Chang".

Un verdadero buscador siempre se siente agradecido, a todo el mundo, a quien le ha ayudado de cualquier manera posible.

Se siente agradecido a sus padres, se siente agradecido a todos sus maestros; se siente agradecido incluso a las personas que le han engañado, que eran pseudo, que ni siquiera eran maestros de verdad, que eran tramposos.

Pero se siente agradecido incluso con ellos, porque todos le han ayudado, positiva o negativamente, de una u otra manera.

Si estás aquí, es gracias a muchas personas, buenas y malas. Y el día que vuelvas a nacer, recuerda que le debes algo a todo el mundo, a quien te haya ayudado de alguna manera. El marido que se ha divorciado de ti, la mujer que te ha dejado y se ha ido con otro, los padres que te han abandonado, que se han olvidado de ti, los muchos pseudo-maestros que vagan por el mundo explotando a la gente, todos ellos te han ayudado de alguna manera. Cuando te ilumines sabrás cómo te han ayudado. Si el marido no se ha divorciado de ti, puede que no hayas estado aquí en absoluto, ¡puede que sigas con el tonto! Le debes mucho agradecimiento. A la mujer que te dejó y se fue con otro, no le guardes rencor; te ha hecho un gran servicio, de lo contrario puede que no estuvieras aquí. Puede que todavía te esté dando la lata.

Todo lo que ha sucedido ha sido bueno. Una vez que alcanzas el descanso definitivo, todo se vuelve dorado. Incluso las noches, las oscuras noches se convierten en fuentes de las bellas mañanas, de los bellos amaneceres.

EL VIEJO MAESTRO PREPARÓ ENTONCES UN GRAN FESTIVAL EN HONOR DE SU JOVEN DISCÍPULO, CONVOCÓ A LOS MONJES DEL MONASTERIO EN EL

SALÓN DE ACTOS Y ROGÓ A SHEN TSAN QUE PREDICARA EL DHARMA A TODOS. ENTONCES SHEN TSAN SUBIÓ AL TRONO Y, SIGUIENDO LA TRADICIÓN DE PAI CHANG, PREDICÓ LO SIGUIENTE...

EL VIEJO MAESTRO lo comprendió de inmediato, aunque sólo estaba leyendo las escrituras, pero debía de ser un hombre perspicaz y comprensivo, no sólo un estúpido erudito, un estudioso, pero que buscaba algo más, que intentaba trascender las palabras y llegar al contenido. Inmediatamente reconoció la luz que había aparecido en el rostro de su discípulo. Pudo ver el resplandor, pudo sentir la fragancia. Y entonces no fue mezquino en modo alguno. Le respetó, organizó un gran festival, una gran ceremonia en su honor, convocó a toda la asamblea, a todos sus alumnos y discípulos, y le pidió que ascendiera y predicara el dharma a todos.

ENTONCES SHEN TSAN ASCENDIÓ AL TRONO...

y hablaron estos pocos, pero son tremendamente hermosos:

"IRRADIA SINGULARMENTE LA LUZ MARAVILLOSA LIBRE DE LA ESCLAVITUD DE LA MATERIA Y DE LOS SENTIDOS".

Si te vuelves consciente, inmediatamente sabes que no eres el cuerpo ni la mente; eres pura consciencia, y esa pura consciencia es la luz maravillosa. Esa es la luz de la que habló Buda: "Sé una luz para ti mismo".

"NO VINCULANTE POR PALABRAS Y LETRAS..."

No se limita a ninguna palabra ni a ninguna letra. Está más allá de toda descripción, de toda expresión, de toda definición.

"LA ESENCIA SE EXPONE DESNUDA EN SU PURA ETERNIDAD".

Pero si tienes ojos para ver, si tienes inteligencia, está disponible en toda su desnudez, en toda su pureza eterna, en su belleza absoluta, esencial, está disponible. Cada momento está disponible; sólo que es debido a tu estupidez, a tu mediocridad, a tu mente, que permanece oculto. No está oculto; tu conciencia está nublada.

"NUNCA CONTAMINADA ES LA MENTE-NATURALEZA..."

Y recuerda, hagas lo que hagas, hayas hecho lo que hayas hecho, no puedes profanar tu núcleo más íntimo. Tu centro no se ve afectado por la circunferencia, tu conciencia no se ve afectada por tu carácter. El ciclón no puede tocar el centro. Tú eres el centro del ciclón.

"EXISTE EN PERFECCIÓN DESDE EL PRINCIPIO".

Y no debes alcanzar la perfección. Este es el descubrimiento Zen: que no tienes que alcanzarla, ya es así. Eres perfecto desde el principio.

"SIMPLEMENTE DESECHANDO TUS ILUSIONES..."

Todo lo que se necesita es desechar tus ilusiones.

"SE REALIZA LA SEMEJANZA DE LA BUDEIDAD".

E inmediatamente te das cuenta de que has sido el Buda desde el principio. Siempre has sido el Buda y nadie más. Has sido un dios desde el principio, no puedes ser de otra manera. La divinidad es tu esencia intrínseca, no hay nada que alcanzar. Y es imposible mancillarla, ningún karma puede mancillarla.

Así que todo lo que has hecho, lo has hecho sólo en tus sueños. Cuando te despiertas, no importa si soñaste que eras un pecador o un santo. Cuando te despiertas, ambos sueños han terminado; no te molestas en absoluto. No te sientes culpable por haber sido pecador en tus sueños ni te sientes "más santo que tú" por haber sido santo en tus sueños. Los sueños son sueños, ilusiones. La persona despierta se libera de todos los sueños.

"SE REALIZA LA SEMEJANZA DE LA BUDEIDAD".

Sois Budas ahora mismo, ¡en este preciso instante!

EN CUANTO EL VIEJO MAESTRO OYÓ ESTA ESTROFA, SE DESPERTÓ DE INMEDIATO.

Este es el rugido del león: ¡Ustedes son Budas en este mismo momento, ahora mismo! No hay que alcanzar nada, no hay que cambiar nada. ¡Despertad! Al escuchar el rugido del león, el viejo maestro despertó de inmediato. Todo lo que se necesita es inteligencia, todo lo que se necesita es comprender el punto, una capacidad de estar disponible para el Maestro.

Este anciano debía de ser raro. Hay que decir de él que fue capaz incluso de recibir el mensaje de su propio discípulo. Debe haber sido un hombre humilde; debe haber sido capaz de poner su ego a un lado. Y ese es el mayor engaño. Inmediatamente se despertó.

En el Zen esto se llama la transmisión especial: la transmisión más allá de las palabras, más allá de las escrituras.

Lo que se dice no es lo real, pero lo que se oía era lo real. Lo que se dice, lo habéis oído; pero lo que oyó el anciano aún no lo habéis oído. El día que lo oigas sabrás lo que es: la transmisión especial.

Es como cuando acercas una vela apagada a otra encendida. De repente, de la vela encendida salta la llama a la vela apagada. La vela encendida no pierde nada y la vela apagada lo gana todo. Esta es la transmisión especial: más allá de las palabras, más allá de las escrituras.

En ese momento cuando Shen Tsan gritó:

"... desechando tus delirios se realiza la sublimidad de la budeidad... y tu naturaleza nunca se mancha y eres perfecto desde el principio", el anciano se despertó de inmediato Como un relámpago repentino... y toda la oscuridad ha desaparecido y ha desaparecido para siempre. De hecho, nunca existió en primer lugar; simplemente la estabas imaginando.

Toda la miseria está en tu imaginación. Cuando se abandona esta miseria imaginaria no queda nada más que dicha, bendición, éxtasis.

¿En un momento como éste?

La primera pregunta
	Pregunta 1:
MAESTRO,
¿PUEDE UNA MUJER VOLVER LOCO A UN HOMBRE?
Anand Deepesh,

Depende del hombre. Si es sabio, se convierte en un marido calzonazos; si no lo es tanto, no le queda más remedio que volverse loco. Por eso el noventa y nueve coma nueve por ciento de los hombres deciden ser maridos calzonazos: sólo para sobrevivir.

A la mujer no le pasa nada; no está intentando volverte loco deliberadamente. Simplemente sus mentes funcionan de forma totalmente diferente. De hecho, ese es su atractivo; sus polaridades funcionan como un campo magnético. Cuanto más diferente sea una mujer, más te atraerá. Si es igual que tú, piensa como tú, la atracción se perderá. No habrá tensión; la relación se vendrá abajo.

La relación es como un arco. Cuando haces un arco, pones ladrillos unos contra otros; su oposición crea la fuerza, y el arco puede soportar todo el edificio. Pero la fuerza depende de la oposición.

Una relación viva entre un hombre y una mujer está destinada a ser un poco loca. El hombre no puede volver loca a la mujer porque su argumento, su forma de pensar es lógica. La forma de pensar de la mujer

es ilógica, pero así es ella; así está hecha. Funciona instintivamente en lo más bajo e intuitivamente en lo más alto. El hombre funciona intelectualmente en lo más bajo e inteligentemente en lo más alto.

El camino del instinto y la intuición es el camino de la ilógica. La lógica no puede volver loca a la persona ilógica; si algo va a suceder, sucederá a la mente lógica.

La locura forma parte de la mente lógica. La locura significa simplemente que tu lógica ya no funciona y que no sabes qué hacer. Amas a la mujer, no te gustaría perderla a cualquier precio. Sientes algo por ella, intentas comprenderla por todos los medios. Pero hagas lo que hagas, no puedes hacer nada, sólo puedes hacerlo lógicamente. Y lógicamente ella no es comprensible; por eso es misteriosa, muy misteriosa. Puedes dedicar toda tu vida a estudiar a una sola mujer y no serás capaz de averiguar qué es qué.

Nunca intenta comprenderte. El funcionamiento ilógico de la psique no está interesado en comprender; simplemente llega a las conclusiones sin ningún procedimiento - salta a las conclusiones. Y el milagro es que la mujer casi siempre tiene razón y tú casi siempre te equivocas. Eso te vuelve loco. Y tú has funcionado de forma tan lógica, matemática, paso a paso; aun así, tu conclusión no es correcta.

A una mujer le tocó la lotería. Cuando llegó el marido, se sorprendió. Le preguntó cómo se las había arreglado.

Me dijo: "Vi un sueño y en el sueño aparecía tres veces la cifra 7. Así que deduje que tres veces siete significa veintiocho". Así que deduje que tres veces siete significa veintiocho".

El marido se quedó atónito. Dijo: "Entonces, ¿qué ha pasado?".

Me dijo: "Compré el boleto del número veintiocho y me tocó la lotería".

El marido dijo: "¡Pero tres veces siete no son veintiocho, son veintiuno!".

La mujer le dijo: "Entonces sea usted el matemático, pero a mí me ha tocado la lotería".

¿A quién le importan las matemáticas? Lo importante es la conclusión. Ella nunca intenta comprender al hombre - ninguna mujer lo intenta nunca - ya lo comprende. De hecho, siempre se preguntan por qué los hombres siguen intentando comprender a las mujeres. El hombre lleva siglos haciéndolo. Creo que la mujer debe haber sido el tema más antiguo de sus indagaciones - naturalmente; incluso antes de Dios debe haber indagado sobre la mujer. De hecho, fue la mujer la que le metió en todo el lío, no Dios. Puede que Dios creara el mundo, pero no había ningún problema.

Fue Eva quien le persuadió para que comiera del fruto del árbol del conocimiento, que estaba prohibido. El hombre intentó argumentar: "Está prohibido. Dios ha dicho que no nos acerquemos a ese árbol, que no comamos ese fruto".

Pero la mujer dice: "Dios lo prohíbe porque tiene miedo de que si comemos del fruto del árbol del conocimiento lleguemos a ser tan sabios como Dios. Está celoso. Vayamos y comámoslo". Y ella lo sedujo.

Puede que Dios haya creado el mundo, pero el mundo que conocemos ha sido creado por la mujer.

Si observas el funcionamiento de la mente de la mujer podrás verlo claramente: es imposible comprenderla. El mero esfuerzo por comprenderla te volverá loco.

No es sólo accidental que Buda escapara de su esposa, Mahavira escapó de su esposa. En realidad no era el mundo el que creaba los problemas, porque no se puede escapar del mundo.

¿Adónde escaparás? Como mucho podrás escapar de la mujer que te está volviendo loco.

Y Buda debía de estar realmente asustado. Su esposa era una de las mujeres más bellas que jamás haya pisado la tierra - otra Cleopatra. Su nombre era Yashodhara. Fue elegida entre miles de mujeres jóvenes y hermosas.

Y cuanto más guapa es una mujer, más peligrosa. La mujer hogareña no puede volverte tan loco, porque tampoco tiene tanto atractivo. Cuanto más atractivo tiene una mujer, más fuerza motriz tiene.

Buda debió de seguir teniendo miedo. Incluso después de su iluminación tuvo miedo, porque durante muchos años no inició a ninguna mujer en su comuna. Una y otra vez las mujeres se lo pedían, diciendo: "¡Queremos ser iniciadas, también queremos convertirnos en tus sannyasins!". Pero él se negaba, simplemente se negaba. Una mujer le asustó tanto que llegó a tener miedo de todas las mujeres.

Pero finalmente tuvo que aceptar porque su madrastra, que lo había criado... Su propia madre murió nada más nacer él; justo después de su nacimiento murió la madre. Entonces su madrastra lo crio y el tenia un tremendo respeto por ella. Cuando ella vino a pedirle la iniciación, él no pudo negarse; no puedes negarte a tu propia madre. De mala gana consintió.

Pero dijo: "Mi religión iba a durar dos mil quinientos años. Ahora durará sólo quinientos años, porque ha entrado la mujer". Y después de la iniciación de su madre, por supuesto, miles de mujeres entraron. Yashodhara también entró, su esposa de la que siempre ha tenido miedo. Y vinieron como una inundación. Su número llegó a ser el triple que el de los hombres sannyasins y ahogaron a toda la comuna.

No tengo miedo de las mujeres porque nunca me casé. Si me hubiera casado, habría ocurrido lo mismo: Habría hecho todo lo posible para evitar que hubiera mujeres fuera de la comuna. Pero no les tengo ningún miedo. A menos que hayas tenido una esposa no puedes tener miedo de las mujeres. Entonces son criaturas hermosas.

¡Anand Deepesh, debes estar en problemas! Siéntete consolado porque hasta los Budas han tenido problemas.

El Sr. y la Sra. Poncio Pilato estaban de pie en su balcón observando a Jesús y la procesión que le seguía hacia el monte Calvario.

"Realmente no me importa quién es", dijo la señora Pilatos. "¡Si tropieza una vez más está fuera del desfile!"

Dos mujeres se encuentran en la calle. "¿Qué te has hecho en el pelo?", dice una. "Parece una peluca".

"Es una peluca", responde el otro.

"¡Hm, bueno, nunca lo sabrías!"

Dijo la recién casada esposa inglesa a su marido: "Es que no te entiendo, George. Te gustaron las alubias cocidas el lunes, te gustaron las alubias cocidas el martes, te gustaron las alubias cocidas el miércoles, te gustaron las alubias cocidas el jueves. Y de repente el viernes no te gustan las alubias cocidas".

Una mujer negra y su amiga judía italiana discuten sobre religión. La negra dice: "Vosotros, los negros, colgasteis a Jesús en la cruz, ¿eh?".

En respuesta, el judío dice: "Sí, pero si Jesús hubiera estado en África, ¡los negros os lo habríais comido!".

"Sí", responde la negra. "¡Ya ves, tenemos buen gusto!"

Después de tres meses de trabajo constante y cientos de horas de conversación por parte del cliente, la mujer psicoanalista estaba terminando su interpretación en profundidad del estado mental y emocional del cliente. Carraspeando para hacer sus observaciones finales, levanta la vista de sus notas y dice: "Y mi análisis final me lleva a decir que, en mi opinión profesional, ¡usted está simplemente loco!".

El cliente, sorprendido y enfadado, responde: "Bueno, tendré que pedir otra opinión".

"Vale", dice la mujer psiquiatra, "¡tú también eres fea!".

Anand Deepesh, una mujer realmente puede volver loco a un hombre, pero aún así, su cooperación será necesaria.

Sin tu colaboración, no, nadie puede volverte loco. Si dejas de intentar comprenderla y de disfrutarla, ella no puede volverte loco. Si intentas comprenderla, naturalmente dejarás de disfrutarla, y entonces ella está destinada a volverte loco. Alégrate de ella. Alégrate de sus diferencias, alégrate de sus diferentes enfoques de la vida. Alégrate de que no sea un hombre, sino una mujer. No piensa como tú; no sólo su cuerpo es diferente al tuyo, su psique también. Y cuando te olvides de intentar comprenderla, no habrá forma de que te vuelva loco.

Cuando estés con tu mujer, deja tu mente a un lado. Sé más existencial y menos intelectual.

Quiérela, baila con ella, canta con ella, pero no intentes discutir con ella. En lo que respecta a las discusiones, dale siempre la razón y nunca estarás perdido. Y aunque discutas, al final tendrás que darle la razón. Cuanto más discutas, más insistirá. Y sus maneras femeninas de insistir son tales que es imposible no escucharla, porque no discutirá.

Si no, se puede discutir. Te gustaría...

Todo marido quiere que su mujer se siente a la mesa, tranquila, fría y serena. "Y discutamos el asunto". ¡Pero ella empieza a tirar cosas! Sabe que si se calma y se tranquiliza, vas a ganar. Empieza a dar portazos. Pondrá más sal en tus verduras y no pondrá azúcar en tu té. Hará tantos esfuerzos ilógicos y llorará y empezará a tirarse del pelo. Pegará a los niños, que no tienen nada que ver con el asunto.

Y viendo todo esto, por algo pequeño, tendrás que estar de acuerdo. A lo mejor sólo se trataba de ir a ver una película al cine y no estabais de acuerdo en qué película ir. Ella se saldrá con la suya, así que ¿por qué ir derrotado con ella innecesariamente? ¿Por qué no salir victorioso? En el momento en que ella diga... "¡Vale, toda la razón! Eso es lo que estaba pensando". Y así te sentirás feliz y saldrá victorioso. Y su azúcar en el té estará en la cantidad correcta y su sal en las verduras estará en la cantidad correcta, y los niños se salvarán. ¡Por alguna pequeña cosa la mujer puede poner toda la casa en llamas! Pero todo depende de ti.

Sé un poco más meditativo, Deepesh. De hecho. la meditación se ha descubierto como una defensa. No es un descubrimiento de las mujeres, recuerda. Mucha gente me ha preguntado: "¿Por qué las mujeres no han descubierto la meditación?" ¿Por qué deberían descubrirla? No tienen ninguna razón para descubrirla; es un descubrimiento del hombre.

Rodeado de su energía meditativa está protegido. Nadie, ni siquiera una mujer, puede volverle loco.

Así que hazte más meditativo. Profundiza un poco más en zazen, vipassana.

La segunda pregunta

Pregunta 2:

MAESTRO, ¿POR QUÉ TE LLAMAN "EL GURÚ DEL SEXO" EN OCCIDENTE?

Deva Christine,

ES UNA LARGA, larga y estúpida tradición cristiana en Occidente: de represión, de profundo antagonismo contra la vida, las energías vitales. Eso ha provocado la etiqueta para mí; por lo demás, no tengo nada que ver con el sexo. No les estoy enseñando sexo. Si de vez en cuando tengo que hablar de sexo es debido a vuestras tradiciones represivas cristianas, hindúes o mahometanas. Yo no soy responsable de ello, son ellos los responsables.

Han hecho que la vida del hombre esté tan paralizada, tan lisiada y toda su estrategia ha dependido de reprimir la energía llamada sexo.

Y recuerda, sólo tienes una energía; no tienes muchas energías, sólo una energía. En el nivel más bajo se llama energía sexual. Vas refinándola, vas transformándola a través de la meditación, a través de la alquimia de la meditación, y la misma energía empieza a moverse hacia arriba. Se convierte en amor, se convierte en oración. Es la misma energía, sólo que refinada. El sexo es crudo, un diamante encontrado en las minas. Tiene que ser cortado, pulido; se necesita mucho trabajo. Entonces será posible reconocer que es un diamante.

El Kohinoor, el diamante más grande del mundo, llevaba tres años en casa de un campesino. Sus hijos jugaban con él porque él no sabía que era un diamante; sólo parecía una piedra bonita. Se lo había regalado a sus hijos.

Fue casualidad que un sannyasin viajero se alojara en su cabaña; no podía creer lo que veían sus ojos.

El sannyasin, antes de convertirse en sannyasin, había sido joyero. Le dijo al granjero: "¿Estás loco o qué? Nunca me he encontrado con un diamante así en toda mi vida, y he visto los diamantes más grandes. Esta no es una piedra corriente".

Y el granjero dijo: "Lleva aquí tres años. Un día lo había encontrado en mi campo; en mi campo corre un pequeño arroyo" - ocurrió en un lugar pequeño, Golconda - "y en la arena de ese arroyo había encontrado esto, sol lo traje a casa para mis hijos y han estado jugando con él."

Inmediatamente se informó al Nizam de Hyderabad1 , rey de aquel territorio. Era un amante de los diamantes; no podía creer lo que veían sus ojos. Recompensó al granjero con millones de rupias.

Ahora el mismo Kohinoor es el diamante número uno en todo el mundo. Forma parte de la corona de la reina británica. Ahora es sólo un tercio de su peso original. ¿Qué ha pasado con los dos tercios?

Dos tercios se han cortado al pulirlo, al refinarlo; dos tercios del diamante han desaparecido, sólo ha quedado un tercio. Pero cuanto más se pulía, cuanto más se refinaba, más valioso se volvía. Es un millón de veces más valioso que cuando tenía su peso original.

El sexo es energía bruta. Tiene que transformarse, y a través de la transformación hay trascendencia.

En lugar de transformarlo, las religiones lo han reprimido. Y si lo reprimes el resultado natural es un ser humano pervertido. Se obsesiona con el sexo.

El modo en que se ha educado a la gente durante siglos es negativo para la vida. Yo afirmo la vida con todo lo que contiene. Eso no significa que no quiera que cambies; de hecho, es la única forma de cambiar. Primero tienes que aceptar dónde estás, lo que eres. Primero tienes que explorar tu realidad, y sólo entonces podrás encontrar la forma de ir más allá. Tienes que explorar todas las posibilidades de tu existencia.

Y el sexo es uno de los fenómenos más importantes, de hecho el fenómeno más importante de tu vida. Pero desde la infancia nos engañan, nos cuentan mentiras sobre el sexo. Y el día que empezamos a descubrir los hechos de la vida, surge una gran culpa, como si estuviéramos haciendo algo criminal. Lo criminal os lo han hecho vuestros padres, vuestros sacerdotes, vuestros políticos, vuestros pedagogos. Han creado tal condicionamiento en ti que no puedes descubrir la facticidad de tu vida y sus implicaciones. Te han falsificado, han traicionado tu confianza.

Por eso ningún niño puede respetar realmente a sus padres: todos le han engañado. Y ningún alumno puede respetar a los maestros, a los profesores: todos han traicionado su confianza. Confió en ellos y han estado mintiendo. ¡Mentiras! Pero la mentira ha calado tan hondo, se ha convertido en una costra tan gruesa a tu alrededor, que cuando empiezas a descubrir la realidad sientes miedo. Estás haciendo algo malo, algo que no se debe hacer.

Una niña pequeña entra en el cuarto de baño mientras su madre se está bañando. "Mamá, ¿qué son esas cosas que te cuelgan por delante?

"¿Estos?", responde la madre avergonzada. "Son globos, querida".

"¿Para qué sirven?", insiste la niña.

"Cuando mueres, explotan y te llevan flotando al cielo".

"Mamá", dice la niña después de pensarlo un momento, "creo que nuestra criada se está muriendo. Acabo de oírla decir: "¡Ay, Dios, ya voy!", y papá está tumbado encima de ella inflando sus globos".

Los niños están destinados a descubrir la realidad. ¿Cuánto tiempo se les puede ocultar? No hay por qué ocultar nada; hay que explicarlo todo. Cuando el niño pregunta, hay que explicárselo tal como es. No hay necesidad de iniciar la mente de un niño con mentiras. No llenes su mente de mentiras, porque ¿cuánto tiempo puedes seguir ocultando los hechos? Se manifestarán y entonces el niño estará en un verdadero aprieto, en una verdadera dificultad. Estará dividido, dividido. Su condicionamiento dirá: "Esto está mal", y la vida dirá: "Adelante". Su biología dirá una cosa y su psicología dirá otra. Has creado una condición esquizofrénica en él.

Estoy en contra de este delito. Quiero que todos los niños sean plenamente conscientes de todos los hechos de la vida tal como son; no hay necesidad de crear ninguna culpa. Pero vuestras religiones han dependido de la culpa. Han corrido cortinas sobre cortinas ante vuestros ojos. Os han vuelto casi ciegos; sólo podéis ver detrás de las cortinas, a través de las cortinas. Y esas cortinas son falsas, pseudo, mentiras absolutas; lo distorsionan todo.

Mi respeto por la verdad es absoluto y no me importa nada más. Habéis creado una humanidad que es fea. Me gustaría crear un ser humano que descanse en la verdad, que viva en la verdad, que no esté dividido, que no esté loco, sino que sea íntegro, cuerdo, inteligente, que no esté obsesionado con nada. Vuestras religiones crean obsesión. Todas vuestras escrituras están llenas de obsesión, obsesión sexual.

Turiddu, un siciliano de cuarenta años, malgastaba su vida en sexo: hombres, mujeres, niños, días, noches, a cualquier hora y en cualquier lugar. Se estaba volviendo loco. No podía parar.

Finalmente, desesperado, acudió a un psicoanalista italiano de Milán, muy caro y muy especial.

"¿Puede ayudarme, doctor?"

"Sí, creo que sí. Probaremos algunos experimentos nuevos".

El primer día, el médico dibujó un círculo en un papel y se lo enseñó a Turiddu. "¿Qué ves?"

"¡Oh, es fácil, es una foto del coño de una hermosa mujer!"

"¿Qué?"

"¡Oh, se ve así, con las piernas separadas!"

Al día siguiente, el médico le enseñó el dibujo de un triángulo. "¿Qué ves?"

"¡Oh, es otra vista del mismo hermoso coño de ayer!"

Al tercer día el médico decidió hacer un dibujo de algo que nunca podría interpretarse como sexual. Dibujó un rectángulo y en el centro colocó sólo un punto.

"Ahora, señor, ¿qué ve?"

"No se haga el gracioso, doctor. Es la misma imagen, está mirando hacia abajo en una cama rectangular y ese punto es el hermoso coño con el que ha estado obsesionado los últimos tres días".

"¡Estás obsesionado sexualmente y eres un pervertido!", gritó el médico.

"¿YO?", respondió Turiddu. "¿Yo? ¿Quién-a está-a haciendo todos-a esos dibujos pornográficos todos-a los días?".

Las religiones han creado una situación extraña. Han creado tu obsesión por el sexo y luego te hacen sentir responsable de ello. Son culpables de crear culpa en la gente, pero te hacen sentir culpable. Pero hay una sutil estrategia y política en la creación de la culpa. Una vez que un hombre empieza a sentirse culpable se vuelve débil, se vuelve estúpido. Cuando un hombre empieza a sentirse dividido, se le puede dominar, se le puede explotar. Pierde su independencia. Se convierte en esclavo de alguna iglesia, de algún estado, de alguna ideología, de alguna filosofía, de alguna teología. Ya no es un individuo; no puede ser rebelde. La humanidad se ha reducido a un desastre, a un caos, y todo el truco consiste en envenenar sus mentes sobre el sexo.

El sexo es un fenómeno natural; no hay nada de qué preocuparse. Y si a veces tengo que hablar de ello, es por culpa de estas religiones. Una vez que el hombre se libere de la explotación religiosa y de las convenciones religiosas, de las tradiciones, que son muy opresivas, no habrá necesidad de hablar de sexo. Entonces podremos pasar a formas más intrincadas y científicas de cómo transformarlo en formas superiores de energía.

El sexo es el centro más bajo de tu existencia y el samadhi el más alto, el séptimo centro. Es una escalera de siete peldaños. Y la energía sexual tiene que moverse peldaño a peldaño hasta el séptimo, donde se abre como un loto de mil pétalos. Uno se convierte en Buda sólo cuando el sexo se transforma.

Esa etiqueta es absolutamente errónea. Sólo para condenarme me han estado llamando "gurú del sexo", pero en realidad ellos son los criminales.

La tercera pregunta

Pregunta 3:

MAESTRO, ¿QUÉ PASARÍA SI DE REPENTE AHORA, DURANTE EL DISCURSO, LLEGARA UN MAESTRO ZEN LOCO EN MOTO Y SE SUBIERA A TU ESCENARIO?

Prem Sanatana,

¡Golpearé al maestro zen y besaré su moto!

La cuarta pregunta

Pregunta 4:

MAESTRO, SOY UN HOMBRE PRÁCTICO. MI MENTE NO PUEDE VER QUE NINGÚN PROPÓSITO SE CUMPLE CON LA MEDITACIÓN.

Vishnudas Sethia,

ES MEJOR DECIRTE desde el principio que yo también soy un hombre práctico, mucho más práctico de lo que tú puedas ser nunca. No creo en teorías, creo en experimentos. No digo que la religión comienza en la creencia, digo que la religión comienza en la experiencia.

Pero yo soy un hombre práctico diferente a ti. Usted sólo es práctico a medias; quizá lo sea en el mundo exterior. Pero también hay un mundo interior que necesita un enfoque tan científico como el mundo exterior. De hecho, necesita una observación más precisa, una mente más libre de prejuicios, un enfoque más existencial que el mundo exterior.

Pero puedo entender su problema. Les ocurre a todas las personas llamadas prácticas que piensan en términos de dinero, poder y prestigio, que son básicamente extrovertidas, que sólo miran lo que está fuera, que nunca han intentado explorar su mundo interior; esa dimensión ni siquiera la han tocado. Han olvidado por completo que también tienen un interior.

Langley le dijo a su mujer: "Esta campana sólo se usa para emergencias. Ahora voy a salir al campo y si ocurre algo como un ataque indio, toca la campana".

Así que el colono del Viejo Oeste se fue a arar y un par de minutos después empezó a sonar la campana.

Langley corrió a la casa gritando: "¿Qué pasa?".

"Me pareció ver a un indio", dijo su mujer.

Dijo: "El timbre es sólo para las cosas realmente importantes". Así que volvió al trabajo.

De repente, la campana empezó a repicar. Volvió corriendo a la casa.

"Hice unas galletas y pensé que te gustarían", dijo la señora Langley.

"Te lo dije, no toques el timbre a menos que pase algo de verdad".

Langley volvió al campo. Treinta minutos después, la campana volvió a sonar. Volvió corriendo a la casa y vio que estaba ardiendo y que su mujer yacía muerta con una flecha clavada en la espalda.

"¡Ahora sí!", dijo el colono.

Debes ser un hombre práctico. Por eso no puedes ver que la meditación tenga ningún propósito. De hecho, en un sentido totalmente diferente tienes razón: no servirá para nada si estás interesado en el dinero, el poder, el prestigio, la fama. La meditación no será de ninguna ayuda; de hecho, destruirá todos tus deseos de dinero. Destruirá tu codicia, eliminará tu ambición, te mostrará la estupidez de todos los viajes de poder. Acabará con la raíz misma de tu ambición: el ego. En ese sentido no servirá para nada. Pero puedes tener dinero, poder, prestigio, y aún así en tu interior seguirás siendo un continente oscuro, desconocido para ti mismo Seguirás sin ser consciente de tus infinitos tesoros, y los tesoros exteriores no pueden llenar tu vacío interior. Todo lo que intentes está destinado al fracaso; sólo te sentirás frustrado.

Tú dirás:

MI MENTE NO PUEDE VER QUE NINGÚN PROPÓSITO SE CUMPLE CON LA MEDITACIÓN.

La mente no puede ver, eso es cierto, porque la mente y la meditación no pueden coexistir. Si la mente existe no hay meditación; si hay meditación no hay mente. La mente nunca ha visto la meditación; por lo tanto, naturalmente, ¿cómo puede decir la mente para qué puede servir? La mente y la meditación son exactamente como la luz y la oscuridad.

He oído que una vez la oscuridad se acercó a Dios y le dijo: "Nunca he hecho daño a tu sol, pero el sol sale cada mañana y empieza a torturarme, sigue y sigue persiguiéndome cada vez más lejos. Tengo que correr todo el día y por la noche ni siquiera puedo descansar; por la mañana vuelve a empezar lo mismo. ¿Por qué, si no he hecho nada malo? Debería dejar de perseguirme el sol.

Esto es injusto".

Y Dios dijo: "Puedo entenderlo. Llamaré al sol inmediatamente". Y el sol fue llamado y le dijo que "¿Por qué has estado torturando a la oscuridad? ¿Qué te ha hecho la oscuridad?"

El sol dijo: "Nunca me he topado con la oscuridad, no conozco la oscuridad. ¡Ni siquiera me han presentado la oscuridad! ¿Qué entiendes por oscuridad? ¿Dónde está la oscuridad? Por favor, déjame verla. Tráela delante de mí para que pueda ver de quién estás hablando".

Y Dios ha estado viendo la oscuridad y el sol, pero aún no ha podido juntarlos cara a cara; es imposible. Y el sol también tiene razón. Dice: "A menos que pongas frente a mí a la persona que se queja contra mí... ¿cómo puedo detener algo de lo que ni siquiera soy consciente de haber hecho nunca?".

Lo mismo ocurre con la mente y la meditación. Cuando llega la luz de la meditación, la mente desaparece como la oscuridad. De ahí que la meditación sea incomprensible para la mente. La mente es muy mediocre - todas las mentes son mediocres, incluso las mentes con mucho talento son mediocres. La verdadera inteligencia es intrínseca a la meditación, no a la mente. La mente es tonta, la mente es idiota. Y vivimos en el mundo de la mente, y ella sigue y sigue diciéndonos: "Haz esta estupidez, ahora aquella estupidez". Si estás cansado de esta estupidez, la mente produce otra estupidez. Es muy inventiva, ciertamente, pero nada inteligente.

¡Todas las mentes son polacas!

El polaco estaba destinado en Alemania. Un día su mujer le telefoneó desde Detroit.

"Tenemos un nuevo bebé", gritó entusiasmada su mujer, "¡nació hace treinta minutos!".

"¿Es niño o niña?", preguntó su marido.

"No lo sé", respondió ella.

"¿No miraste entre sus piernas?"

"¡No seas desagradable!" dijo su mujer. "¡Quién pudiera pensar en sexo en un momento así!"

En su actuación nocturna, un ventrílocuo había contado chistes sobre los judíos, los africanos, los japoneses y los estadounidenses.

Dirigiéndose a su público, dijo: "Ahora es el momento de un chiste de polacos".

En ese momento, un hombre corpulento de barba incipiente y camiseta manchada de cerveza se levantó y gritó: "No quiero oír bromas sobre la estupidez de los polacos. No somos tan tontos como creéis".

"Por favor, siéntese, señor, y mantenga la calma", consoló el ventrílocuo.

El polaco respondió: "¡Cállate! Estoy hablando con el pequeñín que tienes en el regazo".

La mente no puede comprender en qué consiste la meditación. ¿Cómo puede decidir, Vishnudas Sethia, que la meditación no cumple ningún propósito? La única manera de decidirlo es experimentar la meditación.

Ningún propósito externo se cumple, de acuerdo, pero hay propósitos internos, propósitos más elevados, propósitos más grandes, propósitos más intrínsecos, más valiosos, que harán que tu vida sea significativa, con sentido, que te darán algo de lo eterno, que te harán disponible para Dios y a Dios disponible para ti.

La meditación es la única forma de trascender la muerte. De lo contrario, el hombre vive en el miedo, vive en el temblor, la ansiedad y la angustia. A menos que el hombre llegue a saber que él no es el cuerpo ni la mente, sino algo trascendental a ambos, permanece temeroso, asustado. Y si está rodeado de muerte, si su vida es como una pequeña isla en el océano de la muerte, ¿qué vida puede vivir? En tal miedo no hay posibilidad de vida. La vida sólo le ocurre a quien sabe que la vida es eterna, que es para siempre jamás, que siempre has estado aquí y siempre estarás aquí.

La meditación te revela tu Budeidad. No te convertirá en Alejandro Magno, no te convertirá en Rockefeller, Ford o Morgan, pero te convertirá en Cristo, Zaratustra o Lao Tzu. Y estas son las personas que realmente han conocido la plenitud.

Cuando Alejandro Magno murió, murió como un perro, murió como un mendigo. Y reconoció el hecho, tuvo que reconocerlo, porque dos veces se lo dijeron dos grandes místicos. Uno era Diógenes, un místico griego que vivía como Mahavira, desnudo, pero en éxtasis total, siempre en danza, siempre en fiesta.

Cuando Alejandro fue a verle sintió celos de él. Le dijo: "Eres el primer hombre del que siento celos".

Diógenes dijo: "¡Qué extraño, porque yo no tengo nada! Yo no soy más que un mendigo y tú eres uno de los más grandes reyes. Casi has conquistado el mundo entero; pronto serás el mayor conquistador de la historia. Y yo no tengo nada, ni posesiones. ¿Cómo puedes estar celoso de mí?"

Alejandro dijo: "Aún siento celos de ti, porque puedo tener todo el reino del mundo, pero no veo ninguna alegría en mi vida. Mi vida es estéril, vacía, como un desierto, sin verdor. Ni siquiera una flor se ha abierto dentro de mi ser, y puedo ver en ti flores y flores. Tu corazon esta en una danza, cada respiracion tuya es una cancion. Si la próxima vez Dios tiene a bien darme otra oportunidad, me gustaría nacer no como Alejandro, sino como Diógenes".

Diógenes dijo: "Entonces, ¿por qué esperar a la próxima vez? Puedes ser Diógenes ahora mismo".

Pero Alexander debe haber sido, Vishnudas Sethia, un hombre práctico como tú. Él dijo: "Ahora mismo no es posible, no es práctico. Estoy en la conquista del mundo. Primero tengo que terminar eso, luego sólo puedo pensar en ello.'l Diógenes dijo. "Recuerda mis palabras: no podrás terminarlo, estarás acabado antes que él. Nadie termina nunca el trabajo de su vida. La vida es demasiado corta y nuestras ambiciones son tan grandes, tantas. Nuestros deseos son infinitos - imposible cumplirlos. Y cada deseo sigue engendrando nuevos deseos, así que no pienses que serás capaz de cumplir tus deseos y entonces podrás convertirte en un Diógenes.

Uno se convierte en un Diógenes como un salto; es un salto cuántico".

Agradeciéndole, Alejandro continuó su conquista. Y conoció a otro místico en la India. Su nombre lo recuerda en sus memorias como Dandamesh; debe ser una forma griega de algún nombre indio. No hay registros indios sobre él, así que no sabemos exactamente cuál era el nombre indio, pero él lo llama Dandamesh. Quería que Dandamesh fuera con él. Dandamesh se rió y se negó.

Alejandro se enfadó. Dijo, sacando su espada que "¡Si no vienes conmigo te cortaré la cabeza!".

Y Dandamesh dijo: "Por favor, córtalo. De hecho, lo he cortado mucho antes, y cuando caiga sobre la tierra, tú lo verás caer sobre la tierra y yo también lo veré caer sobre la tierra. Tú estás tan separado de mi cabeza como yo estoy separado de mi cabeza. Soy testigo de ello".

De nuevo Alejandro dice: "Sentí celos de este hombre que no teme en absoluto a la muerte".

Y murió en el camino de vuelta a casa; no llegó a casa. La profecía de Diógenes se cumplió. Sólo veinticuatro horas más de viaje y habría llegado. Dijo a sus médicos: "Estoy dispuesto a daros lo que queráis, pero guardadme veinticuatro horas".

Dijeron: "No podemos salvarte ni veinticuatro segundos. Tu vida está acabada".

Dijo: "Le había prometido a mi madre que volvería".

Los médicos decían: "Un hombre que es mortal no debe hacer promesas, porque el mañana nunca es seguro".

Murió. Su último deseo fue que "mis manos quedaran colgando del ataúd".

"¿Por qué?", le preguntó la gente. "¡Esto no es convencional!"

Dijo: "Convencional o no convencional, quiero que todo el mundo sepa que muero con las manos vacías".

Vishnudas Sethia, con la meditación no te convertirás en un Alejandro, pero sí en un Buda.

Tus manos estarán llenas; no sólo las manos físicas, tu alma invisible estará llena. Habrá gran satisfacción, dicha, bendición. Ese es el propósito de la meditación. No puedes calcularlo en términos matemáticos; no puedes pesarlo, medirlo. Es inconmensurable, inestimable. Tienes que experimentarlo.

Y el problema es: un hombre como tú querría primero estar convencido de que tiene algún propósito, pero eso no es posible y no se puede hacer. No puedes estar convencido de que tiene un propósito, porque de la forma en que tú entiendes el propósito, no lo tiene en absoluto. Pero hay una dimensión totalmente diferente de propósito, una dimensión diferente de sentido y significado, plenitud y satisfacción, dicha y bendición, pero ese lenguaje no lo entenderás. La única manera de entender ese lenguaje es aprenderlo.

Estoy aquí para ayudarte a aprenderlo. Y no digo que creas en ello: Digo que experimentes hipotéticamente. Sólo unos pocos destellos de tu ser interior y eso será suficiente, y eso te convencerá de que todo lo que has hecho antes no era realmente práctico; todo era impracticable porque la muerte se llevará todo lo que has reunido. Sólo la meditación te da algo que la muerte no puede destruir, que es indestructible.

Si realmente eres un hombre práctico, entonces dedícate a la meditación. Y te estoy hablando como un hombre práctico.

Soy un hombre práctico, no soy un hombre teórico en absoluto. NINGÚN Buda ha sido nunca teórico; siempre han sido personas muy prácticas. Y todos ellos han descubierto que no hay nada más práctico que la meditación.

Quinta pregunta
Pregunta 5:
MAESTRO,

¿POR QUÉ A VECES ME ENFADO MUCHO CON TUS CHISTES?

Sandip,

MIS BROMAS ESTÁN DESTINADAS a hacer muchas cosas, cosas diferentes a personas diferentes. Pocas personas se enfadan si se les hiere el ego. Y nada puede herir el ego más profundamente que una broma. Va como una flecha y va de una manera tan sutil que no hay protección contra ella. Todavía no se ha inventado ningún escudo que pueda protegerte contra ella. Es el arma más sutil que se ha encontrado.

Pero en lugar de enfadarte conmigo, intenta comprender: alguna herida se toca, alguna herida se abre, algo de pus ha empezado a salir. Y tú no quieres que te toquen las heridas, no quieres que te saquen el pus. Quieres olvidarte de las heridas y del pus. Pero olvidar no va a ayudar; hay que sacar el pus.

Mi trabajo es muy ingrato porque muchas veces duele, es doloroso. Y uso las bromas de muchas maneras.

Las uso como armas, y están tan afiladas que ninguna espada puede estar tan afilada como una broma. Y está contada de una forma tan humorística que no puedes luchar con ella, te parecerá tan estúpida. Tienes que tragártelo, pero entonces empieza a funcionar. A veces a algunas personas mis chistes les hacen llorar porque llevan mucho sufrimiento reprimido dentro. Y cuando las lágrimas vienen escuchando un chiste, uno se siente realmente desconcertado. que un chiste provoque risa. ¿Por qué produce lágrimas?

Muchas personas me han escrito: "Es extraño. Estás contando un chiste y se me saltan las lágrimas".

No hay nada extraño en ello, hay una lógica detrás. Siempre te has reído sólo para ocultar tus lágrimas.

Friedrich Nietzsche solía decir: "No me preguntes por qué me sigo riendo de las cosas pequeñas. Me río porque si no me río me pongo a llorar. Para evitar esa situación embarazosa sigo riendo. Me mantengo ocupado riendo".

Al escuchar un chiste, lo normal es reírse, pero puede que hayas reprimido tantas lágrimas que, en lugar de reírte, al relajarte conmigo con el chiste, empiecen a brotar lágrimas.

A veces te pones serio, en vez de ponerte gracioso te pones serio. Hay algunas personas que me escriben: "¿Por qué ocurre esto? Nos ponemos serios. Cuando todo el mundo se ríe, de repente nos volvemos muy serios".

La razón es que es fácil reírse de los demás, pero a veces un chiste no es sobre los demás; es sobre ti, exactamente sobre ti. Se adapta a ti y no puedes reírte de ti mismo. Te vuelves serio, te pones tenso.

Y, además, la seriedad es más satisfactoria para el ego que la risa. Cuando ves a miles de personas riendo y a ti sentado serio, te sientes muy bien pensando que eres algo santo, santo, y que éstas son sólo personas corrientes riendo. ¿Cómo puedes reírte? No has venido aquí a reír, ¡has venido a alcanzar la iluminación!

Para cada persona son posibles cosas diferentes.

Para pocas personas incluso la iluminación es posible a través de la risa. Eso también va a suceder. Veo a mucha gente acercarse mucho, pero luego se asustan. Sólo un paso más... pero retroceden. Se ríen sólo hasta cierto punto - se ríen sólo hasta el punto en que pueden controlarlo. Cuando ven que se les escapa de las manos, retroceden inmediatamente, empiezan a contenerse. Si lo permiten, la risa se convertirá en su iluminación.

Sandip, no te preocupes. Pase lo que pase, cualquier emoción, estado de ánimo que una broma cree en ti, cuídalo.

Un sannyasin llega a las puertas del cielo.

San Pedro está de servicio. Mira al sannyasin y le dice: "Lo siento, tío, llegas demasiado pronto. ¿Es que los naranjas no podéis hacerlo bien nunca? Tienes que volver a la tierra".

"¿No puedo echar un vistazo ya que he venido hasta aquí?", dice el sannyasin.

"Muy bien", dice Peter, "¿algún deseo especial?".

"Bueno", dice el swami, "me gustaría ver a Jesús".

"Oh, así que crees en él", se ríe San Pedro.

"Ya que estoy aquí, podría echarle un vistazo", dice el sannyasin.

"No está de buen humor", dice Peter. "Pero echaré un vistazo".

"¿No está de buen humor?", pregunta el sannyasin asombrado. "¿Eso también pasa en el cielo? Pensaba que aquí arriba las cosas serían muy distintas".

"Bueno", dice Peter, "ya sabes, tenemos una comunicación directa con la tierra, así que escuchamos las conferencias diarias de Maestro. Y cuando Jesús oye esos chistes sobre sí mismo, ¡se cabrea muchísimo!".

La última pregunta:

Pregunta 6:

MAESTRO,

¿NO TIENE ENTONCES NINGUNA IMPORTANCIA SER JUDÍO?

Sant,

YO NO HE DICHO ESO. Hay pocas cosas; hay pocas cosas realmente significativas que sólo un judío pueda hacer, y en lo que a ti respecta, Sant, creo que no deberías abandonar el judaísmo tan repentinamente. Espera un poco; la necesitarás durante un tiempo más. Dejarlo ahora mismo sería demasiado pronto; madura un poco más y entonces lo dejarás por sí solo.

Una bella princesa en edad casadera había puesto ciertas condiciones a su matrimonio: por ejemplo, la respuesta satisfactoria a sus tres preguntas. La entrevista debía ser en privado y la princesa y el aspirante debían permanecer desnudos durante la misma.

Sant, si te has quedado dormido, ¡despierta! Esta es una broma especialmente para ti.

Si el candidato no podía responder correctamente a las preguntas, sería encarcelado. Hasta ahora, todas las entrevistas habían fracasado. Habían acudido hindúes, mahometanos y cristianos, y nadie había logrado triunfar. Todos fueron encarcelados y el rey se sintió muy decepcionado.

Entonces llegó un judío. La princesa desnuda señaló hacia sus tetas e hizo la primera pregunta: "¿Qué son éstas?".

El judío dijo: "Encantadoras montañas de leche y miel".

Al recibir por primera vez la respuesta correcta, la princesa quedó encantada.

Sant, no olvides las respuestas - recuerda.

Luego, señalando hacia la verga del judío, hizo la segunda pregunta: "¿Qué es esto?".

"Esta es la vara de la vida con las campanas de Jerusalén", dijo el judío.

Alborozada, hizo la tercera pregunta, señalando hacia su vagina: "¿Qué es esto?".

"Este es el centro de toda la creación de la humanidad", respondió el judío.

"Has sabido responder correctamente a todas mis preguntas. Te acepto como mi digno esposo", dijo la princesa. "Ahora la prueba final: ¡monta las montañas de leche y miel, pon la vara de la vida en el centro de la creación y toca las campanas de Jerusalén!".

¿Por qué no pegarse un tiro?

SHIH-KUNG FUE CAZADOR ANTES DE ORDENARSE MONJE ZEN BAJO MA TZU.

LE DISGUSTABAN MUCHO LOS MONJES BUDISTAS, QUE ESTABAN EN CONTRA DE SU PROFESIÓN.

UN DÍA, MIENTRAS PERSEGUÍA A UN CIERVO, PASÓ POR DELANTE DE LA CABAÑA DONDE RESIDÍA MA TZU. MA TZU SALIÓ Y LE SALUDÓ.

SHIH-KUNG PREGUNTÓ: "¿HAS VISTO PASAR ALGÚN CIERVO POR DELANTE DE TU PUERTA?"

"¿QUIÉN ERES TÚ?" PREGUNTÓ EL MAESTRO.

"SOY UN CAZADOR"

"¿CUÁNTOS PUEDES DERRIBAR CON TU FLECHA?"

"UNO CON UNA FLECHA".

"ENTONCES NO ERES CAZADOR", DECLARÓ MA TZU.

"¿A CUÁNTOS PUEDES DISPARAR CON UNA FLECHA?" PREGUNTÓ A SU VEZ EL CAZADOR.

"TODO EL REBAÑO, CON UNA FLECHA".

"SON CRIATURAS VIVAS, ¿POR QUÉ DESTRUIR TODO EL REBAÑO DE UN TIRO?"

"SI SABES TANTO, ¿POR QUÉ NO TE PEGAS UN TIRO?"

"EN CUANTO A PEGARME UN TIRO, NO SÉ CÓMO PROCEDER".

"ESTE TIPO", EXCLAMÓ MA TZU, DE REPENTE, "¡HA PUESTO FIN HOY A TODA SU IGNORANCIA PASADA Y A SUS MALAS PASIONES!".

ENTONCES, SHIH-KUNG EL CAZADOR ROMPIÓ SU ARCO Y SUS FLECHAS Y SE CONVIRTIÓ EN ALUMNO DE MA TZU.

CUANDO ÉL MISMO SE CONVIRTIÓ EN MAESTRO ZEN, TENÍA UN ARCO CON UNA FLECHA LISTA PARA DISPARAR, CON LA QUE SE AMENAZABA A SUS MONJES CUANDO SE LE ACERCABAN CON UNA PREGUNTA. SAN-PING FUE TRATADO ASÍ UNA VEZ.

EXCLAMÓ SHIH-KUNG, "¡CUIDADO CON LA FLECHA!"

PING SE ABRIÓ EL PECHO Y DIJO: "ÉSTA ES LA FLECHA QUE MATA; ¿DÓNDE ESTÁ LA QUE RESUCITA?".

KUNG GOLPEÓ TRES VECES LA CUERDA DEL ARCO. PING ARCO.

KUNG DIJO: "HE ESTADO USANDO UN ARCO Y DOS FLECHAS DURANTE LOS ÚLTIMOS TREINTA AÑOS, Y HOY HE CONSEGUIDO ABATIR SÓLO A LA MITAD DE UN SABIO".

SHIH-KUNG ROMPIÓ SU ARCO Y SUS FLECHAS UNA VEZ MÁS, Y NUNCA VOLVIÓ A USARLOS.

ESTOS HERMOSOS CUENTOS ZEN pertenecen a un clima totalmente distinto, a una psicología totalmente diferente. El mundo ha cambiado demasiado; ha surgido una brecha. El hombre se ha vuelto muy entendido. Estas historias pertenecen a un mundo, a una época, en la que la gente era sencilla. No eran astutas ni complejas; eran inocentes. De ahí que existiera la posibilidad de un despertar inmediato.

El zen se ha vuelto cada vez más difícil por la sencilla razón de que el hombre se ha vuelto cada vez más complejo. Hoy en día es casi imposible concebir cómo puede ser posible una iluminación repentina, cómo en un solo relámpago uno puede transformarse totalmente. El entendido sólo puede comprender el camino de la gradualidad; toda su educación es un proceso de graduación.

Por eso cuando un becario sale de la universidad le llamamos graduado: se ha licenciado.

El aprendizaje se produce por etapas; el desaprendizaje puede producirse en un solo salto cuántico. Y el Zen pertenece al mundo del desaprendizaje. No es conocimiento; nadie puede alcanzar el conocimiento de repente porque el conocimiento es una cantidad, no es una cualidad. Y cualquier cosa cuantitativa sólo puede alcanzarse gradualmente; uno se gradúa en ella, lentamente la absorbe y la digiere.

Para enfatizar este hecho, Gurdjieff solía decir que el conocimiento es una cantidad, tanto que si pocas personas tienen más de él, entonces otras pocas tendrán menos. Es una cantidad como el dinero. No es posible hacer que todas las personas tengan conocimiento, sólo unas pocas personas tendrán conocimiento. No lo tomes al pie de la letra. Muchos de los seguidores de Gurdjieff lo han tomado literalmente. Él simplemente enfatizaba la cuantitatividad del conocimiento, que sólo hay una cierta cantidad de conocimiento. Si pocas personas

la han adquirido, por supuesto que otros ya no podrán adquirirla. Es como la tierra: hay una cierta cantidad de ella - si pocas personas la han adquirido entonces otras faltarán. Pero aquellos que lo entienden literalmente, ya sean enemigos de Gurdjieff o sus amigos, ambos están perdiendo el punto. El punto es simplemente que el conocimiento se adquiere gradualmente porque es una cantidad. Año tras año te gradúas lentamente. Se necesitan veinticinco años para aprender todo lo que el hombre ha acumulado en miles de años.

Pero desaprender no tiene nada que ver con la gradualidad; uno nunca se gradúa en ello. Uno ve el punto y lo abandona inmediatamente. Por supuesto, a la persona con conocimientos le resultará más difícil, porque todo lo que ha adquirido con años de esfuerzo, trabajo y tensión, está obligado a aferrarse a ello. El ignorante no tiene nada a lo que aferrarse, y el entendido tiene muchas capas que cubren su visión.

El ignorante no tiene nada que le tape la visión; es mucho más claro.

Y verás esta cualidad en los agricultores, en los carpinteros, en los jardineros, en la gente que trabaja la tierra, en los leñadores, en los pescadores. Encontrarás cierta claridad en estas personas, cierta inmediatez de comprensión. Puede que no sean capaces de entender teorías complejas como la teoría de la relatividad de Albert Einstein, pero serán capaces de comprender inmediatamente la belleza de un dicho de Jesús o de Buda.

La persona entendida puede no ser capaz de ver la belleza del dicho de Jesús. Puede empezar a analizarlo, puede empezar a interpretarlo, puede empezar a imponer sus ideas sobre él. Lo distorsionará; no podrá verlo tal como es.

Si un hombre como Jesús viene hoy, será más incomprendido de lo que fue incomprendido en sus días. Si habla el mismo idioma... incluso en aquellos días la gente entendida no era capaz de entenderle. Fueron los rabinos -los expertos judíos, los brahmanes judíos- quienes conspiraron para matarle. El mundo ha cambiado tanto que ahora se necesita un enfoque totalmente diferente. El Zen tiene que hacerse contemporáneo. Por eso hablo tanto del Zen, porque veo su inmensa belleza, veo su inestimable valor. No debería perderse, perderlo sería perder el mayor tesoro que la humanidad ha descubierto. Pero lo estamos perdiendo.

Leerás esta historia; te parecerá una bonita anécdota, nada más especial que eso. Es mucho más. Es lo que el Zen llama la transmisión especial, una ilustración de ella. Pero tendrás que comprender cómo capta la inocencia y cómo yerra el conocimiento.

Tras treinta años de meditación, un gran bodhisattva se iluminó y, de la forma tradicional, acudió al Maestro para recibir una túnica. Pero ésta es una historia contemporánea; pertenece al siglo XX. Pero en lugar de darle una túnica, el *Maestro le entregó un trozo de papel en el que estaba escrito lo siguiente:

Y el Maestro tiene razón, porque hay gente como el Ayatolá Jomaníaco y otros maníacos que son sus seguidores. Incluso con Al-Hillaj Mansoor que ha declarado: "¡Ana'l haq! - Yo soy Alá!" no se habían comportado de forma humana. Hoy se han vuelto aún más inhumanos.

precio de los clavos utilizados la última vez.

que alguien pruebe el vino antes de beberlo.

se convertirá en un restaurante.

hombro y decir con orgullo: "¡Lo he encontrado!"

"Entonces", preguntó el neobuda, "¿qué puedo decir? ¿Adónde puedo ir?" El Maestro respondió: "Cállate y siéntate".

Es una época totalmente distinta y ha surgido una mente totalmente distinta.

Si tratas de entender estas sencillas parábolas con tu mente, sí, puedes disfrutarlas por el momento, pero eso es todo; no te ayudarán en tu crecimiento espiritual de ninguna manera. Pero si puedes dejar a un lado tus conocimientos, si puedes revivir la inocencia que el hombre ha perdido, que has saboreado en tu infancia, entonces una historia como ésta puede ser tremendamente esclarecedora.

Adéntrate en ello meditativamente. Y cuando digo "meditativamente" quiero decir que no uses la mente, que no te metas mentalmente en ello. Deja la mente a un lado, eso es la meditación, como si no supieras nada. Será "como si" al principio, pero una vez que hayas saboreado la belleza de la inocencia y la comprensión que sucede a través de ella, el "como si" se convertirá en una realidad, una auténtica realidad; ya no será un "como si".

SHIH-KUNG FUE CAZADOR ANTES DE ORDENARSE MONJE ZEN BAJO MA TZU.

INCLUSO EN ESTOS DÍAS había eruditos, sacerdotes, expertos, profesores. No se les menciona; no se cuentan cosas así de ellos. Pero un cazador vive de una manera más auténtica. Vive con los árboles, los animales, la tierra, el cielo, el viento, la lluvia y el sol. Vive cerca de la naturaleza. Y la persona que vive cerca de la naturaleza está de un modo desconocido, inconsciente, cerca de Dios, cerca de la verdad.

Como vive cerca de la naturaleza, tiene cierta vaga conciencia de la presencia llamada Dios.

Por supuesto que es vago, no es cristalino, de lo contrario se iluminaría. Pero lo percibe intuitivamente, instintivamente. No está tan muerto como un profesor, no está tan embotado como un erudito; está vivo.

Tiene que estar muy vivo porque su trabajo es con criaturas muy vivas.

SHIH-KUNG ERA UN CAZADOR...

De ordinario pensaremos que un cazador debería ser la última persona en ser iniciada, en ser ordenada monje zen por un gran maestro como Ma Tzu. Lógicamente parece que la caza es una profesión violenta, cruel. ¿Cómo puede un cazador iniciarse en la meditación? ¿Y cómo puede convertirse un día en Buda?

¿Y cómo es posible esta transmisión especial? Pero ha ocurrido miles de veces.

Es mucho más difícil para un hombre de negocios, mucho más difícil para un político, tener una experiencia repentina de la presencia de un Maestro, porque su trabajo es feo. El trabajo del cazador puede parecernos violento, pero tiene su propia belleza. Como vive con animales salvajes, tiene algo de salvaje; sigue formando parte de la naturaleza.

Hay una historia similar en la vida de Jesús:

Una mañana llega a la orilla del lago de Galilea. Está amaneciendo y un pescador acaba de echar la red al lago para pescar. Jesús le pone la mano en el hombro; el pescador mira hacia atrás. Por un momento sólo hay silencio: el silencio de la mañana, el silencio del lago, el silencio de Jesús. Y, por supuesto, el pescador no tiene una mente muy parlanchina.

Antes de que pueda preguntar nada, Jesús le dice: "¿Hasta cuándo vas a seguir pescando?

¡Ya basta! Ven conmigo, te enseñaré a atrapar hombres".

Y no hay ninguna vacilación. El pescador deja la red en el lago; ni siquiera la saca. Algo ha sucedido. Se ha producido la transmisión especial. Ha mirado a los ojos de Jesús; un profundo sí ha surgido en su ser. Lo que ha dicho es tan claro: " '¿Hasta cuándo...? Claro, ¿hasta cuándo voy a pescar? ¿Es esto todo lo que hay en la vida? -¿Coger pescado, vender pescado, todos los días, año tras año? ¿Es esto la vida? Tiene que haber algo más".

Y puede ver que hay algo más en él: este hombre parece haberlo alcanzado. La alegría de su rostro, la serenidad de su presencia, el silencio que le ha acompañado como una sombra, la profundidad de sus ojos, el fuego de su ser, han encendido algo en el corazón del sencillo pescador.

Sin decir una palabra sigue a Jesús. Jesús se mueve, él le sigue.

Este hombre se convirtió en el primer discípulo de Jesús. Se llamaba Andreas. Como fue el primero en ser llamado por Jesús, el propio nombre de Andreas ha pasado a significar "el primero que fue llamado por el Maestro".

Era un don poco común ser llamado por el Maestro y ser el primero, pero Andreas lo merecía.

Justo cuando salían de la aldea, llegó corriendo un hombre y le dijo a Andreas: "¿Adónde vas? Tu padre ha muerto. Vuelve a casa".

Le pidió a Jesús -estas fueron sus primeras palabras-: "Por favor, perdóname. Sólo dame permiso por tres días para que pueda hacer los últimos ritos y rituales. Mi padre ha muerto. Tengo que ir y cumplir con mi deber. Si me lo permites". Pero él pide permiso. No dice: "Me voy", sino que pide permiso.

Su padre está muerto; eso no es tan importante.

Jesús le dijo: "Olvídalo todo. Tú sígueme. En la aldea hay muchos muertos: ellos enterrarán a los muertos. No tienes por qué preocuparte".

Y Andreas no miró atrás. El hombre que había venido a llamarle se quedó pasmado, no podía creer lo que veía.

Esto es la confianza. Esta cualidad se ha perdido en la conciencia humana. Por eso la religión es sólo una palabra, Dios es sólo una hipótesis. La gente habla de Dios, filosofa sobre Dios, pero nadie está dispuesto a arriesgar nada.

Ayer me acordé de la historia de este pobre pescador al ver la carta de Rajen. Me ha escrito diciendo que su novia se ha ido a Occidente y que él no puede quedarse aquí sin ella. Y debe de haber tenido miedo -puedo decir, "No hace falta que se vaya..." porque a estas alturas ella ya debe de haber encontrado novio. Hay tantos chicos en el Oeste. Si había tantos muertos en el pueblo, ¿qué te parece?

- ¿No hay chicos en Occidente? Debió de tener miedo: "No te pido permiso para ir, simplemente te digo que voy".

Cuando leía su carta me acordé de Andreas. Esta es la brecha entre el inocente Andreas y una persona informada del siglo XX. Rajen es una persona con conocimientos, un terapeuta y un buen terapeuta. Pero es fácil dejar al Maestro sin su permiso; es difícil vivir unas semanas sin la novia. Las prioridades han cambiado.

Shih-kung era cazador, no terapeuta ni hombre de negocios, de lo contrario habría fallado.

Hay un amigo de Nepal que se llama Durga Prasad. Unos días antes había respondido a su pregunta. Me preguntó: ¿Puede él también considerarse un sannyasin, aunque no pueda tomar sannyas? ¿No puede ser sin convertirse en sannyasin? ¿Y cuál es la causa que le impide convertirse en sannyasin? Tiene miedo de su esposa, porque ella es una hindú ortodoxa y no podrá tolerarlo. ¡Qué pequeñez! Pero estas son las formas de calcular; estas son las formas en que funcionan los hombres de negocios. Así funciona la mente judía.

Es imposible que una mente así alcance la iluminación.

También había un judío que era tan tacaño que iba en metro en hora punta para que le plancharan la ropa.

Y he oído hablar de otro hombre de negocios judío: era tan tramposo que hasta la lana que usaba para tapar los ojos de la gente era medio algodón.

Era bueno que Shih-kung fuera cazador: una persona sencilla, una vida sencilla, corriendo tras animales salvajes.

Debe haber sido un hombre salvaje. Por eso fue posible esta transmisión.

LE DISGUSTABAN MUCHO LOS MONJES BUDISTAS, QUE ESTABAN EN CONTRA DE SU PROFESIÓN.

Un hombre sencillo. Le disgustaban los monjes budistas porque el budismo está en contra de la caza, en contra de cualquier tipo de violencia. Hay que recordar una cosa: el odio es mucho mejor que la indiferencia. Es muy difícil que una persona indiferente se transforme. Pero él estaba tan lleno de aversión, tan lleno de odio hacia los monjes budistas y el budismo, que el cambio, el cambio radical, no fue difícil.

El odio es el amor al revés; el odio es el amor haciendo sirshasan, parado sobre su cabeza. Y un hombre que está parado sobre su cabeza puede ser fácilmente puesto de pie; eso no es muy difícil. La persona indiferente es la persona más difícil.

Y eso es lo que le ha ocurrido a la mente contemporánea. Antes había teístas, había ateos ahora no hay ni teístas ni ateos. Sólo hay gente indiferente a la que no le importa nada la religión. Y están en los dos campos, pero de hecho el noventa y nueve punto nueve por ciento de la gente del mundo hoy no son ni teístas ni ateos. En la alta sociedad, la gente no discute sobre Dios; es una cuestión de gustos: "Si te gustan las rosas, bien; a mí no me gustan las rosas". ¡Se acabó el asunto! No hay discusión. Es una cuestión de gustos y disgustos. Nadie está implicado, comprometido. Nadie estará dispuesto a ser crucificado por Dios o por la impiedad. ¿A quién le importa tanto? Si Dios existe o no, no importa.

La gente puede ir a las iglesias todos los domingos, pero eso no es más que un gesto social. Es bueno, ayuda a una especie de relación social. Del mismo modo que vas al Rotary Club y al Lions Club y hay muchos otros clubes estúpidos, esta iglesia es sólo un club, un club dominical, un tipo de club religioso donde un sacerdote va diciendo algo. Nadie escucha, a nadie le importa lo que dice. La gente simplemente se sienta allí sólo para mostrar sus caras, para que todo el mundo sepa que eres religioso. Ser conocido como religioso ayuda de muchas maneras: en los negocios, en las relaciones sociales, en la política. Ser conocido como religioso funciona como un lubricante, suaviza la vida. Tiene una utilidad social, pero nada más.

En Rusia la gente simplemente pertenece al ateísmo de la misma manera; allí el ateísmo es la religión oficial. Así como en algunos países el cristianismo es la religión oficial y en otros el mahometismo y en otros el budismo, en los países comunistas el ateísmo es la religión oficial.

Tienes que seguir fingiendo que perteneces a la religión oficial. Es más seguro. Es peligroso ir en contra de la política oficial; te puede costar caro. Y ahora a nadie le importa; a nadie le importa lo suficiente como para pagar nada.

En Rusia, un hombre declaró en voz alta que José Stalin era un imbécil. Fue condenado a una pena de veinte años: cinco por difamación y quince por haber revelado un secreto de Estado.

A SHIH-KUNG LE DESAGRADABAN MUCHO LOS MONJES BUDISTAS...

Antes, todo el mundo estaba a favor o en contra. Eso era importante porque demostraba su interés. ¿Y por qué estaba en contra de los monjes budistas? Estaba en contra porque estaban en contra de su profesión. Él era un hombre sencillo, y esta gente sigue hablando en contra de la violencia. Y la caza era un juego tan hermoso para él, y estas personas no entienden en absoluto - y querían detener la caza por completo. Y él lo disfrutaba, esa era su alegría. Sólo conocía la felicidad cuando perseguía animales salvajes. De hecho, cuando persigues a un animal salvaje sólo con un arco y una flecha estás arriesgando tu vida, es peligroso. En ese peligro, la mente se detiene. En ese estado peligroso, el pensamiento no puede funcionar. Y debido a esos momentos de irreflexión, la caza puede darte algunos atisbos de meditación.

Estaba fuertemente en contra y le desagradaban los monjes budistas. Si fuera indiferente, esta historia no habría ocurrido.

UN DÍA, MIENTRAS PERSEGUÍA A UN CIERVO, PASÓ JUNTO A LA CABAÑA DONDE RESIDÍA MA TZU.

AHORA ESTO ERA SÓLO UNA COINCIDENCIA. Fue accidental que pasara junto a la cabaña de Ma Tzu, pero se convirtió en el mejor momento de su vida.

Incluso entrar en estrecha afinidad con un Maestro por accidente puede cambiar tu vida, puede transformarte totalmente. Pero se necesita una simplicidad, una simplicidad del corazón. La mente calculadora puede acercarse y aún así fallará, porque entre ella y un Maestro vivo la distancia es insalvable. Él vive en la mente y el Maestro vive en la no-mente; son mundos aparte. Pero cualquier persona que tenga un corazón sencillo, que no esté muy metida en la mente, está destinada a verse afectada, está destinada a ser atraída magnéticamente por el campo de energía de un Maestro. Sucedió en la vida de Buda:

Pasaba por un bosque y la gente se lo impidió. Le dijeron: "Allí vive un hombre que es el mayor asesino del que hemos oído hablar y ha hecho el voto de matar a mil personas y de hacerse una guirnalda con sus dedos. Ya ha matado a novecientas noventa y nueve personas y lleva una guirnalda de sus dedos. Nadie conoce su verdadero nombre; porque lleva una guirnalda de dedos su nombre se ha convertido en Angulimal" - angulimal significa guirnalda de dedos. "Está esperando a una persona más, pero ahora todo el mundo se ha vuelto tan temeroso y asustado que el camino está cerrado; nadie pasa nunca de este lado. La gente que tiene que ir tiene que tomar un largo camino.

Ni siquiera el rey tiene valor para pasar de este camino con todo su ejército.

"El hombre es feroz, el hombre es como un león. No es un hombre, ¡es un devorador de hombres! Es tan peligroso que la última vez se lo dijo a su madre..." porque ella era la única persona que solía visitarle, de vez en cuando, para persuadirle de que "¡Ya basta! Basta ya!"

"La última vez le dijo: 'No vengas otra vez a verme porque ahora estoy esperando a la última persona. Si no viene nadie más, te mataré, pero tengo que cumplir mi promesa. Tengo que matar a mil personas'".

Así que ahora la madre también ha dejado de ir allí. Por favor, no vayas por este camino. Este camino está desierto".

Buda dijo: "Si no me lo hubieras dicho, habría ido por el otro camino. Pero ahora que sé que está esperando a una sola persona y que nadie está dispuesto a ir, ni siquiera su madre, si yo no voy ¿qué va a pasar con su voto? Y yo voy a morir de todos modos tarde o temprano, así que dejemos que cumpla su voto. ¿Y quién sabe si él será capaz de matarme o yo seré capaz de matarlo?"

La gente decía: "¡Parece que estás loco! ¿Cómo puedes matarle? No crees en matar y no llevas ningún arma contigo".

Buda dijo: "Yo soy el arma. Déjale que pruebe y déjame probar a mí también". Y se fue.

Incluso los grandes seguidores que siempre solían rodearle empezaron a quedarse atrás. Cuando llegó cerca de la casa de Angulimal, estaban a kilómetros de distancia. No habia nadie, solo estaba Buda. Estaban observando desde lejos lo que ocurría.

Angulimal vio venir a Gautam el Buda. No sabía quién era ese hombre, pero había algo hermoso en él, en su forma de acercarse, en su alegría, en su paz, en su silencio. Y Angulimal era un hombre sencillo -este tipo de personas son siempre personas sencillas-, ignorante, pero también inocente.

Cuando Buda se acercó, primero pensó: "Matemos a este hombre y acabemos con todo el asunto, así podré olvidarme del asunto, porque ahora no viene nadie". Pero a medida que Buda se acercaba empezó a sentir un extraño amor por el hombre, una gran compasión por el hombre que nunca había sentido por nadie. Era tan extraño, tan nuevo, que no podía creerlo.

Y cuando Buda se le puso delante, le dijo: "Por favor, vete. Soy un hombre peligroso.

Parece que no sabes nada de mí. Pareces tan inocente. ¡Soy Angulimal! ¿Ves la guirnalda? Novecientas noventa y nueve personas he matado; estoy esperando a la última. Y soy un hombre peligroso. Ahora puedo ver que eres un sannyasin - tu túnica amarilla, tu cabeza rapada. Siento por ti una extraña compasión que nunca había sentido, así que te daré una oportunidad. Puedes volver y yo esperaré a otro, pero si insistes, si das un solo paso adelante, te mataré".

Buda dijo: "¿Me conoces? Si ése es tu voto, éste es el mío: no volveré jamás. Si me matas. Nunca miro atrás".

El hombre sacó su espada, pero le temblaba la mano.

Buda dijo: "¿Cuál es el problema? ¿Es este un camino? ¿Eres un espadachín? ¡Te tiembla la mano!"

¡Que no te tiemble la mano! Esto no está bien, muestra debilidad. Uno debería ser lo suficientemente fuerte. Y estoy sorprendido y me pregunto cómo pudiste matar a tanta gente".

Angulimal dijo: "Es la primera vez. Mi corazón late más rápido, mi respiración ya no es rítmica, mi mano tiembla. ¡Debes estar haciendo algo! Pareces un mago".

Buda dijo: "Es cierto, yo también lo intento a mi manera, ¡intento matarte! Pero no mato físicamente, mato psicológicamente. Pero tú termina tu trabajo, no te preocupes por el mío. Yo seguiré haciendo mi trabajo, tú haz el tuyo. Pero antes de que usted golpee mi cuerpo, una cosa usted tiene que hacer para mí - éste es mi deseo pasado de un hombre moribundo. ¿Puedes cortar algunas hojas del árbol?"

Las hojas colgaban sobre ellos. Angulimal cortó una pequeña rama y se la dio a Buda.

Buda dijo: "Bien, la mitad está hecha. Ahora haz la otra mitad: vuelve a unir esta rama y luego mátame".

Angulimal dijo: "¡Debes estar loco! ¿Cómo puedo volver a unirme a él?"

Buda dijo: "Pero cortar una rama lo puede hacer hasta un niño. Lo verdadero es unirla. Destruir es muy fácil, crear es lo verdadero. ¿Eres un hombre o un niño?"

Angulimal agachó la cabeza, avergonzado. Buda dijo: "Si puedes entender tanto, entonces no hay problema, me encantaría ser asesinado por ti, mátame tú".

Angulimal tiró su espada, cayó a los pies de Buda y dijo: "Me has matado antes de que yo pudiera matarte. Tienes razón - la destrucción la puede hacer cualquiera. Ahora enséñame a ser creativo".

Siempre ha sido un gran interrogante en las escrituras budistas cómo un hombre tan asesino fue transformado tan fácilmente por Buda. Y ha sucedido muchas veces que grandes eruditos vinieron, discutieron con él, y no fueron convencidos, quedaron sin convencer. Grandes reyes acudían a él sólo para rendirle respeto y esperando que su bendición fuera suficiente, pero no estaban dispuestos a meditar o a convertirse en sannyasins o a renunciar, sólo a recibir la bendición. Y los hombres de negocios acudían a él y hacían mucho en lo que a dinero se refería, pero permanecían ajenos. Donaron grandes tierras y jardines a Buda y a sus monasterios, pero permanecieron ajenos. Esas grandes tierras no eran nada para ellos, pero nunca le dieron ni una pulgada de su conciencia.

Recuérdalo: la gente sabia, la gente calculadora, la gente de negocios, permanecen intocables ante los Budas: reúnen una piel tan gruesa a su alrededor.

Un ladrón judío se acerca a la caja del cine y, apuntando a la señora con una pistola, le dice: "¡La película es malísima! Devuélvame mi dinero".

"Esto no es necesario, señor", dice. "Por favor, baje el arma y le daré su dinero".

"No, señora", dice el judío. "La película es demasiado terrible. Devuélvame el dinero de todos".

Shih-kung pasaba accidentalmente por la cabaña donde vivía Ma Tzu. Ma Tzu salió. El Maestro reconoció inmediatamente la posibilidad, la potencialidad. Salió de su cabaña y le saludó. El Maestro siempre está en estado de acogida, sobre todo para los que están preparados.

Los discípulos de Ma Tzu debieron pensar que era extraño. Él nunca solía venir a saludar a los reyes. Ellos lo conocían. Cuando vengan reyes, ni siquiera se levantará para saludarlos. Si viene gente rica, no mostrará ninguna preocupación especial; los considerará gente corriente. Salir de la cabaña para recibir a un cazador era extraño, pero los caminos de los Maestros son siempre extraños.

SHIH-KUNG PREGUNTÓ: "¿HAS VISTO PASAR ALGÚN CIERVO POR DELANTE DE TU PUERTA?"

"¿QUIÉN ERES TÚ?" PREGUNTÓ EL MAESTRO.

"SOY UN CAZADOR"

"¿CUÁNTOS PUEDES DERRIBAR CON TU FLECHA?"

"UNO CON UNA FLECHA". "ENTONCES NO ERES CAZADOR", DECLARÓ MA TZU.

"¿A CUÁNTOS PUEDES DISPARAR CON UNA FLECHA?" PREGUNTÓ A SU VEZ EL CAZADOR.

El Maestro sabe qué lenguaje hablar a un determinado tipo de discípulo; el discípulo sólo puede entender un determinado lenguaje. Jesús dijo a Andreas: "¿Hasta cuándo vas a seguir pescando? Yo te enseñaré a pescar hombres". Eso sí que es hablar el lenguaje de un pescador. Ma Tzu dijo:

"¿CUÁNTOS PUEDES DERRIBAR CON TU FLECHA?"

"UNO CON UNA FLECHA".

"ENTONCES NO ERES UN CAZADOR."

"¿A CUÁNTOS PUEDES DISPARAR CON UNA FLECHA?" PREGUNTÓ A SU VEZ EL CAZADOR.

Naturalmente se interesó, que este hombre se cree que es un gran monje budista. Debió haber oído hablar de él. Era muy conocido, uno de los más grandes budistas de todos los tiempos. "¿Es también un cazador?"

"TODO EL REBAÑO, CON UNA FLECHA".

MA TZU DIJO: "TODO EL REBAÑO, CON UNA FLECHA".

"SON CRIATURAS VIVAS, ¿POR QUÉ DESTRUIR TODO EL REBAÑO DE UN TIRO?"

Incluso el cazador pensó que esto era demasiado. El Maestro puede crear una situación para enfatizar un hecho determinado. El cazador sólo puede entender su lenguaje. Habla en su idioma y exagera. Dice: "Puedo matar a todo el rebaño con una flecha". Incluso el cazador se sorprende; ha olvidado que es un cazador. Era una estrategia, una estratagema.

"SON CRIATURAS VIVAS", DIJO EL CAZADOR. "ESTO NO ES BUENO, ESTO NO ES HUMANO... ¿POR QUÉ DESTRUIR TODO EL REBAÑO DE UN TIRO?"

Eso es lo que Ma Tzu quería que se le recordara: que son criaturas vivas. En lugar de decirle: "Son criaturas vivas, no debes matarlas...". Eso no habría estado bien; lo había oído muchas veces y odiaba a los monjes budistas por ello. El Maestro da un rodeo, de forma indirecta: él mismo hace de cazador, pone al cazador en el papel del monje. Le deja decir lo que él habría dicho, de hecho. Le hace consciente de que son criaturas vivas.

Y recuerda esto: sólo un Maestro puede hacerlo, un profesor no puede. Un maestro simplemente dirá que "Esto no está bien, matar criaturas vivas. Esto es destrucción, esto es violencia. Sufrirás por tu karma. Esto que estás haciendo es malo". Y eso no habría ayudado en absoluto porque él había oído todos esos argumentos; él mismo habría discutido contra ellos. Debe haber discutido con muchos.

Y la gente siempre puede encontrar argumentos; argumentar es fácil.

El Maestro intenta crear una situación en la que tomes conciencia de un determinado hecho. En lugar de decírtelo, es mejor provocar cierta conciencia en ti. Ahora el cazador está desprevenido. No sabe que le han matado con una sola flecha.

"SI SABES TANTO, ¿POR QUÉ NO TE PEGAS UN TIRO?" DIJO MA TZU.

PARECERÁ MUY EXTRAÑO, ASÍ QUE de repente esta afirmación - parece fuera de lugar. No lo está. El Maestro comprende el funcionamiento interno de la conciencia. No habla con su mente, habla con su conciencia. Puede ver claramente lo que está ocurriendo en su ser: se está dando cuenta de que lo que ha estado haciendo estaba mal. Y el Maestro no ha dicho que estuviera mal. Cuando otra persona te dice que está mal, tu ego se siente ofendido; empiezas a discutir, a defenderte. Te vuelves más defensivo, argumentativo.

Empiezas a racionalizar. Y todo se puede racionalizar y todo se puede argumentar y todo se puede defender. Pero el Maestro ha jugado un hermoso juego.

Y esa es la belleza del trabajo de un Maestro. Ya lo ha conseguido; ya ha sucedido algo. Lo que el cazador nunca ha conocido antes... aunque debe haberlo sentido, debe haber permanecido inconsciente. En el fondo debe haber sentido que lo que está haciendo no está bien; todo el mundo lo siente. Nadie es tan inconsciente. Siempre sabes cuando estás haciendo algo mal. Si alguien más dice que está mal, intentarás defenderte, y la persona que ha dicho que está mal no te ha ayudado; de hecho, ha ayudado a tu error. Insistirás, seguirás haciéndolo. Tú

ahora lo harás más a propósito, sólo para demostrar a la otra persona que no te importan esas estupideces. Demostrarás tu ego y reprimirás tu propia experiencia.

La conciencia la crean otros y por eso todo el mundo sigue haciendo cosas en contra de la conciencia.

San Agustín dice: "Sigo haciendo cosas que no debería y nunca hago cosas que debería". Ruega a Dios: "Ayúdame, porque me parece imposible salir de este extraño patrón: sigo haciendo cosas que no debo".

Todo el mundo sigue haciendo cosas que no debería, por la sencilla razón de que cuando los demás te dicen: "No lo hagas", surge un profundo deseo de afirmar y decir: "Lo demostraré, lo haré".

Sólo una vez en mi vida me castigó mi padre, sólo una vez, y entonces comprendió que conmigo el castigo no va a funcionar. De niña me crecía el pelo largo, tanto que la gente pensaba que era una niña. Y en la pequeña tienda de mi padre venían granjeros y campesinos, aldeanos, y preguntaban: "¿De quién es esta hija?". Y eso siempre era embarazoso para mi padre, que tenía que decirles una y otra vez: "Es un niño, no una niña". Pero era algo continuo, y yo siempre estaba allí sentada.

Un día me dijo: "Tienes que cortarte el pelo. Me está resultando embarazoso decirle a todo el mundo que eres un chico y no una chica".

Le dije: "¿Qué hay de malo en ser una chica? No te preocupes. Que piensen que soy una chica.

También puedes decir que 'es una chica'. ¿Qué hay de malo en ser una chica?"

Me dijo: "No lo entiendes. Y cuando se enteran de que eres un chico, todos me dicen: 'Dile que se corte el pelo. ¿Por qué tiene el pelo como una chica?"

Le dije: "No voy a cortarme los pelos. Si alguien me dice: 'Córtate los pelos', nunca me los cortaré".

Esa fue la única vez que se enfadó y me dio una bofetada. Yo no dije nada, simplemente fui a la peluquería y les dije que me afeitaran completamente la cabeza.

Se quedaron perplejos, porque en aquellos lugares sólo se afeita completamente la cabeza de un niño cuando muere su padre. Dijeron: "¿Qué preguntas?".

Le dije: "¡Hazlo tú!"

Le preguntaron: "¿Ha muerto tu padre?".

Dije: "¡Sí!" Así que lo hicieron.

Cuando volví y mi padre vio lo que había hecho me dijo: "¿Qué has hecho?".

Le dije: "O tengo que tener el pelo largo o no quiero tenerlo".

Dijo: "¡Pero ahora me crearás más problemas!".

Le dije: "Eso es asunto tuyo. Tú creaste".

Y entonces la gente empezó a preguntar: "¿Qué le ha pasado al padre del chico? ¿Ha muerto su padre?"

Y me dirá: "Yo soy su padre". Y me dirá: "Vete a otra parte. ¿Por qué sigues sentado aquí?"

Le dije: "¡Me sentaré aquí!".

Me dijo que "nunca te castigaré. He comprendido que este camino no va a funcionar contigo". Y cumplió su palabra. En toda su vida nunca me castigó por nada, hiciera lo que hiciera. De hecho, comprendió que era mejor no decirme nada, porque si me dices: "No lo hagas", lo voy a hacer; entonces era absolutamente seguro. Puede que lo haga aún más, o que llegue incluso al extremo.

Así es como funciona el ego creciente del niño. Esa es la única forma de que crezca el ego: diciendo que no, haciendo lo que está prohibido. Si el niño sigue diciendo sí, sí, a todo, a los padres, nunca tendrá ego, pero entonces se habrá perdido algo tremendamente significativo. No tendra ego y nunca sabra lo que es la falta de ego. Ese es el problema: sin tener ego nunca entenderás la belleza de la ausencia de ego. Primero el ego tiene que ser creado, primero el ego tiene que ser fortalecido, y cuando el ego es maduro tiene que ser abandonado. Entonces, ¡la explosión!

La conciencia sigue diciéndote lo que debes hacer y lo que no. Si eres lo bastante valiente, harás exactamente lo que te han dicho que no hagas. Y eso es lo que deberían hacer todos los niños. Si no eres valiente, si eres cobarde, te convertirás en un hipócrita. Y el hipocrita nunca sabra lo que es el ego y tampoco sabra lo que es la falta de ego. Se perderá la dicha suprema de la vida, la explosión suprema del éxtasis.

El hipócrita es un perdedor, y la conciencia crea casi siempre hipócritas, porque es difícil luchar cada día, cada momento con todo el mundo - padres, profesores, sociedad, sacerdote. Tienes que seguir luchando. A menos que seas un luchador no tendrás ego suficiente para dejarlo caer; tu ego será tan pequeño que no valdrá la pena dejarlo caer.

DIJO EL MAESTRO, "SI TANTO SABES, ¿POR QUÉ NO TE PEGAS UN TIRO?".

Ahora ya no es sólo un diálogo ordinario, está adquiriendo algo misterioso. Se está volviendo misterioso, se está convirtiendo en una comunión. Hay una brecha. El cazador se ha dado cuenta de que está mal matar animales vivos; si matas a muchos o a uno es sólo una cuestión de cantidad. Pero lo malo es lo malo; más o menos no importa. ¿Y cuántos animales ha matado en su vida?

Viendo que ha tomado conciencia de todo el mal que ha hecho, de toda la destructividad, de toda la violencia... toda su vida no ha sido más que violencia, matar Todos los días ha estado matando animales; puede que haya matado miles de animales en toda su vida. Viendo que ahora ha tomado conciencia. ahora algo es posible:

EL MAESTRO DICE: "SI TANTO SABES, ¿POR QUÉ NO TE PEGAS UN TIRO?".

"¿No es hora de que te dispares a ti mismo en lugar de disparar a los animales?" Y Shih-kung comprendió, se sintió avergonzado. Sí, es cierto, ya ha hecho suficiente mal. Es un asesino. Es mejor pegarse un tiro.

DIJO: "EN CUANTO A PEGARME UN TIRO, NO SÉ CÓMO PROCEDER".

Pregunta: "¿Puedes enseñarme?" Pregunta: "¿Puedes ayudarme a proceder?"

"ESTE TIPO", EXCLAMÓ MA TZU, DE REPENTE, "¡HA PUESTO FIN HOY A TODA SU IGNORANCIA PASADA Y A SUS MALAS PASIONES!".

¿Qué ha ocurrido? Algo increíble, algo increíble. Porque Shih-kung dijo. Me gustaría... entiendo tu punto de vista. He hecho suficiente mal, no merezco vivir ni un solo momento más". Si esta comprensión ha llegado, entonces toda la ignorancia pasada ha terminado y todas las malas pasiones han desaparecido.

De un solo golpe, con una sola flecha, el Maestro ha matado a todo el rebaño - de todas las malas pasiones, de la ignorancia, de todas sus racionalizaciones, de todos sus argumentos, de todo su odio hacia los monjes budistas.

ENTONCES, SHIH-KUNG EL CAZADOR ROMPIÓ SU ARCO Y SUS FLECHAS Y SE CONVIRTIÓ EN ALUMNO DE MA TZU.

Esto no es un paso calculado, esto no es de negocios.

ENTONCES, SHIH-KUNG EL CAZADOR ROMPIÓ SU ARCO Y SUS FLECHAS...

Terminó. Cuando el Maestro declaró:

"¡ESTE HOMBRE HA PUESTO FIN HOY A TODA SU IGNORANCIA PASADA Y A SUS MALAS PASIONES!"

SHIH-KUNG... ROMPIÓ SU ARCO Y FLECHAS Y SE CONVIRTIÓ EN ALUMNO DE MA TZU.

Inmediatamente, al instante, ni una sola pregunta. Esto solía ocurrir en el pasado con mucha facilidad. Hoy también ocurre, pero más raramente. Aquí le ha pasado a mucha gente, pero cada vez es más raro, cada día más raro.

CUANDO ÉL MISMO SE CONVIRTIÓ EN MAESTRO ZEN, TENÍA UN ARCO Y UNA FLECHA LISTOS PARA DISPARAR, CON LOS QUE AMENAZABA A SUS MONJES CUANDO SE LE ACERCABAN CON UNA PREGUNTA.

PORQUE ERA CAZADOR -no era una persona con conocimientos, pero se había iluminado- no era capaz de filosofar ni de responder preguntas. Sólo conocía una respuesta. Su Maestro le cambió de un solo golpe. Su Maestro había acabado con todas sus preguntas con una sola flecha; había matado a todo el rebaño. Ha demostrado lo que ha dicho. Era un verdadero cazador.

Ha dicho: "Puedo matar a todo el rebaño con una flecha". Y a Shih-kung le dijo: "Entonces no eres cazador, si sólo puedes matar un animal con una flecha. ¿Qué clase de caza es ésa? No eres un maestro, sólo un aficionado. No presumas de cazador, eso no es nada. Si quieres aprender a cazar, te enseñaré lo que es la caza. Pero la verdadera caza comienza disparándote a ti mismo, matando el ego". Así que sólo conocía una respuesta a todas las preguntas, así que cualquier pregunta que le plantearan sus discípulos, él les amenazaba con la flecha y el arco.

SAN-PING FUE TRATADO ASÍ UNA VEZ.

EXCLAMÓ SHIH-KUNG...

San-Ping debe haber hecho alguna pregunta.

EXCLAMÓ SHIH-KUNG, "¡CUIDADO CON LA FLECHA!"

"Si haces una pregunta sólo conozco una respuesta: ¡Busca la flecha! Te mataré inmediatamente, aquí y ahora. Eso es lo que hizo mi Maestro y eso es lo que sé. Eso es todo lo que sé, y es suficiente, porque eso me ha transformado y eso te transformará a ti. No me voy a molestar por tus estúpidas preguntas".

PING SE ABRIÓ EL PECHO Y DIJO: "ÉSTA ES LA FLECHA QUE MATA; ¿DÓNDE ESTÁ LA QUE RESUCITA?".

Era la primera vez que alguien abría su pecho. De nuevo, otro encuentro de la misma calidad que ha ocurrido treinta años antes entre Shih-kung y Ma Tzu. El mismo encuentro después de treinta años está sucediendo de nuevo entre Shih-kung y San-ping. PING ABRIÓ SU PECHO Y DIJO: "De acuerdo, entonces tú matas. Si esa es la respuesta, entonces estoy dispuesto a aceptarla. Sólo aclara una cosa antes de matarme: ESTA ES LA FLECHA QUE MATA; ¿DÓNDE ESTÁ LA FLECHA QUE RESUCITA?".

KUNG GOLPEÓ TRES VECES LA CUERDA DEL ARCO. PING ARCO. KUNG DIJO: "HE ESTADO USANDO UN ARCO Y DOS FLECHAS DURANTE LOS ÚLTIMOS TREINTA AÑOS, Y HOY HE CONSEGUIDO ABATIR SÓLO A LA MITAD DE UN SABIO".

AHORA esta es una afirmación muy, tremendamente pregnante; tendrás que profundizar en ella. En primer lugar, según el Zen, según la psicología de los Budas, la mente tiene tres aspectos. Por eso Kung golpeó tres veces la cuerda del arco; eso simboliza tres aspectos de la mente.

Kung dijo: "Esta muerte ocurre en tres pasos. El primer aspecto es lo que conocemos como mente, razón, pensamiento. El segundo aspecto es lo que conocemos como corazón, sentimiento, emociones. El primer aspecto es masculino, el segundo aspecto es femenino. El primer aspecto es extrovertido, activo y agresivo, y el segundo aspecto es inactivo, introvertido y receptivo. El primer aspecto ha creado la ciencia, la lógica, la filosofía, la teología, etcétera. El segundo aspecto ha creado todas las artes, la poesía, la música, la danza, la literatura, la pintura, etcétera.

Y el tercer aspecto se llama el yo: trascender tanto lo activo como lo inactivo, lo extrovertido y lo introvertido; trascender la dualidad, sólo ser consciente de ambos. La filosofía hindú lo llama el ATMA, el yo supremo, y el hinduismo se detiene aquí. El jainismo también se detiene aquí, todas las demás religiones también se detienen aquí.

Según el Zen, detenerse aquí es ser sabio a medias.

Buda dice que aún queda algo; es el cuarto, que no es un aspecto de la mente. Incluso el tercero, el yo, es el ego más sutil; es el más sutil, pero es ego. La mente sigue ahí, muy silenciosa, ni activa ni inactiva, muy quieta, en estado latente, ni masculina ni femenina, en forma de semilla, pero sigue ahí. Puede ser reactivada por cualquier situación; no ha muerto.

Patanjali llama a este estado sabeej samadhi - samadhi con semilla. Y al cuarto lo llama nirbeej samadhi - samadhi sin semilla. El cuarto es llamado por todos los Budas simplemente el cuarto, turiya;

no se da ningún nombre, sólo el número, el cuarto. El cuarto significa la trascendencia de la trascendencia, ir más allá del más allá. Buda lo llama anatta - no-yo.

Sólo Gautam el Buda tocó el punto más alto. Por eso me gusta llamarla la psicología de los Budas. No la llamaré la psicología de los jainistas porque ellos se detienen en el yo, y no la llamaré la psicología de los vedanta porque ellos también se detienen en el yo Se han acercado mucho, han llegado casi, pero casi está todavía un poco lejos... sólo un paso más. Todavía están aferrados a la idea del yo Estos tres son la parte de la muerte. El Maestro mata a estos tres. Y el cuarto es la resurrección. Los tres son la crucifixión y el cuarto es la resurrección.

PING SE ABRIÓ EL PECHO Y DIJO: "ÉSTA ES LA FLECHA QUE MATA; ¿DÓNDE ESTÁ LA QUE RESUCITA?

¿DÓNDE ESTÁ EL QUE HACE RENACER?"

KUNG GOLPEÓ TRES VECES LA CUERDA DEL ARCO. PING ARCO.

Justo después de los tres se inclinó. Por eso Shih-kung dijo que sólo era medio sabio. Debería haber esperado un poco más para la cuarta.

KUNG DIJO: "HE ESTADO USANDO UN ARCO Y DOS FLECHAS..."

Un arco significa el yo y dos flechas significan la mente y el corazón, razón y emoción, pensamiento y sentimiento, masculino-femenino, yang-yin, Shiva-Shakti - toda la dualidad, el mundo de la dualidad, esos dos: lo positivo y lo negativo, el día y la noche, el verano y el invierno, la vida y la muerte. Lo que quieras, dondequiera que encuentres dualidad, eso significa las dos flechas. Y cuando vas más allá de la dualidad, eso significa el arco, el tercero, el yo.

Debería haber esperado un poco. Shih-kung iba a hacer eso - lo hizo.

SHIH-KUNG ROMPIÓ SU ARCO Y FLECHAS UNA VEZ MÁS...

Debería haber esperado a esto. Si hubiera esperado a esto y LUEGO se hubiera inclinado, habría sido un hombre completamente iluminado inmediatamente. Se detuvo en el tercero, donde el Vedanta se detiene, el Jainismo se detiene, el Cristianismo, el Islam, todos los caminos se detienen, porque parece que uno ha llegado. Es un estado hermoso, tremendamente hermoso. Uno siente que no puede haber nada más, pero lo hay.

Recuerda, a menos que desaparezcas totalmente, que no quede ni rastro de ti, que no quede ni siquiera la idea espiritual de ser -cuando hayas llegado al no ser, a la nada absoluta, al vacío, al espacio puro- sigue adelante. Sólo con el cuarto sabrás, sólo con el cuarto se revela la verdad, se conoce a Dios, se realiza Tao.

SHIH-KUNG ROMPIÓ SU ARCO Y SUS FLECHAS UNA VEZ MÁS, Y NUNCA VOLVIÓ A USARLOS.

Ha encontrado a su sucesor. Estaba esperando a su sucesor. El día que se encontró a sí mismo había roto su arco y sus flechas; ahora ha encontrado a alguien que puede llevar su llama adelante. Él

ha vuelto a romper su arco y su flecha. Algo tremendamente grande ha sucedido, pero un paso más será necesario.

San-ping ha hecho un gran trabajo en un solo instante, ha fallado por un solo paso. Tienes que recordarlo.

Un hombre está plenamente iluminado sólo cuando desaparece por completo, cuando no queda nada en su interior, cuando es como un bambú hueco y se convierte en una flauta y el todo empieza a cantar a través de él.

Cuando la canción ya no es suya, entonces la canción es divina.

¡Despierta, Lázaro!

La primera pregunta
Pregunta 1:
MAESTRO,
¿REALMENTE RESUCITÓ JESÚS A LÁZARO?

La función del maestro es precisamente esa: llamar a los discípulos a la vida real; de ordinario están muertos. De ordinario sólo aparentas estar vivo; no te dejes engañar por la apariencia. Funcionas como un robot, eficientemente, pero no es vida. Aún no has probado la vida. La vida tiene el sabor de la eternidad, no del tiempo. El tiempo es la muerte.

En sánscrito tenemos una palabra para ambas cosas, para el tiempo y la muerte: kal. Es muy significativo. Debió de ser por la experiencia de los místicos. El tiempo es la muerte. Vivir en el tiempo no es vivir en absoluto; ir más allá del tiempo es el comienzo de la vida.

Ese es el sentido de la parábola; es una metáfora. Lázaro representa a todos los discípulos, Jesús representa a todos los Maestros. y lo que ocurrió entre Jesús y Lázaro ocurre una y otra vez entre cada Maestro y cada discípulo. El discípulo vive en su tumba; el Maestro le llama, le despierta.

Pero los cristianos han intentado demostrar que la parábola es algo histórico; ahí es donde se equivocan. No hay que estirar demasiado las metáforas, de lo contrario pierden todo su sentido. No sólo que pierden significado, pierden belleza, poesía. Se vuelven feos, se convierten en tonterías. Y entonces la gente empieza a reírse de ellos, y sólo la gente muy crédula, la gente muy estúpida puede creer en ellos.

Nunca tomes las metáforas como hechos. No tienen nada que ver con la historia, pero sí con el mundo interior del hombre. El problema con el mundo interior es que no puede expresarse sin utilizar metáforas. Hay que recurrir a la poesía para expresarlo; incluso entonces sólo se expresa parcialmente, nunca se expresa totalmente. Se necesita un oído muy comprensivo y un corazón muy comprensivo para entender estas hermosas parábolas. No es necesario ser creyente.

Los creyentes crean problemas: extienden demasiado la metáfora y luego ellos mismos dan razones para que los no creyentes los critiquen. Ellos mismos se convierten en las víctimas y entonces no pueden defenderse racionalmente. Si se entiende esto, no hay ningún problema; si no se entiende, o se cree y se es estúpido o no se cree y también se es estúpido. En ambos casos no se comprende el significado, no se comprende el dedo que señala a la luna. Empiezas a discutir sobre el dedo, como si el dedo fuera la luna. Pocas personas empiezan a intentar demostrar que esto es la luna, y naturalmente provocan antagonismo; y hay personas que empiezan a demostrar que esto no es la luna. Y recuerda, la gente que prueba que esto no es la luna está destinada a ser más racional, más atractiva para la mente.

Por eso los teístas han estado librando una batalla perdida y los ateos han ido creciendo día a día. Ahora casi la mitad de la tierra pertenece a los ateos; todos los países comunistas son ateos. La religión se ha convertido en algo del pasado; no tiene ningún significado para la mitad del mundo, y la mitad restante tampoco es religiosa. Incluso las personas que son cristianas, hindúes, mahometanas, jainistas o budistas sólo lo son formalmente, porque han nacido en una determinada religión, se han criado en una determinada ideología y no tienen el valor suficiente para salirse del redil. Hay que tener agallas, es peligroso ir contra la multitud. Se comprometen; en el fondo saben que todo son tonterías. Incluso los cristianos saben que son tonterías. La historia del nacimiento virginal de Jesús no tiene sentido. La historia de Lázaro volviendo a la vida no es un hecho.

"¡Lázaro, Lázaro, despierta!" - silencio.

"¡Lázaro, Lázaro, despierta!" - No hay respuesta.

"¡Lázaro, Lázaro, despierta!"

Se oye un gemido y luego una voz desde la tumba:

"¡Cristo! ¡Sabes que si no me traes el puto café no me voy a levantar!".

Esto parece ser mucho más factual, en lugar de la estúpida historia que los cristianos siguen contando y elaborando y discutiendo.

Pero me encanta la parábola como parábola. Como parábola tiene significado, tremendo significado. Eso es lo que ocurre aquí. Vienes a mí como muerto; la vida en ti está sólo en forma de semilla. Tiene que ser llamada, provocada.

Justo el otro día te contaba que una sola vez mi padre me dio una bofetada, por culpa de mi pelo largo. Debía de tener diez años, no más. Fui y me afeité la cabeza. Ningún peluquero del pueblo lo habría hecho, porque es un pueblo pequeño; habría sido imposible convencer a nadie de que mi padre estaba muerto. Además, todas las peluquerías estaban justo enfrente de la tienda de mi padre, al otro lado de la carretera; podían ver desde allí, desde sus tiendas, que mi padre estaba vivo. Pero conocí a un hombre viejo y guapo que era adicto al opio. Estaba justo delante de la tienda de mi padre, pero siempre estaba medio dormido, y era un hombre agradable.

Cuando se lo dije se quedó de piedra. Miró a Mc y dijo: "Pobre chico, ¿así que tu padre ha muerto? Qué pena". Ni siquiera miró fuera de su tienda; podría haber visto a mi padre allí. Me afeitó la cabeza y, cuando le pregunté cuánto dinero quería por ello, me dijo: "No, no aceptaré ningún dinero de ti, tu padre ha muerto y lo siento por ti. Cuando quieras algún servicio mío puedes venir a verme y te lo haré gratis".

Le dije: "Pero no volveré a necesitarte porque mi padre ha muerto y no volverá a morir. Una persona sólo puede morir una vez".

Dijo: "Así es".

"Y no necesitaré sus servicios." Y de hecho, no he ido a ninguna peluquería desde entonces.

Y esta vez, cuando mi padre murió de verdad, un amigo me preguntó, me escribió una carta: "¿Qué vas a hacer al respecto? ¿Vas a afeitarte la cabeza?"

Le dije: "¡Yo lo hice por adelantado, hace cuarenta años! Y sólo se puede hacer una vez. Además, esta vez mi padre no ha muerto; de hecho, ha estado muerto hasta ahora. Esta vez ha entrado en la vida eterna; ha probado por primera vez lo que es la vida. No lo considero muerto: nunca ha estado más vivo".

Entonces la vida tiene un sentido totalmente distinto. Pero sería estúpido convertirlo en una facticidad; tiene una dimensión espiritual. Lázaro debe haber estado muerto, como todo el mundo está muerto. A menos que te ilumines estás muerto, a menos que sepas quién eres estás muerto. En el momento en que sabes quién eres, en el momento en que tu luz interior explota y la oscuridad desaparece, te vuelves vivo, y por primera vez. Entonces ya no hay nacimiento ni muerte. Has ido más allá del tiempo, has saboreado la eternidad. Lázaro debe de haber saboreado la eternidad a través de Jesús: ése es el sentido de la parábola.

Por supuesto, los cristianos no estarán de acuerdo con mi interpretación.

Unos días antes, desde Alemania... La Iglesia Protestante de Alemania ha publicado un folleto contra mí en el que dicen que la gente puede ser engañada por mis palabras porque hablo de Jesús y doy bellas interpretaciones a las palabras de Jesús, pero esas interpretaciones no son cristianas -¡como si tuvieran que ser cristianas, sólo así pueden tener razón! ¡Como si los cristianos tuvieran derechos de autor sobre Jesús! ¡Jesús pertenece a todos! Por supuesto, mi interpretación es mi interpretación. ¿Quién dice que es cristiano? Incluso si dicen que es cristiano, ¡lo negaré! No es cristiano, es mi interpretación, es mi visión. Pero yo conozco a Jesús más directamente que los cristianos. Ellos lo conocen a través de las escrituras, lo conocen a través de la erudición.

El hombre que ha escrito el folleto tiene un doctorado, un D.Litt., un D.D. - debe ser un gran erudito. Pero él mismo se ha confundido porque debe haber leído todos mis libros. No puede decir realmente que estoy en contra de Jesús. Eso es lo que tengo que decir, que ese hombre tiene cierta sinceridad: no puede decir directamente que estoy en contra de Jesús, tampoco puede decir que estoy equivocado. Todo lo que puede decir es que estoy enraizado, profundamente enraizado, en el misticismo oriental, que mi orientación es el misticismo oriental y no el cristianismo, de ahí que los cristianos tengan que ser conscientes de mis interpretaciones.

Pero el propio Jesús estaba profundamente arraigado en el misticismo oriental. Pertenecía a una escuela mística de esenios; viajó por todo Oriente. No era cristiano. Era un hombre como yo: ni yo soy cristiano ni él era cristiano. A él lo crucificaron los judíos y a mí me pueden matar los hindúes. Se han esforzado por matarme; seguirán esforzándose por matarme, por la sencilla razón de que cuando se afirma la verdad, la gente que ha estado viviendo de mentiras se asusta; les entra un gran miedo. Sus cimientos se tambalean.

Cuando digo algo sobre Jesús, en realidad estoy hablando de mí mismo, porque no veo ninguna diferencia. Hablo desde la misma fuente, desde la misma experiencia, desde la misma luz.

Esto es lo que me gustaría decir, Ananddas: Lázaro debe haber sido llamado de la muerte por Jesús. ¿Y por qué sólo Lázaro? Muchas personas debieron ser llamadas por él; Lázaro es sólo un representante, pero eso no significa un fenómeno de hecho.

Evita los hechos en la medida de lo posible cuando intentes comprender a Buda, Jesús, Zaratustra, Lao Tzu: evita la facticidad. A ellos no les preocupan los hechos, y eso tampoco significa que lo que se dice sea ficción; no es ni hecho ni ficción. Es una forma poética de expresar cosas que son inexpresables, esencialmente, intrínsecamente inexpresables. Hay cosas que sólo se pueden insinuar; estas parábolas son formas de insinuar. No te las tomes demasiado en serio, tómatelas a la ligera. Disfrútalas e intenta descubrir su significado. Y no te preocupes en absoluto de si tal incidente ocurrió o no.

Conviene recordar que Oriente nunca se ha interesado por la historia, nunca la ha escrito. Sólo cuando entró en contacto con Occidente empezó a interesarse por la historia. Por lo demás, Oriente nunca ha escrito historia, por la sencilla razón de que la historia es basura. ¿Qué sentido tiene escribir cosas corrientes, hechos? Hemos escrito lo esencial, y hay una diferencia entre lo accesorio y lo esencial.

Ve a un templo jainista y verás allí veinticuatro estatuas de teerthankaras jainistas -las personas que son como Jesús, Buda, Zaratustra- y te sorprenderás, todas son exactamente iguales.

No es posible; no puedes encontrar veinticuatro personas exactamente iguales. Ni siquiera los jainistas pueden distinguir quién es quién. No pueden decirte quién es Mahavira y quién es Neminath y quién es Parshwanath y quién es el primero y quién es el último, porque se parecen absolutamente - las mismas caras, las mismas narices, los mismos ojos, los mismos cuerpos, la misma postura. Para distinguir que son personas diferentes, los jainistas han descubierto símbolos. Cada estatua tiene un pequeño símbolo; el símbolo muestra un león o algo que indica de quién es la estatua.

¿Por qué los han hecho iguales? Ciertamente no son históricas. Son iguales porque los escultores jainistas no se preocupaban por la historia, sino por los fenómenos internos. Habían alcanzado la misma experiencia - ¿cómo representarla? y ¿cómo representarla en mármol? Ellos

han alcanzado la misma quietud, el mismo centrado, el mismo enraizamiento, la misma cristalización. De ahí que las mismas estatuas -la misma postura, el mismo cuerpo representa algo del interior-, el mismo estado espiritual, el mismo samadhi.

Te sorprenderás viendo a esos veinticuatro teerthankaras y sus estatuas, sobre muchas cosas.

Verás que sus orejas son muy grandes, sus lóbulos tocan sus hombros. No se pueden encontrar orejas tan largas. Esto representa algo. Dice que estas personas alcanzaron su último estado de conciencia escuchando absolutamente: escuchando el canto de los pájaros, escuchando el viento que pasa entre los pinos, escuchando el sonido del agua, escuchando en silencio todo lo que sucede a su alrededor.

Escuchar era su método. Así como el método budista consiste en observar la respiración, el método jainista consiste en escuchar los sonidos. Escuchar correctamente es suficiente. Si uno puede escuchar sin que la mente parlotee en su interior, si la mente se calma completamente... este perro ladrando lejos o los pájaros piando. Si puedes escuchar sin pensar siquiera que es un perro ladrando, que son pájaros piando, sólo escuchar sin pensar, sin interpretar, alcanzarás reinos de silencio más y más profundos; alcanzarás la conciencia última.

Cualquier tipo de conciencia conduce a lo último. Ahora, la conciencia puede venir de cualquier sentido de los cinco. Puedes escuchar música y lo harás... puedes escuchar cualquier cosa y lo harás. Puedes ver las nubes y las puestas de sol y los pájaros volando en el cielo y lo verás. Lo único que hay que recordar es que la mente no debe funcionar; los sentidos no deben estar nublados por la mente.

Para representar esto, las orejas largas. Ahora, ¿cómo representar en mármol el método de escucha?

Esta es una hermosa representación. Pero hay eruditos jainistas tontos, tan tontos como los cristianos, que piensan que todo teerthankara tiene orejas tan largas; sin orejas tan largas nadie puede ser un teerthankara. Teerthankara significa exactamente lo mismo que Buda o Cristo; esa es la terminología jainista. Ahora nadie tiene orejas tan largas, por lo tanto nadie es un teerthankara. Esto es estupidez, no comprensión, no ningún enfoque comprensivo. Y entonces puede ser criticado muy fácilmente.

Estos supuestos creyentes ayudan de hecho a los no creyentes, porque les dan causas para rebatir, para argumentar en contra de la religión.

Mi enfoque es el de un poeta, no el de un historiador.

La segunda pregunta

Pregunta 2:

MAESTRO,

TAN A MENUDO LLEGO AL PUNTO EN QUE YA NO HAY SENTIDO, VALOR NI SIGNIFICADO EN MI VIDA. TODO LO QUE EMPIEZO A HACER ME LLEVA A ESTE PUNTO.

Y LOS RÍOS Y OCÉANOS QUE CONOZCO SON RÍOS Y OCÉANOS DE ILUSIONES, SUEÑOS Y FANTASÍAS, QUE NO TIENEN NADA QUE VER CON EL TAO.

POR FAVOR, ME PODRIAS AYUDAR A ENTENDER TODOS ESTOS CIRCULOS ILUSORIOS.

LA VIDA VIVIDA INCONSCIENTEMENTE NO PUEDE TENER NINGÚN SENTIDO. De hecho, la vida no tiene sentido en sí misma El sentido surge cuando surge la conciencia en ti; entonces la vida refleja tu conciencia, entonces la vida se convierte en un espejo, entonces la vida se hace eco de tu canción, de tu celebración, de tu música interior. Al oír esos ecos empiezas a sentir significado, sentido, valor.

Vivir una vida inconsciente puede ir cambiando de un trabajo a otro; no va a servir de nada.

Puede que durante unos días, cuando el trabajo es nuevo y hay ilusión, te sientas bien. Puede que vuelvas a proyectar tus ilusiones, puede que empieces de nuevo a esperar: "Esta vez va a suceder. Tal vez no haya sucedido hasta ahora, pero esta vez va a suceder". De nuevo te sentirás frustrado. Toda expectativa está destinada a traer frustración.

Un hombre consciente vive sin expectativas, por lo que no puede sentir nunca ninguna frustración.

Tarde o temprano, cuando se acabe la luna de miel, te sentirás frustrado. ¿Y cuánto puede durar la luna de miel? Y cada vez la frustración será mayor porque tus fracasos se acumulan; se está convirtiendo en una montaña. Y has fracasado tantas veces que en el fondo, en algún lugar, el miedo acecha siempre; incluso cuando estás de luna de miel, en el fondo está el miedo de que no vaya a ser muy diferente. Esperas contra toda esperanza. Tienes que tener esperanza de vivir, de lo contrario tendrás que suicidarte.

Así que la gente sigue cambiando de trabajo, de aficiones, de mujer, de marido, de religión. Cambian todo lo que pueden cambiar, con la esperanza de que esta vez ocurra algo. Pero a menos que cambies, no pasará nada.

No se trata de cambiar algo en el exterior: ¡tú sigues siendo el mismo!

He oído hablar de un hombre que se casó ocho veces, y estaba perplejo: cada vez, después de cuatro, cinco, seis meses, descubrirá que, por supuesto, el cuerpo es diferente, pero la mujer que ha encontrado es exactamente la misma que la anterior - el mismo tipo de mujer. No podía creer lo que estaba ocurriendo.

Volverá a cambiar; buscará otra mujer con otra nariz, con otro color, con otro peinado, tal vez de otra raza, de otro país, pero al final descubrirá que sólo las capas externas son diferentes, pero la estructura interna de la psique de la mujer es la misma.

La razón está clara - no estaba clara para él, pero la razón está clara. El que elegía era el mismo, su gusto era el mismo. Siempre le gustará cierto tipo de mujer, y su gusto era inconsciente; ni siquiera era consciente de por qué le gustaba esa mujer. Cuando te enamoras de una mujer o de un hombre, ¿sabes por qué, cómo? No eres consciente en absoluto. No eres consciente de tu propio funcionamiento.

Yatri lleva muchos años enamorado de Sarita, pero no creo que sea consciente de por qué la ha amado. Hace apenas un año se separaron y él lo intentó con otras mujeres, pero no funcionó.

De nuevo se unieron; ahora se han vuelto a separar. Ahora se ha enamorado de Divya y no sé si es consciente: hay cierta similitud entre Sarita y Divya - ¡ambas son mujeres esotéricas! ¡Y a Yatri le impresionan inmensamente las tonterías esotéricas! Ahora Divya es sólo una Sarita más grande. ¡De alguna manera ha salido del pozo y ha caído en la zanja! Tendrá múltiples fracturas.

A menos que tomes conciencia de por qué haces una determinada cosa, por qué eliges a una determinada persona, determinadas

trabajo, cierto empleo, cierta mujer, cierto hombre, estás destinado a permanecer frustrado. Una y otra vez te perderás el sentido de la vida.

La vida es sólo un lienzo vacío; tienes que pintar el significado en él. Lo que pintes será su significado.

Ingo, lo primero que me gustaría decirte es: ahora en lugar de cambiar las cosas - cualquier dirección exterior, dimensión - cambia tu conciencia. El cambio tiene que ser interior; sólo el cambio interior puede cambiar algo. De lo contrario, todos los cambios son falsos, pseudo... parece que algo está cambiando, pero nada cambia nunca. Hazte consciente.

Tú dirás:

LOS RÍOS Y OCÉANOS QUE CONOZCO SON RÍOS Y OCÉANOS DE ILUSIONES, SUEÑOS Y FANTASÍAS, QUE NO TIENEN NADA QUE VER CON EL TAO.

No, no lo sabes. Lo has oído y puede que lo hayas creído. Todos los días te digo que vives en ilusiones. Escuchándome una y otra vez empezarás a creerme; eso no va a servir de nada. No eres consciente de que vives en ilusiones, sueños y fantasías. Si esta es tu conciencia, el cambio es inmediato; entonces no harás la pregunta en absoluto.

Conocer lo falso como lo falso es conocer lo real. Son dos aspectos de la misma moneda, no son diferentes. Si conoces lo falso como falso, en ese mismo conocimiento has conocido lo real como real. Es una experiencia simultánea. Si puedes reconocer lo falso debes haber reconocido lo real, de lo contrario ¿cómo vas a reconocer lo falso?

Una persona que está soñando no puede saber que esto es sueño. Y si dice en su sueño que esto es sueño, eso significa simplemente un sueño dentro de un sueño, nada más. Puedes soñar dentro de sueños dentro de sueños; pero si realmente sabes que esto es un sueño, el sueño se evaporará inmediatamente, desaparecerá. La pregunta no habría surgido. La pregunta surge porque sigues aferrado a las expectativas.

Sí, estás dispuesto a aceptar que las expectativas pasadas eran falsas, pero las expectativas que ahora mismo te rodean, te seducen, ¿son falsas?

"Anoche me pasó algo terrible", le dice Mario a su amigo.

"¿Pero no fue ayer tu cumpleaños?"

"¡Sí! Cuando llegué a mi oficina ayer por la mañana, mi secretaria me invitó a ir con ella a su casa".

"¿Y llamas a eso terrible? Es preciosa".

"Déjame terminar. A las siete en punto estaba en su puerta con un ramo de rosas. Ella abrió la puerta, vestida con un hermoso vestido escotado..."

"¿Y después? ¿Qué pasó entonces?", pregunta ansioso el amigo.

"Bueno, me ofreció un martini, puso música suave y luego me susurró: 'Tengo una sorpresa para ti. Ven a mi habitación dentro de diez minutos'".

"¿Y qué hiciste?", pregunta el amigo.

"Bueno, a los diez minutos entré... y allí estaban todos mis colegas cantando: "¡Feliz cumpleaños a ti!"".

"¡Bueno, eso no fue tan terrible!"

"¿Ah, sí? Me hubiera gustado que estuvieras en mi lugar... ¡Estaba desnuda!"

La gente sigue viviendo con expectativas, ilusiones. Una ilusión se rompe e inmediatamente empiezan a vivir en otra ilusión. Nunca llegan a ser realmente conscientes de que todo lo que tu mente proyecta va a ser ilusorio. Tu mente sólo puede crear ilusiones. Tu Dios es una ilusión, tu meditación es una ilusión, tu yoga es una ilusión, tu Tao es una ilusión, porque todo esto son proyecciones de tu mente. Son como el horizonte que parece tan cercano -uno puede alcanzarlo en una hora- pero uno nunca alcanza el horizonte. Sólo aparece, no existe. Si corres tras él, estarás corriendo eternamente y no lo encontrarás.

Un árabe se cruzó una vez con un hombre que caminaba por el desierto del Sáhara vestido sólo con un bañador.

"¿A qué distancia está el mar?", preguntó el hombre.

"A unas quinientas millas al norte", dijo el árabe.

"¡Que me jodan!", dijo el hombre, "¡tendré que quedarme en la playa!".

Ingo, si sigues viviendo en la mente tendrás que vivir en la playa, nunca llegarás al océano. No está ni a quinientas millas, no existe, es un espejismo.

No repitas clichés, intenta ver el sentido. No creas, intenta comprender. Deja de proyectar tus fantasías, sueños, expectativas sobre la vida. Olvídate completamente de eso. Todo el esfuerzo tiene que ser uno y único, y así es como se está despierto. Si estás despierto, entonces las cosas serán diferentes, totalmente diferentes.

Y no habrá necesidad de encontrar nada especial, de encontrar sentido; entonces en las pequeñas cosas de la vida hay sentido, hay un gran significado. Cada guijarro en la orilla del mar se convierte en un diamante.

Entonces hay sermones en cada piedra y canciones escondidas en cada roca y escrituras por todas partes, porque el mundo está lleno de Dios, rebosante de piedad.

Y estás sediento de sentido por la sencilla razón de que no estás mirando lo que es, y no puedes mirar lo que es porque estás profundamente dormido.

¡Despierta! ¡Ingo, despierta! Sal de tu tumba. La inconsciencia es tu tumba. Y entonces sabrás lo que es la vida y lo hermosa que es y lo dichosa que es y qué bendición y qué regalo de Dios.

La tercera pregunta

Pregunta 3:

MAESTRO,

¿PUEDE EL HOMBRE REÍR INCLUSO ANTE LA MUERTE?

Narendra,

DEPENDE. Hay personas que no pueden reír ni siquiera cuando la vida les derrama toda su alegría; permanecen serias, apagadas, muertas. Las flores siguen lloviendo sobre ellos; no miran esas flores, no se sienten agradecidos. Han olvidado por completo el lenguaje de la gratitud. Han olvidado reír.

Pero un hombre alerta y consciente, un hombre que es un hombre en el sentido real -integrado, centrado, con los pies en la tierra- se reirá ante la muerte.

Mansoor se reía cuando lo mataban. Se reía tan fuerte que los que lo estaban matando no podían contener su curiosidad. Le preguntaron: "Mansoor, ¿qué te pasa? ¿Estás loco o qué? ¿Por qué te ríes?

Me río porque estás matando a otra persona. Este cuerpo no es Mansoor, yo no soy él. Si crees que he cometido un crimen al declararme Dios, entonces castígame. ¿Por qué castigas a este cuerpo? Este pobre cuerpo no ha hecho nada. ¿Por qué me cortas las piernas y las manos?

Es como castigar la casa de un hombre que ha cometido un delito: esto es pura estupidez. Por eso me río".

Aquellas personas debieron sentirse muy avergonzadas. Y finalmente cuando iban a cortarle la lengua...

porque Mansoor fue asesinado de una forma mucho más inhumana que Jesús. Le cortaron trozo a trozo: le cortaron las piernas, luego las manos, le sacaron los ojos, le cortaron la nariz, le cortaron la lengua y le cortaron la cabeza. Nadie antes ni después ha sido torturado de una manera tan cruel.

Antes de que fueran a cortarle la lengua volvió a reír mirando al cielo. No pudieron contener de nuevo su curiosidad, porque ahora no les miraba a ellos, miraba al cielo.

Y dijeron: "Os habéis reído de nosotros, ahora ¿por qué os reís y de quién?".

Dijo: "¡Me río de Dios! Me río de Dios porque le digo: 'No puedes engañarme. Aunque vengas en forma de estos carniceros, te conozco, te reconozco, te amo, te adoro, porque incluso en estas manos que me están cortando y matando está tu energía y la de nadie más. Has venido a mí de formas hermosas; ahora has venido de una forma cruel sólo para ponerme a prueba, si Mansoor puede reconocerte de esta forma o no'. Me río de él. Le digo: "Puedo reconocerte de cualquier forma que vengas. Una vez que te haya reconocido, te habré reconocido para siempre'".

Narendra, depende. Se sabe que los Maestros Zen mueren de forma muy bromista, como si la muerte fuera una broma. De hecho, es una broma.

Una tribu salvaje de caníbales africanos baila enloquecida alrededor de la gran olla donde cocina el padre Dupont, cuando de repente el maestro zen estalla en carcajadas.

Sigue riendo y riendo hasta que el jefe, incapaz de contener por más tiempo su ira, se abalanza sobre la olla: "¿De qué te ríes?"

Al cabo de un rato, el Maestro consigue decir, medio ahogándose de risa: "¡Me acabo de cagar en la sopa!".

La cuarta pregunta

Pregunta 4:

MAESTRO,

¿CÓMO ENSEÑAR A LOS NIÑOS A SER MORALES Y RELIGIOSOS?

Krishnaraj,

¿ESTÁS LOCO? ¿Me lo preguntas a mí o al Ayatolá Jomaníaco? ¿A quién se lo preguntas? Deberías ir al Ayatolá Jomaníaco.

Enseño una religión sin religión y enseño una moral amoral. Será casi imposible para ti, Krishnaraj, comprenderlo. Tu misma pregunta demuestra que no conoces en absoluto mi visión, mi forma de ver las cosas.

Lo primero: a los niños no hay que enseñarles religión ni moral; hay que aprender de ellos porque están mucho más cerca de Dios que tú. Ellos acaban de llegar de la casa de Dios; todavía llevan la fragancia. Tú has olvidado completamente, ellos aún no han olvidado; les llevará tiempo olvidar. Les llevará tiempo ser condicionados por ti y destruidos por ti.

Y eso es lo que usted me pregunta: cómo destruirlos, cómo destruir su religiosidad, cómo destruir su moralidad, cómo destruir su autenticidad, cómo destruir su sinceridad; en resumen, cómo destruir su inteligencia.

La inteligencia es la fuente de toda religiosidad y moralidad, y los niños son más inteligentes que tú. Aprende de ellos en lugar de intentar enseñarles. Abandona esa estúpida idea de que tienes que enseñarles. Obsérvelos, vea su autenticidad, vea su espontaneidad, vea su vigilancia, vea lo despiertos que están, lo llenos de vida y alegría, lo alegres, lo llenos de asombro y admiración.

La religión surge de la admiración y el asombro. Si puedes sentir asombro, si puedes sentir admiración, eres religioso.

No leyendo la Biblia, el Gita o el Corán, sino experimentando el asombro. Cuando ves el cielo lleno de estrellas, ¿sientes una danza en tu corazón? ¿Ves surgir una canción en tu ser? ¿Sientes una comunión con las estrellas? Entonces eres religioso. No eres religioso por ir a la iglesia o al templo y repetir oraciones prestadas que no tienen nada que ver con tu corazón, que son sólo asuntos de la cabeza.

La religión es una aventura amorosa, una aventura amorosa con la existencia. Y los niños ya están en esa aventura. Lo único que hace falta por tu parte es no destruirlos. Ayúdales a mantener vivo su asombro, ayúdales a

siguen siendo sinceros, auténticos e inteligentes. Pero tú los destruyes. Eso es lo que quieres, en realidad, haciendo esta pregunta: "¿Cómo podemos enseñar...?"

La religión nunca puede enseñarse, sólo puede captarse. ¿Eres religioso? ¿Tienes la vibración de la religión a tu alrededor? Entonces no harás una pregunta tan estúpida. Entonces tus hijos la aprenderán sólo por estar contigo. Si te ven con lágrimas de alegría viendo una puesta de sol, seguro que les afecta; se callarán. No hace falta que les digas que se callen; verán las lágrimas y entenderán el lenguaje. Verán el carácter sagrado de tus lágrimas y se callarán por sí mismos.

Se sentarán en silencio a tu lado. También observarán las estrellas, la puesta de sol o la luna.

¿Te han visto bailar alrededor de un rosal cuando las rosas se han abierto por la mañana temprano y el aire es fragante? ¿Te han visto bailar alrededor de las rosas? Te preguntarán: "¿Podemos participar también nosotros? ¿Podemos también bailar CONTIGO?".

De hecho, si quieren bailar les dirás: "¡Déjate de tonterías! Venid al templo conmigo y arrancad todas las rosas para que podamos ofrecérselas a Dios.'l ¿Esto es religión? Las rosas ya estaban ofrecidas a Dios; ya bailaban con la brisa, al sol. Arrancándolas las has matado.

¡Has matado a las rosas vivas y ahora vas a ofrecérselas a un Dios muerto! Un Dios estúpido que has hecho, inventado. Sólo una piedra que has pintado y puesto en un templo. Por supuesto, este tipo de religión tiene que ser forzada porque los niños son personas inteligentes, muy inteligentes. Se resisten a este tipo de imposición. Esto es tratar de destruir su libertad y destruir su inteligencia.

Observa la inteligencia de los niños. Y siempre que encuentres inteligencia, alégrate de ella y ayúdales y diles que "Este es el camino por el que debes seguir avanzando".

Papá criticó el sermón, mamá pensó que el organista cometió muchos errores. A la hermana no le gustó el canto del coro. Pero se lo pensaron mejor cuando el hijo pequeño dijo: "Aún así, fue un buen espectáculo por veinte peniques".

El dueño de una granja de pollos quería que su hijo se portara mejor, así que ideó una lección objetiva.

"¿Ves, hijo mío? Las gallinas que eran malas se las comió un zorro".

"¿Y?", respondió su hijo. "¡Si hubieran sido buenos, nos los habríamos comido!".

Dos niños de seis años examinaban un cuadro abstracto en una tienda de regalos. Mirando una mancha de pintura:

"¡Huyamos", dijo uno, "antes de que digan que lo hicimos nosotros!".

Un padre volvió a casa de su jornada habitual en la oficina y se encontró a su hijo pequeño en la escalera de entrada con cara de pocos amigos.

"¿Qué te pasa, hijo?", preguntó.

"Que quede entre nosotros", dijo el chico, "simplemente no me llevo bien con tu mujer".

Un padre llevó a su hijo pequeño a la ópera por primera vez. El director empezó a agitar la batuta y la soprano comenzó su aria. Al final, el niño preguntó: "¿Por qué la golpea con la batuta?".

"No la golpea, sólo la agita en el aire", responde el padre.

"¿Entonces por qué grita?"

Basta con observar un poco a los niños pequeños para darse cuenta de su inteligencia.

Johnny acababa de llegar a casa después de su primer día de colegio.

"Bueno, cariño", le preguntó su madre, "¿qué te han enseñado?".

"No mucho", respondió el niño. "Tengo que irme otra vez".

Un niño llegó a su primer día de colegio en Estados Unidos. Como era un inmigrante italiano, no hablaba nada de inglés. Así que el director de la escuela anunció que todo aquel que supiera hablar italiano se presentara en la oficina.

Pronto apareció un joven desaliñado. "¿Hablas italiano?", le preguntaron.

"¡Claro!", dijo el chico. "Vivo en un barrio italiano; lo hablo todo el tiempo".

"Bien", dijeron. "Necesitamos su ayuda para traducir. Primero pregúntale cómo se llama".

"Vale. ¡Eh, chico! ¿Cómo te llamas?"

¡Y así fue! Eso es suficiente italiano.

Si observas a los niños pequeños, su inventiva, su inteligencia, su constante exploración de lo desconocido, su curiosidad, su indagación, no necesitas enseñarles ninguna creencia.

¿Y qué es la religión en tu mente, Krishnaraj? - Enseñar ciertas creencias. Y ninguna creencia es religiosa, todas las creencias vuelven estúpida a la gente. La religión es una experiencia, no una creencia. Los harás hindúes o mahometanos o cristianos, pero eso no es hacerlos religiosos. Y, de hecho, no te interesa hacerlos religiosos; te interesa hacerlos hindúes, mahometanos o cristianos. Queréis que pertenezcan a vuestro redil y tenéis miedo de su inteligencia. Queréis matarla y destruirla antes de que sea demasiado tarde, antes de que empiecen a rebelarse, antes de que empiecen a pensar por sí mismos. Es un gran crimen obligar a los niños a adoptar cualquier creencia religiosa. Ayúdales a comprender y diles que encuentren su religión.

Ustedes no permiten que los niños voten; para la ideología política tienen que esperar veintiún años, luego piensan que están lo suficientemente maduros para votar. Y para la ideología religiosa ya están maduros cuando tienen cinco o cuatro años. ¿Crees que la educación religiosa es de menor grado que la educación política? ¿Crees que para pertenecer a un partido político se necesita más inteligencia, más madurez, que para pertenecer a una religión? Si veintiún años es la edad para la madurez política, entonces al menos cuarenta y dos años debería ser la edad para la madurez religiosa. Antes de los cuarenta y dos años nadie debería elegir ninguna religión Buscar, explorar y explorar por todas partes, explorar en todas las direcciones posibles.

Y cuando decides tu religión por ti mismo tiene un significado: cuando te la imponen es una esclavitud; cuando la eliges, es un compromiso, es implicación.

El folleto protestante del que acabo de hablar también menciona un hecho: que hay que aprender una cosa del Maestro y sus sannyasins: que por qué se sienten tan comprometidos. por qué se sienten tan implicados, tan profundamente enamorados. Ningún cristiano parece estar tan profundamente enamorado de Cristo. ¿Por qué están tan enamorados de su propio Maestro? Debe haber alguna razon detras que tiene que ser explorada.

La razón es clara: sannyas no se te impone, tú lo has elegido. Lo mismo ocurrió con los discípulos de Jesús, con los discípulos de Buda. Pero sólo ocurre cuando el Maestro está vivo; cuando el Maestro se ha ido...

De hecho, los niños deberían poder elegir sus propios maestros. Los padres no deberían imponer su propia ideología a sus hijos. Si realmente amas a tus hijos, no les enseñes ninguna religión. Sí, dales la sensación de ser religiosos, dales la sensación de rezar. Y eso no se lo puedes dar diciéndoles cómo rezar, sino simplemente rezando tú mismo. Si te ven rezando, se contagiarán. La oración es contagiosa. Empezarán a preguntarte: "¿Cómo podemos participar también en la oración?".

Si te sientas a meditar y ellos ven el silencio y la serenidad y la quietud que te rodean y una cierta aura que surge de la meditación, una cierta radiación, es normal que se interesen por ello. Siempre se interesan por todo lo nuevo.

Y la moralidad es un subproducto de la religión. Cuando uno siente en el corazón que surge la religión, que se produce una relación, una comunión con la existencia, se vuelve moral. No es una cuestión de mandamientos, no es una cuestión de deberes y no-deberes; es una cuestión de amor, de compasión.

Cuando estás en silencio, surge una profunda compasión por toda la existencia, y de esa compasión uno se vuelve moral. Uno no puede ser cruel, no puede matar, no puede destruir. Cuando estás en silencio, dichoso, empiezas a convertirte en una bendición para todos los demás. Ese fenómeno de convertirse en una bendición para todos los demás es la verdadera moralidad.

La moralidad no tiene nada que ver con los llamados principios morales. Estos supuestos principios morales sólo crean hipócritas: sólo crean pseudo-personas, personalidades desdobladas. Una humanidad esquizofrénica ha surgido debido a miles de sacerdotes, llamados santos y mahatmas y sus continuas enseñanzas: "Haz esto, no hagas aquello". No se te ayuda a ser consciente, a ver lo que está bien y lo que está mal. No se te dan ojos, simplemente se te dan instrucciones.

Mi esfuerzo aquí es ayudar para que puedas abrir tus ojos - destapar tus ojos, quitar todo tipo de cortinas de tus ojos, para que puedas ver lo que es correcto. Y cuando ves lo que es correcto estás obligado a hacerlo, no puedes hacer otra cosa. Cuando ves lo que está mal, no puedes hacerlo; es imposible.

La religión aporta claridad y la claridad transforma tu carácter.

Quinta pregunta

Pregunta 5:

MAESTRO,

SOY RUSO. ¿ME CUENTAS AL MENOS DOS CHISTES SOBRE LOS RUSOS?

Darshan,

UN RUSO entra corriendo en la cabaña de un amigo y grita: "¡Los americanos han ido a la luna!".

"¿En serio?", dice su amigo extasiado. "¿Todos?"

Tres personas se sientan en un banco de la Plaza Roja de Moscú. Al cabo de un rato, una de ellas suspira pesadamente.

Unos instantes después, el segundo suspira con la misma fuerza. El tercero mira rápidamente a su alrededor con cara de preocupación y susurra:

"¡Sssh! No hables de política en público".

Y la última pregunta

Pregunta 6:

MAESTRO,

QUIERO SER CÉLIBE, UN PERFECTO BRAHMACHARIN.

POR FAVOR BENDÍCEME.

Sant Maharaj,

¿QUIÉN TOCARÁ LAS CAMPANAS DE JERUSALÉN? Y en la puerta necesitamos a alguien que siga tocando las campanas de Jerusalén. Espera un poco, no tengas tanta prisa. ¿Por qué quieres ser célibe?

Este deseo surge en cada indio - siglos de condicionamiento. También me gustaría que algún día fueras célibe, no por deseo sino por una profunda comprensión. Y el deseo nunca forma parte de la comprensión, recuérdalo. El deseo puede surgir de la frustración.

El sexo es a la vez una alegría y una tristeza, un éxtasis y una agonía. Hay que comprender esta paradoja; sin comprender esta paradoja nunca podrás entender el deseo del celibato, del brahmacharya. El sexo produce un éxtasis momentáneo; por un momento te transportas a otro mundo, el mundo de la intemporalidad. Por un momento te fundes con el otro, ya no eres un ego, de ahí el gran gozo, el gozo orgásmico. Pero esto es sólo por un momento, y luego todo se cierra de nuevo. Todas las puertas y ventanas que se habían abierto se cierran. El cielo y las estrellas que habías visto ya no están allí. Vuelves a tu oscuro calabozo. Es mucho más oscuro que antes porque ahora has probado algo del más allá.

Es como si en una noche oscura estuvieras pasando por la carretera y viniera un coche con los faros encendidos. De repente todo es luz por un momento, y el coche pasa de largo. Ahora la carretera es mucho más oscura que antes porque se puede comparar. Los ojos han conocido la luz; ahora la oscuridad parece, por contraste, muy oscura.

Antes de que se hiciera la luz te estabas acostumbrando a la oscuridad.

El sexo te da un éxtasis profundo, pero es momentáneo. Y entonces se produce una caída, una gran caída desde las alturas. Y la oscuridad te rodea, surge la angustia y empiezas a sentirte triste. Empiezas a sentir: "¿Qué sentido tiene todo esto?". Caes en un espacio negativo empiezas a pensar en contra del sexo. "¿Qué sentido tiene todo esto? Si es sólo momentáneo no vale la pena". Y ¡cuánto tiempo lo habías esperado, y cuánto y cuánto lo has esperado, y cuánto habías esperado de él! Y nada queda en tus manos, sólo un recuerdo, un recuerdo fugaz que se aleja rápidamente de ti. Y ahora estás en la oscuridad, en la angustia, en la agonía. Era mejor no haberlo sabido.

En esos momentos negativos surge el deseo del celibato, pero eso tampoco va a durar mucho, porque al cabo de veinticuatro horas habrías olvidado el momento negativo, la tristeza, la agonía. Eso también se habría convertido en parte de la memoria, habría retrocedido. De nuevo miras a una hermosa mujer, sus hermosas curvas, su bello rostro... y de nuevo el deseo. Y empiezas a esperar que quizás esta vez sea diferente. ¿Quién sabe? Y de nuevo te emocionas, te excitas.

En esos momentos te vuelves muy positivo respecto al amor.

Y esto seguirá sucediendo una y otra vez, es un círculo vicioso: después de lo positivo lo negativo, después de lo negativo lo positivo, como el día, o la noche. El día sigue a la noche, la noche sigue al día, y sigues girando en esta rueda. En Oriente la hemos llamado exactamente la rueda de la vida, y del nacimiento y de la muerte, la rueda de los polos opuestos. Hay subidas y bajadas y sigues adelante. Cuando estás arriba te sientes en la cima del mundo y piensas que todo eso era una tontería, el celibato y todo lo demás, todo eso era una estupidez. Pero cuando llegas al momento negativo empiezas a pensar que todo ese positivismo no era más que encaprichamiento. Y esto lo has hecho muchas veces y lo seguirás haciendo toda tu vida si no intentas comprender el círculo vicioso.

Así que no estoy diciendo que decidas nada cuando eres negativo. Si decides en tu negatividad te volverás negativo para la vida. Eso es lo que le pasó a las religiones en el pasado, se volvieron negativas para la vida.

Lo decidieron en el momento negativo. Entonces tienes que escapar a los monasterios; entonces tienes que ir a las montañas, a las cuevas. Y allí tampoco el sexo te va a abandonar tan fácilmente porque el sexo no es algo que esté fuera de ti, es algo que está dentro de ti. Es tu biología, tu psicología, tu fisiología; esas hormonas están dentro de ti. Están en tu sangre, en tus huesos, en tu médula. Ni siquiera está sólo en tu centro sexual, porque ha habido gente estúpida que se ha cortado los órganos sexuales para ser perfectamente célibe.

En Rusia había una secta cristiana que creía en la ablación de los órganos sexuales. Por supuesto, había una dificultad para la secta porque no podían reproducir hijos. Y toda secta quiere tener más y más gente, y si te cortas los órganos sexuales pronto tu seCta desaparecerá del mundo. Así que esa secta solía adoptar niños - niños de gente pobre, niños de mendigos que adoptaban. Y cuando esos niños se volvían jóvenes, sexualmente maduros, les cortaban sus órganos sexuales.

Cada año solían reunirse en un gran encuentro donde se realizaba esta ceremonia, y la gente se cortaba los órganos sexuales con frenesí, y cada vez más gente se sumaba al frenesí de la misma.

La gente es imitativa, muy imitativa; si uno hace algo, otros lo harán.

Las mujeres solían cortarse los pechos, y amontonarán los pechos y los órganos sexuales - cuanto más grande sea el montón, más virtud ha sucedido ese año. Dios ha estado muy complacido con ellos.

El sexo tampoco tiene nada que ver con el órgano sexual; puedes cortar el órgano sexual, el sexo permanecerá, porque el centro sexual existe en tu cerebro. El órgano sexual es sólo la extensión de ese cerebro

centro. Ahora han encontrado el centro en el cerebro. Ahora se puede hacer una pequeña ventana en tu cabeza y poner electrodos exactamente en tu centro sexual en el cerebro, y se le puede hacer cosquillas directamente y tendrás un orgasmo, sin la participación de ningún órgano sexual en ello. Y pronto, creo que no está lejos el día en que la gente llevará pequeñas cajas en sus bolsillos, electrodos dentro de sus cerebros.

Nadie sabrá nunca lo que estás haciendo, sólo verán la sonrisa en tu cara. Y parecerás tan dichoso, tan feliz, ¡como si te hubieras convertido en un Buda! Y todo lo que estás haciendo es pulsar un botón dentro de tu bolsillo. Y cada vez que pulses el botón, la corriente eléctrica que llega al centro sexual te hará cosquillas.

Eso es lo que ocurre cuando se hace el amor con una mujer: es sólo la liberación de semen lo que hace cosquillas en el botón. Se puede hacer de forma mucho más económica con tecnología científica; se va a hacer.

Ese día habréis acabado con el matrimonio, con la homosexualidad, con la heterosexualidad; habréis acabado con todo tipo de sexualidades. Sólo habrá un tipo de sexualidad; tendremos que encontrarle un nombre: ¡sexualidad de caja de cerillas o algo así! Como una caja de cerillas que se guarda en el bolsillo.

El único peligro es... ¿Por qué no se comercializa todavía? - Porque científicamente está demostrado, los experimentos han tenido éxito. La única razón por la que no se comercializa es que no habrá forma de evitar que la gente tenga miles de orgasmos cada día; dejarán de hacer todo lo demás. Ese es el único problema, porque el sexo tiene una limitación, una cierta limitación. Un hombre puede hacer el amor una vez al día o dos; depende de la edad: muy joven, tres veces al día. A medida que envejeces necesitarás cada vez más tiempo para recuperarte. Pero con esa caja de cerillas no hay problema: viejo, joven, incluso muerto, no hay problema. Otra persona puede seguir pulsando tu botón y el cadáver seguirá temblando. Sucede, de hecho sucede.

Hay arañas... mientras hacen el amor la araña hembra empieza a comerse al amante. Él está haciendo el amor, está encima de ella, y ella empieza a comérselo. ¡Las mujeres son peligrosas! Y empieza a comérselo por la cabeza; primero se come la cabeza porque así él no puede escapar. Pero él sigue haciendo el amor; la cabeza ya no está, pero ¿quién necesita cabeza? Cuando se trata de hacer el amor, ¿quién necesita la cabeza? - La cabeza se ha ido; poco a poco sus otras partes empiezan a irse, pero él sigue haciendo el amor. Lo que queda sigue temblando. La araña macho de esa especie hace el amor una sola vez. ¡Un poco de amor! ¡Un poco de totalidad! ¡Un poco de totalidad! ¡Santa araña!

Los experimentos que Skinner ha hecho sobre esto han demostrado que puede ser peligroso, porque en ratas han probado - entonces las ratas dejan de hacer todo. No comen, no se preocupan por dormir; siguen y siguen apretando el botón. Te sorprenderás: ¡seis mil veces por hora!

Por supuesto, en tres o cuatro horas la rata estaba muerta. Pero hasta que la rata muere, él sigue pulsando el botón. ¿A quién le importa ahora comer y dormir y cualquier otro tipo de conversación social, etcétera? - Conocer gente e ir al Rotary Club, todas esas tonterías, ¿a quién le importan? Ese es el peligro. Eso detuvo a Skinner, porque intentó muchos experimentos... no se puede detener. Una vez que la rata o cualquier animal con el que se ha experimentado lo sabe, entonces sigue y sigue.

El sexo irá contigo a tu monasterio, irá contigo a la cueva, porque está en tu cerebro.

El celibato no se producirá; sólo se producirá la perversión.

Sant, el celibato tiene que venir por sí mismo, no ser practicado y cultivado. Viene por sí mismo, pero entonces no es una decisión tomada en el momento negativo, entonces no es negativo para la vida; entonces es un fenómeno trascendental. Has visto una y otra vez lo positivo y lo negativo, y

habéis comprendido el truco natural que la naturaleza os está jugando. sois víctimas de la naturaleza.

La naturaleza quiere reproducir su especie, de ahí que haya puesto en tu interior una estrategia llamada sexo. Una vez comprendido esto por tu propia experiencia, el sexo empieza a desaparecer y surge un celibato, pero no impuesto, no practicado.

Sólo puedo bendecir un celibato así.

Tú pregúntame:

MAESTRO, QUIERO SER CÉLIBE...

Por favor, no lo desees. Repasa todas las experiencias de amor, positivas, negativas. Ve meditativamente, ve con plena conciencia hacia ellas. Y lentamente surgirá en ti una luz trascendental, una profunda comprensión. Y entonces no preguntarás "¿Cómo ser célibe?". Serás célibe.

Sólo puedo bendecir ese tipo de celibato.

Sólo puedo bendecir lo que ocurre por comprensión, no por cultivo. Estoy en contra del carácter, sólo estoy a favor de la conciencia. Si el carácter sigue a la conciencia, bien, pero la conciencia no debe seguir al carácter. Eso ha sido así hasta ahora, ya no puede ser así. El hombre ha alcanzado la mayoría de edad.

Ahora se necesita un tipo totalmente nuevo de enfoque científico hacia los problemas internos del hombre. Mi sannyas es un enfoque científico. No tiene nada que ver con las viejas religiones; es una religión del futuro. Mis sannyasins tienen que ser los heraldos del futuro.

Mis bendiciones están contigo, pero sólo cuando algo sucede en ti a través de la comprensión, no por el esfuerzo. Estoy en contra de todo esfuerzo.

La mente se va

UN DÍA, UN ÁNGEL, QUE VOLABA DE REGRESO AL CIELO, VIO BAJO ÉL UN FRONDOSO BOSQUE ENVUELTO EN UN GRAN HALO DE LUZ RESPLANDECIENTE. HABIENDO VIAJADO MUCHAS VECES POR EL CIELO, NATURALMENTE HABÍA VISTO NUMEROSOS LAGOS, MONTAÑAS Y BOSQUES, PERO NUNCA LES HABÍA PRESTADO DEMASIADA ATENCIÓN. HOY, SIN EMBARGO, NOTÓ ALGO DIFERENTE: UN BOSQUE RODEADO DE UN AURA RADIANTE, DE LA QUE IRRADIABAN HACES DE LUZ A TODAS PARTES DEL FIRMAMENTO. RAZONÓ PARA SUS ADENTROS: "¡AH, DEBE DE HABER UN SER ILUMINADO EN ESTE BOSQUE! BAJARÉ A VER QUIÉN ES".

AL ATERRIZAR, EL ÁNGEL VIO A UN BODHISATTVA SENTADO TRANQUILAMENTE BAJO UN ÁRBOL ABSORTO EN PROFUNDA MEDITACIÓN. PENSÓ PARA SÍ "AHORA DÉJAME AVERIGUAR QUÉ MEDITACIÓN ESTÁ PRACTICANDO". Y ABRIÓ SUS OJOS CELESTIALES PARA VER EN QUÉ OBJETO O IDEA HABÍA CONCENTRADO SU MENTE AQUEL YOGUI.

POR LO GENERAL, LOS ÁNGELES PUEDEN LEER LA MENTE DE LOS YOGUIS. PERO EN ESTE CASO, PARA SU SORPRESA, EL ÁNGEL NO PUDO ENCONTRAR NADA EN ABSOLUTO. RODEÓ Y RODEÓ AL YOGUI. Y FINALMENTE ENTRÓ ÉL MISMO EN SAMADHI, PERO

SIGUIÓ SIN ENCONTRAR NADA EN LA MENTE DEL BODHISATTVA.

FINALMENTE, EL ÁNGEL SE TRANSFORMÓ EN SER HUMANO, CIRCUNAMBULÓ TRES VECES AL BODHISATTVA, SE POSTRÓ Y DIJO:

"RINDO PLEITESÍA AL AUSPICIOSO; ¡TE RINDO HOMENAJE, OH SEÑOR DE TODOS LOS SERES SENSIBLES! POR FAVOR, DESPIERTA, SAL DEL SAMADHI Y DIME EN QUÉ ESTABAS MEDITANDO. DESPUÉS DE AGOTAR TODOS MIS PODERES MILAGROSOS, AÚN NO HE LOGRADO AVERIGUAR QUÉ HABÍA EN TU MENTE".

EL BODHISATTVA SONRIÓ. DE NUEVO EL ÁNGEL GRITÓ: "¡TE RINDO PLEITESÍA, TE RINDO HOMENAJE! ¿EN QUÉ ESTÁS MEDITANDO?" EL BODHISATTVA SE LIMITÓ A SEGUIR SONRIENDO Y PERMANECIÓ EN SILENCIO.

ES UNA DE LAS PARÁBOLAS MÁS HERMOSAS de todos los registros de la mitología Zen, del enfoque Zen de la vida, de la visión Zen de la verdad. Pero lo primero que hay que recordar es que es una parábola, un mito. Significa muchas cosas, pero no es un hecho histórico. Los ángeles no existen factualmente, pero tienen una gran importancia mitológica.

Ninguna mitología de toda la historia de la humanidad carece de la idea de los ángeles. Las religiones difieren casi en todo, pero todas tienen un lugar para el mito de los ángeles. Por lo tanto, debe haber algo significativo que no puede ser relatado sin traer el mito de los ángeles. Primero hay que entenderlo.

Se cree que el ángel es un mensajero divino. El hombre no existe en el vacío, no existe como una isla. Está en constante comunión con Dios, con el todo o con Tao. Puede ser consciente de ello, puede no ser consciente de ello - eso hará mucha diferencia. Pero el hecho sigue siendo cierto, seas consciente o no de ello, que el hombre está en constante comunión con la existencia. Eso es lo primero que representa el mito de los ángeles, que el hombre y la existencia están profundamente en comunión.

Se cree que los ángeles son mensajeros de Dios que traen mensajes a los seres humanos. Corren constantemente entre el cielo y la tierra.

Si uno abandona la idea de los ángeles y se limita a mirar a su alrededor, encontrará mil y una cosas que discurren continuamente entre la tierra, el plano terrenal, y el cielo, el plano divino. A medida que uno se vuelve más despierto encuentra más y más conexiones. Existimos en una red cósmica y formamos parte de ella.

En Oriente se dice que el universo es como una tela de araña. Si tocas un solo hilo de la tela de araña, toda la tela sentirá la vibración Toca una sola brizna de hierba y habrás tocado la estrella más grande, la estrella más lejana, porque el todo es una unidad orgánica; nada está desvinculado. Sólo la ignorancia humana ha creado la idea del ego.

Y el hombre vive en una especie de autoexilio; es un exilio autoimpuesto. Hemos hecho una pequeña cápsula a nuestro alrededor; nos hemos encapsulado, alienado. Y entonces sufrimos, entonces somos miserables.

Entonces no podemos encontrar ningún sentido a la vida, ningún significado en la vida. Entonces nos sentimos desarraigados, sin conexión a tierra.

Entonces nos sentimos accidentales, como si no nos necesitaran para nada, como si la existencia siguiera corriendo de la misma manera seamos o no seamos. Eso nos produce una herida profunda. Perdemos la confianza en nosotros mismos. Nos convertimos en algo fútil, innecesario, inútil; sólo por accidente hemos llegado a existir.

Y todo este sinsentido surge porque hemos creado la idea del ego. El ego es un esfuerzo por desconectarte del todo, aunque no puedes desconectarte del todo, pero puedes vivir creyendo que lo has conseguido. Tu creencia es la causa de tu infierno. Abandona la creencia del ego y de repente verás mensajeros corriendo entre tú y el todo continuamente, a cada momento, día tras día. Entonces los pájaros cantando traen mensajes, las flores abriéndose traen mensajes, entonces las estrellas titilando en la noche traen mensajes. Entonces la existencia entera se convierte en un libro abierto, la Biblia REAL. Entonces no necesitas entrar en viejas y podridas escrituras; puedes simplemente mirar a tu alrededor y empezar a leer la existencia. Y entonces hay sermones por todas partes, escrituras por todas partes, canciones por todas partes.

Esto es lo primero que representa el hermoso mito de los ángeles. Seguro que has visto fotos de los ángeles: todos parecen niños pequeños, ni siquiera son jóvenes. Parecen niños - sus caras tienen la misma inocencia, la misma pureza, el mismo estado no envenenado. Sus ojos, sus mejillas, toda su personalidad es la de un niño - como si un niño hubiera sido magnificado, como si estuvieras mirando a un niño a través de una lupa.

Todos los Budas han dicho: A menos que recuperes tu infancia, no sabrás lo que es la verdad. Pero no son infantiles, recuérdalo - infantiles por supuesto, pero no infantiles. Ser infantil es ser retrasado, ser infantil es ser inocente. Ser infantil es saludable, ser infantil es muy poco saludable.

Nuestra sociedad no nos permite seguir siendo niños; nos obliga a convertirnos en supuestos adultos, que en realidad no lo son. Físicamente son adultos, pero no psicológicamente; psicológicamente son muy infantiles. La edad psicológica media es de sólo trece años. La persona puede tener noventa años, pero su edad psicológica media permanece estancada en algún lugar de la edad de trece años.

Esto es algo muy extraño. El hombre debe crecer como un todo; su psicología, su fisiología, su alma, todo debe crecer en una especie de danza armoniosa. Sólo entonces permanece íntegro, sólo entonces hay salud, sólo entonces hay cordura. Si incluso una parte de ti se queda muy atrás, entonces tu totalidad permanecerá sin desarrollar porque no puedes crecer por partes; eso es imposible.

Ocurrió en un tribunal:

Atraparon a un ladrón y justo antes de que el magistrado fuera a castigarle, a declarar su castigo, el ladrón dijo: "Señor, me gustaría decirle una cosa antes de que declare su sentencia. Es decir, yo no soy responsable y usted no puede castigar a alguien por la culpa de otro".

El magistrado le dijo: "¿Qué quieres decir? ¿No has robado estas cosas? Hay testigos presenciales".

Dijo: "Sí, ellos también tienen razón. Mis manos han hecho el mal, pero yo no lo he hecho. Puedes castigar mis manos, pero no puedes castigarme a mí".

El magistrado también era una persona muy astuta. Dijo: "Bien, ¿qué mano ha cometido el crimen?".

Y el hombre dijo: "Mi mano derecha".

El magistrado dijo: "Está bien. Entonces tu mano derecha será enviada a la cárcel por diez años".

Todo el tribunal se rió, porque si la mano va a la cárcel, ¿cómo puede quedarse el hombre? Tendrá que ir a la cárcel. Pero el tribunal tiene que dejar de reírse a mitad de camino, porque el hombre se estaba riendo aún más a carcajadas que el tribunal.

El magistrado dijo: "¿Se está riendo? ¿Estás loco o qué?"

El hombre dijo: "No, no estoy loco". Se quitó el abrigo y le dio su mano derecha, que no era más que una mano artificial. Dijo: "Puede enviar esta mano a la cárcel diez años o cien años o el tiempo que quiera".

Si tus partes son artificiales, es posible separarlas, pero tu cuerpo no es artificial. Todas tus partes son intrínsecamente necesarias para ti; nada es artificial en ti. Así que si una cosa se queda atrás, todo lo demás se queda atrás. Puedes seguir fingiendo que te has convertido en una persona adulta, pero no eres una persona adulta, y puedes observarte a ti mismo y a los demás. rasca un poco a la persona y descubrirás que aflora lo infantil. Puedes ser padre de media docena de hijos, y cuando te peleas con tu mujer empiezas a tirarte almohadas. Puedes ser madre de media docena de hijos y cuando te peleas te pones en plan rabieta, muy infantil.

"Ay, doctor, tengo tsuris con mi hijo", lloraba la señora. "Todo el día no hace más que soplar burbujas. Hace las burbujas con espuma de jabón y las sopla con una pipa de arcilla".

"De verdad, señora, no hay razón para que se preocupe", dijo el psiquiatra, sonriendo con indulgencia. "Muchos hijos hacen burbujas".

"Pues a mí me parece gracioso", insistió la mujer, "y a su mujer también".

Una cosa es hacer algo cuando eres niño -puedes soplar pompas de jabón-, pero cuando eres fisiológicamente adulto, al menos pareces una persona adulta, la misma cosa parece estúpida.

Observa la vida de las personas: sus vidas son dobles. Sus vidas no son singulares; de hecho, viven muchas vidas. Tienen que vivir muchas vidas porque sus muchas partes han quedado colgando en diferentes lugares y tienen que vivir todas esas partes; no pueden vivir como una totalidad.

Muchas veces la gente me pregunta: "¿Por qué no podemos ser totales?". No puedes ser total por la sencilla razón de que tu una mano puede tener sólo siete años, tu otra mano puede tener veinte años, tu cabeza puede tener sólo trece años, tu corazón puede acabar de nacer o no haber nacido todavía, tal vez en el vientre materno, tu cabeza puede haber cumplido ochenta años. Ahora, ¿cómo puedes vivir una vida total? Estás destinado a vivir como una multitud, a veces en una etapa, a veces en otra etapa.

Durante el día, el signor Giovanni era un magnate de los negocios, trabajaba duro y estaba seriamente casado, pero por la noche se convertía en un playboy, recorriendo todos los clubes nocturnos de Roma.

Un día su mujer decidió que ya era hora de que pasaran una noche juntos y le pidió que la llevara a un club nocturno. Sin poder disuadir a su mujer, salieron juntos.

Cuando llegaron a la discoteca, el portero le saludó cordialmente.

"¿Le conoces?", preguntó la esposa.

Rápidamente respondió: "Es mi chico de los recados. Trabaja de noche para ganar más dinero".

Dentro del club nocturno, la conejita le pellizcó la mejilla y le dijo: "Hola, signor Giovanni".

Sospechando, la esposa le preguntó: "¿Cómo es que conoces a esta chica?".

Sudando, respondió: "Bueno, es una de las modelos que trabaja para mí".

A continuación, el MAITRE D' los llevó a la mejor mesa, cerca de la pista de baile. Cuando se sentaron, salieron las bailarinas de ballet, se detuvieron frente a su mesa y empezaron a cantar: "¡Hip-hip-hooray por el Signor Giovanni!".

La mujer estaba furiosa. Lo sacó a rastras de la discoteca, lo metió en un taxi y empezó a pegarle.

El taxista se volvió y preguntó: "¿Qué ocurre, signor Giovanni? ¿La muñeca le da problemas? ¿La tiro del taxi?".

La gente vive muchas vidas, todas simultáneamente, de ahí que haya tanto desorden. Una persona puede ser muy sabia en una cosa y muy estúpida en otra. Una persona puede ser muy sincera en una cosa y muy insincera y poco fiable en otra. Y siempre te quedas muy perplejo porque nunca habrías pensado que este hombre pudiera hacer esto; nunca habrías imaginado que este hombre pudiera suicidarse, era tan maduro. Pero no conoces al hombre en su totalidad porque no conoces sus muchas vidas. No habrías creído que este hombre pudiera cometer un asesinato: era tan cariñoso, tan amable. Eso era sólo una fachada; con otra fachada podía ser muy feo, muy violento, muy asesino. Puede que no le conocieras. De hecho, ¿qué decir de ti? Puede que ni él mismo sepa cuántas personas viven en él. Puede que no reconozca sus propios aspectos porque muchos de ellos permanecen bajo tierra; los ha reprimido bajo tierra. Les tiene tanto miedo que no puede sacarlos a la luz. Se sentirá demasiado inmaduro, infantil, estúpido, tonto, mediocre, y no le gustaría ver todo eso.

George Gurdjieff solía hacer una cosa: cada vez que iba a iniciar a un nuevo discípulo, lo cual era muy raro...

él era una persona muy exigente; de miles elegirá una o dos personas. Y su método de elección era muy extraño. Te obligaba a beber vinos fuertes, whiskies, brandies - y era un experto en todo tipo de intoxicantes, bebidas alcohólicas, drogas psicodélicas - y te obligaba por la sencilla razón de que, a menos que estés totalmente inconsciente, no puedes ver todas tus caras. Y él quiere ver todas tus caras antes de poder decidir si vale la pena hacer algún esfuerzo contigo, si vale la pena tomarse alguna molestia, si eres de alguna manera potencial, o simplemente un caso perdido, un caso sin esperanza -entonces, ¿para qué molestarse? No era un hombre como yo, dispuesto a molestarse por cualquiera; era todo lo contrario.

Estoy dispuesto a trabajar con cualquiera, porque mi planteamiento es que no importa si creces en esta vida o no; incluso si lo has intentado un poco, todo eso formará parte de ti; quizá en otra vida, con otro Maestro, pueda llegar a realizarse. Puede que no te ilumines esta vez, pero el deseo mismo, el anhelo mismo es suficiente. Trabajaré tanto si eres digno como si no. Basta con que lo anheles. Yo sembraré las semillas. Puede que en esta vida no crezcan, pero las semillas permanecerán porque nunca se destruyen.

Y la gente que se va a iluminar en esta vida, no puedo reclamar todo el mérito, porque puede que hayan vivido con Jesús, puede que hayan vivido con Buda, puede que hayan vivido con Mahoma, puede que hayan bailado con Jalaluddin, puede que se hayan sentado con Bokuju, Rinzai... Han vivido miles de vidas. Si toda esa gente hubiera sido tan exigente como Gurdjieff tú no estarías aquí; porque todos ellos trabajaron en ti, algo fue creciendo. Por eso yo no elijo en absoluto. Cualquiera que venga a mí, estoy dispuesto a trabajar; mi enfoque es diferente.

El enfoque de Gurdjieff era diferente. Él quería conocer todas tus caras inmediatamente, y luego decidía. Conmigo tomará diez años conocer todas tus caras, porque tendré que esperar diferentes situaciones para conocer tus otros aspectos. Pero él quería conocerlas inmediatamente; sólo entonces empezaría su trabajo.

Pero recuerda que no eres una persona, eres muchas personas. Eres polipsíquico. Un hombre puede ser un gran científico...

Uno de los hombres que había estado en la luna -sólo tres personas han estado en la luna-, uno de ellos se convirtió en discípulo de Swami Shivananda de Rishikesh. Ahora Shivananda ya no vive, pero sus discípulos están allí. Todo lo que Shivananda ha escrito es de tercera categoría; no tenía ni idea de nada real. Sólo repetía como un loro la antigua y podrida filosofía hindú, y además no de una manera muy sofisticada. Pero un hombre que ha caminado sobre la luna se ha convertido en su discípulo. Esto es pura estupidez, pero este hombre que ha caminado sobre la luna puede que aún lleve algo muy infantil dentro de él. Tal vez sea por ese infantilismo por lo que quiso ir a la Luna en primer lugar, porque todos los niños quieren ir a la Luna, y no es algo nuevo. Desde los tiempos más remotos, todos los niños se interesan por la luna y empiezan a estirar sus manos hacia la luna y quieren tener la luna en sus manos. Tal vez era sólo una idea infantil que la tecnología moderna le hizo capaz de realizar, porque el interés que está mostrando ahora en personas como Muktananda, Shivananda, muestra la estupidez de la persona.

Es posible que una persona crezca en una determinada dirección, y así es como está estructurada nuestra educación.

Os convierte en expertos. Tienes que especializarte en una cosa y en las demás, en cualquier otra cosa, sigues siendo mediocre.

Un italiano va a ver a un médico. "Doctor", exclama, "¡estoy desesperado! Hace unas noches, llegué a casa del trabajo y encontré a mi mujer en la cama con otro hombre. Cuando me vio,-a empezó a llorar y a llorar, así que le dije-a: 'Bueno, vamos-a tomar un café...'. Y la otra noche, ¡lo mismo! ¡Ella estaba en la cama con mi vecino! Saqué la pistola para matarlos, pero ella lloraba y lloraba, así que le dije: "Bueno, tomemos un café...". Anoche volvió a pasar lo mismo. Me prometió que era la última vez, que no volvería a hacerlo... así que le dije: "Bueno, tomemos un café...".

Pero estoy preocupada, doctor. ¿Está bien beber tanto café?"

Obsérvate y encontrarás mil y una cosas ridículas también en ti. ¡Todos los chistes que te cuento son sobre ti!

Los ángeles representan la inocencia infantil, pero no el infantilismo. Sólo esta inocencia puede hacer que te conectes con la piedad, de ahí que los ángeles sean mensajeros de Dios conexiones con Dios. Seguro que has visto angeles en fotos, seguro que has leido sobre ellos. Siempre están cantando, bailando, alabando al señor, ¡Aleluya!". Todo lo que hacen es tocar el arpa y cantar Aleluya. Sí, hay un estado de inocencia que es todo canto y todo música y todo armonía y todo alegría y todo aleluya.

Recuerda que los ángeles representan todo esto: la totalidad de la vida, la inocencia de la vida, la celebración de la vida. Y entonces inmediatamente también estás conectado con lo divino, ya no estás desconectado. No te sientes ajeno. Ya no eres un extraño, te conviertes en alguien de dentro. Entonces la existencia te pertenece y tú perteneces a la existencia.

Ahora esta parábola:

UN DÍA, UN ÁNGEL, VOLANDO DE REGRESO AL CIELO, VIO BAJO ÉL UN FRONDOSO BOSQUE ENVUELTO EN UN GRAN HALO RESPLANDECIENTE DE LUZ.

LOS ÁNGELES VUELAN. EL HOMBRE VUELA, se arrastra, aunque también nace con alas, pero no es consciente de esas alas. Al estar con un Maestro la primera conciencia que le sucede al discípulo es que "yo también puedo volar", que "yo también puedo empezar a moverme hacia arriba", que "yo también puedo dialogar con las estrellas y el cielo y el infinito y la eternidad".

El hombre es tan inconsciente que no es consciente de todo su potencial. ¿Qué decir de todo su potencial? - Ni siquiera de una parte de su potencial. Los psicólogos dicen que sólo eres consciente de una décima parte de tu mente; eso es sobre la mente. ¿Y qué decir del alma? No eres consciente en absoluto del alma, y ahí es donde están tus alas.

De ahí que los ángeles no sean seres físicos, sólo espíritus. No tienen peso, son ingrávidos.

Y en la meditación profunda te sucederán esos momentos en los que descubrirás de repente que no tienes peso, que la gravitación no tiene sentido para ti, que otra ley ha empezado a funcionar en tu vida: la ley de la gracia. Así como la gravitación tira de ti hacia abajo, la gracia tira de ti hacia arriba.

Pero lo primero es tomar conciencia. Sólo conoces una décima parte de tu mente; primero tienes que conocer toda tu mente y sólo entonces es posible saber algo sobre tu alma.

"Hola, doc, ¿mi operación fue un éxito?"

"¡Lo siento, viejo amigo, soy San Pedro!"

Así es como estás viviendo: sin ver lo que es, lo que no es, lo que está sucediendo. Sigues proyectando tus propias ideas en la gente, en las cosas, y sigues jugando a juegos estúpidos. Empiezan en la infancia y continúan toda la vida. Por supuesto, se vuelven más complejos, pero su calidad sigue siendo la misma; la cantidad aumenta, pero la calidad sigue siendo la misma. Y ni siquiera eres consciente de que existe un mundo totalmente diferente que no pertenece al reino de lo cuantitativo.

Justo el otro día una sannyasin me ha hecho una pregunta, que "He oído, aunque no creo, que hay pocas personas en el mundo que están trabajando como vehículos de Dios". Ella menciona a algún babaji y menciona sobre alguien que se va a anunciar como Maitreya, el Buda de esta era, y estas personas vienen al mundo para ayudar a la humanidad. Ella dice "... aunque no creo todo esto, pero soy menos consciente, tú eres más consciente, así que puedes responder a mi pregunta".

Piensa que la diferencia entre ella y yo es sólo de menos y más: ella es un poco menos consciente, yo soy un poco más consciente, eso es todo; la diferencia es de cantidad, de grados. Pero no es sólo su idea, así piensa casi todo el mundo. En el mundo pensamos siempre en términos de cantidad; no conocemos las dimensiones de la calidad.

No se trata de ser más o menos consciente. O se es consciente o no se es. Se trata de una transformación.

O se es Buda o no se es; no es que uno sea un poco menos Buda y otro un poco más Buda, uno es un kilo Cristo y otro es dos kilos Cristo. Creemos en la materia, por eso creemos en la cantidad. La materia es cantidad; el alma no es cantidad.

Cuando tomas conciencia en lo más profundo de tu ser, se produce como una iluminación repentina.

Todo tu ser se convierte en luz. Un instante antes todo era oscuridad y un instante después todo es luz. Pero esa dimensión nos es totalmente desconocida. Toda nuestra vida se vive a través del mundo de la cantidad. El niño sabe un poco menos y tú sabes un poco más, y tu padre sabe todavía un poco más que tú, así que sólo es cuestión de tiempo. También sabrás más a medida que pase el tiempo, a medida que adquieras más experiencia, más información. Pero el juego es el mismo. Los niños juegan a lo mismo que tú.

Vayan y observen a los niños, y luego siéntense en silencio y observen sus propios juegos, sus propios viajes, y no encontrarán ninguna diferencia cualitativa en absoluto - diferencia cuantitativa, por supuesto. Puede que estén jugando al Monopoly, en el que todo es falso -notas falsas y estaciones falsas, y todo es falso-, pero cuando juegan se lo toman en serio, se ponen muy serios. ¿Y qué piensa usted?

- ¿tus notas son reales? También son falsos. En una partida de Monopoly cuatro personas han consentido en creer que esos billetes son reales: ¡entonces son reales! Para esas cuatro personas se han convertido en reales porque han consentido, han hecho un contrato por el que creerán en su realidad.

¿Y cuáles son sus billetes? El billete indio no será real en China, el billete chino no será real en India. ¿Por qué? Si es real, es real, ya sea en China o en la India. Lo que ocurre es que los indios han consentido, han firmado un contrato por el que creen en este billete, y por eso es real.

Pocos días antes había billetes de mil rupias en la India, entonces el gobierno decidió cancelarlos. Ahora, ¿cómo se cancelan las realidades? ¿Puedes cancelar que mañana no amanecerá, por orden del gobierno? Pero puedes cancelar esas rupias. Las rupias fueron canceladas: los billetes de mil rupias quedaron invalidados en un segundo.

Y la gente hacía todo tipo de cosas con esos billetes de mil rupias. Por supuesto, se daba un poco de tiempo -puedes ir al banco y cambiarlos-, pero había problemas. Esos billetes tienen que ser dinero blanco. Tendrás que explicar de dónde has sacado esos billetes. Y como en todas partes hay cosas dobles, en el dinero también hay dinero blanco y dinero negro. Dinero negro significa que lo tienes, que puedes usarlo, pero que no puedes declararlo públicamente porque no has pagado impuestos por él, no has demostrado de dónde ha salido. Puede que lo hayas ganado a través del contrabando o de alguna otra fuente ilegal. Mucha gente no podía declarar esos billetes. Hacían cigarrillos con billetes de mil rupias y se los fumaban. ¿Por qué perder una oportunidad así? Esparcían los billetes y desayunaban sobre ellos. ¿Por qué perder esta oportunidad? La gente los tiraba por la ventana. Los niños pequeños llevaban fajos de billetes de mil rupias y jugaban con ellos. Se volvieron inútiles. Era sólo un consentimiento que se ha retirado.

Desde tu infancia hasta tu vejez sigues jugando a los mismos juegos. En el ajedrez los caballos... todos falsos: si eres pobre son de madera, si eres rico son de marfil o de diamantes o de cualquier cosa valiosa, pero todos son falsos. Pero también hay gente que va a la guerra de verdad, pero eso también es falso, con pretextos falsos:

"Nuestra religión está en peligro, nuestro país está en peligro". Ahora "país" es una creencia.

Las personas que fueron a la Luna por primera vez se dieron cuenta de que la Tierra es una; no podían ver países. No podían ver India, Pakistán ni Bangladesh. No podían saber dónde está América y dónde Europa y dónde Asia y qué es comunista y qué no es comunista y qué países son democráticos y qué países son dictatoriales.

No había ninguna diferencia; todas las fronteras desaparecieron. Por primera vez se dieron cuenta de que las fronteras sólo existen en los mapas y que los mapas son falsos.

"Mamá, mamá, ¿puedo quedarme embarazada?", preguntó la niña sin aliento en la puerta de casa.

"No, claro que no, cariño, sólo tienes seis años", dijo mamá.

La niña se da la vuelta y sale corriendo por el camino gritando: "No pasa nada, chicos, ¡otra vez el mismo juego!".

Pero este es el mismo juego que sigue y sigue.

Isabel salía en su primera cita. La historia no trata de nuestra Isabel -se llama Isabel, no Isabella, ¡ojo! Isabella tenía su primera cita. Sus padres le advirtieron que debía estar en casa a las nueve de la noche. Llegó diez minutos tarde, con el pelo despeinado y el maquillaje corrido. Sus padres le preguntan cómo ha ido la noche.

"¡Mamma mia!" fue su única réplica.

La noche siguiente, Isabella salió con el mismo hombre. Una vez más, sus padres le advirtieron que regresara a las nueve de la noche.

A las diez y media llegó, con la ropa desarreglada y el pelo despeinado. Después de ser reprendida por llegar tarde a casa, su única respuesta a cómo había ido la velada fue: "¡Mamma mia!".

La tercera noche, Isabella llegó a casa a la una de la madrugada, con el vestido echado hacia atrás y el pelo revuelto. Sus padres la regañaron durante horas, después de lo cual le preguntaron cómo había ido la noche. A lo que Isabella rompió a sollozar y gritó: "¡Yo una mamma!".

Ahora este juego continuará en diferentes niveles, diferentes planos, pero la diferencia será sólo de cantidad, no de calidad.

El cambio cualitativo se produce en tu vida cuando se abandona la inconsciencia, se abandona la mecanicidad, se abandona la mente como tal y te conviertes en una no-mente. La mente es mecanicidad, la no-mente es no-mecanicidad. La no-mente es la revolución, la gran revolución, la única revolución que existe. Y cuando sucede, estás lleno de luz, y aquellos que tienen ojos, aquellos que son lo suficientemente inocentes como para tener ojos, podrán ver esa luz.

UN DÍA, UN ÁNGEL, QUE VOLABA DE REGRESO AL CIELO, VIO BAJO ÉL UN FRONDOSO BOSQUE ENVUELTO EN UN GRAN HALO DE LUZ RESPLANDECIENTE. HABIENDO VIAJADO MUCHAS VECES POR EL CIELO, NATURALMENTE HABÍA VISTO NUMEROSOS LAGOS, MONTAÑAS Y BOSQUES, PERO NUNCA LES HABÍA PRESTADO DEMASIADA

ATENCIÓN. HOY, SIN EMBARGO, NOTÓ ALGO DIFERENTE: UN BOSQUE RODEADO DE UN AURA RADIANTE, DE LA QUE IRRADIABAN HACES DE LUZ A TODOS LOS RINCONES DEL FIRMAMENTO.

EL ÁNGEL PODÍA VERLO por su inocencia infantil, por su capacidad de moverse hacia arriba, por su capacidad de estar conectado con la piedad. Puede que te hayas perdido, puede que hayas pasado al lado del mismo bosque. Y yo os digo que muchas veces habéis pasado junto a tales personas y os habéis perdido, porque no sois nuevos en la tierra; sois tan antiguos como la existencia misma. Es imposible, improbable, que no te hayas cruzado con un solo Buda en toda tu vida. En algún lugar, en algún momento, debes haberte cruzado en el camino de un Buda. Pero debes haber fallado, de lo contrario te habrías transformado, habrías cambiado, tus valores habrían cambiado. Tu vida habría sido un fenómeno totalmente diferente, pero no te diste cuenta.

Es fácil fallar porque es muy fácil ser astuto, inteligente, conocedor. Es difícil ser inocente. Y hay pocas cosas que sólo las personas inocentes puedan ver.

RAZONÓ PARA SUS ADENTROS, "¡AH, DEBE DE HABER UN SER ILUMINADO EN ESTE BOSQUE!

BAJARÉ A VER QUIÉN ES".

AL ATERRIZAR, EL ÁNGEL VIO A UN BODHISATTVA SENTADO TRANQUILAMENTE BAJO UN ÁRBOL, ABSORTO EN PROFUNDA MEDITACIÓN.

Todo el bosque estaba radiante, brillaba con una luz sobrenatural, estaba rodeado de un halo. Sucede siempre, y los que tienen ojos pueden verlo, y los que tienen oídos pueden escuchar su música, y los que tienen suficiente amor pueden comprenderlo. Se comprende por el amor, por la inocencia, por la sencillez, por la humildad, por la falta de ego.

VIO A UN BODHISATTVA SENTADO EN SILENCIO... ABSORTO EN PROFUNDA MEDITACIÓN.

Según el Zen, la meditación se vuelve profunda en la cuarta etapa. Hay cuatro etapas de meditación.

Lo primero es no hablar; tus labios están en silencio. Es un tipo de silencio exterior, pero es el principio. El comienzo tiene que ser exterior porque estás en el exterior; sólo puedes empezar desde donde estás.

La segunda meditación es no pensar. Primero paras las palabras, no hablas. Segundo, detienes las palabras, no piensas. Y la tercera es: no pensar que "no estoy pensando", que es la más difícil - porque cuando ves que todos los pensamientos han desaparecido, este pensamiento se apodera de todo tu ser:

"¡Ajá! Así que he llegado. ¡Esto ES SATORI!" Pero has empezado a caer. Y al principio es normal que ocurra unas cuantas veces, a menos que el Maestro siga golpeándote y diciéndote: "¡Para ya!

No hace falta que presumas de ello ante nadie ni ante ti mismo. Déjalo pasar: eso también es una fase".

Y luego la cuarta es la meditación profunda cuando simplemente eres - ni siquiera el pensamiento de que "no tengo pensamientos".

Sócrates dice... su famosa afirmación, pero él es griego y pensaba de forma lógica. Si pones su declaración a la gente Zen dirán: "Este es el tercer estado, no el cuarto." Él dice: "Sólo sé una cosa, que no sé nada". La gente Zen dirá: "Incluso esto es suficiente conocimiento: 'Sé que no sé nada' - pero aún así se sabe algo". Sigues cargando con la última sombra. El elefante ha pasado pero queda la cola, y a veces la cola es la parte más difícil, y uno se aferra a la cola. El todo se ha ido; ahora esto es lo último a lo que aferrarse.

Es como un hombre que se ahoga aferrándose a una pajita, sabiendo perfectamente que una pajita no puede salvarte.

Pero si alguien le dice: "¿Qué estás haciendo? Esto es una paja, no te va a salvar", se enfadará. Estás destruyendo su último sueño, le estás quitando su última ilusión.

Friedrich Nietzsche dijo: "No perturbes la ilusión de la gente, de lo contrario nunca te perdonarán".

Y lo sé perfectamente, nunca perdonan, pero aun así hay que romper sus ilusiones. Que lo perdonen o no, es cosa suya. ¿A quién le importa? Hay que decirles que "esta paja no te va a salvar".

La gente Zen dirá que Sócrates ha alcanzado el tercero. Ahora necesita un Maestro Zen que le golpee, que le empuje al cuarto, donde se olvidará totalmente de este asunto del saber. Incluso decir: "Sé que no sé nada", es conocimiento.

Pocos dias antes le di sannyas a una hermosa mujer; Kiffy es su nombre. Ahora ni ella sabe lo que significa ni yo lo sé, así que había problemas - ¿qué hacer? Así que le dije: "No te molestes". La llamé Anand Kiffy y le dije: "Anand significa dicha, así que, signifique lo que signifique Kiffy, ¡sólo sé dichosa Kiffy! Y la dicha es lo real, el elefante; Kiffy es sólo la cola. Si el elefante puede pasar, nos las arreglaremos para que la cola también pueda pasar".

Pero a veces el elefante pasa fácilmente porque puedes ver que es la causa de tu miseria, pero ¿la cola? Eso parece sólo para guardar como recuerdo, sólo en la memoria de todos aquellos hermosos viejos tiempos.

Por supuesto que no había nada hermoso...

Una madre le decía a su hijo pequeño: "¿Vas a comer o no?".

Y el niño era muy testarudo y decía: "¡Odio cómo cocinas! No me lo voy a comer. Hasta mi perro lo ha rechazado!"

Y la madre le dijo: "Escucha, dentro de veinte años le dirás a alguna mujer: "¡Mi madre era una cocinera maravillosa!"".

Así es la gente. Después de veinte años cada chico le dirá a la esposa que "¡Mi madre era una cocinera maravillosa!". Y el mismo muchacho era todos los días un problema para la madre, y la madre era un problema para el muchacho. La madre intentaba forzar y el chico se resistía; odiaba todas esas cosas. Pero después de veinte años todo el mundo olvida. La gente empieza a recordar cosas bonitas de un pasado que nunca había existido; inventan. La gente es inventiva, muy inventiva sobre el pasado.

Por eso no creo que haya una sola autobiografía que sea verdadera. He leído miles de autobiografías, pero ésta es mi observación: que ni una sola autobiografía es verdadera. Sólo un Buda puede escribir una autobiografía verdadera -pero los Budas nunca han escrito- porque un Buda puede ver realmente los hechos, pero entonces no vale la pena escribir nada. ¿Qué hay que escribir? Normalmente la gente inventa su pasado. Primero intentan crear un futuro, lo cual no es posible, fracasan; todo el mundo fracasa inevitablemente. Cuando fracasas en crear el futuro, el único sustituto es crear un pasado. Ahora nadie puede impedírtelo; puedes disfrutar inventando un pasado. Todas las autobiografías son ficciones creadas, inventadas, pulidas, exageradas. Se han suprimido muchas cosas, se han añadido muchas otras.

Y no digo que la gente lo haga a sabiendas -la gente no es tan consciente-, la gente simplemente lo hace. Deben estar creyendo que es así como sucedió; lo creen. Lo escriben con gran sinceridad.

Así que la gente se aferra al pasado. El último aferramiento en la meditación es que "Ahora he llegado, todo ha terminado, la mente se ha ido" - y esto es la mente saliendo por la puerta de atrás. Este es el último esfuerzo de la mente para engañarte.

Por lo tanto, hasta el tercer Zen la gente no llama profunda a la meditación. La llaman profunda sólo en la cuarta, cuando todo ha desaparecido; incluso la idea de que todo ha desaparecido ya no existe. La mente desaparece. Incluso la idea de que "he alcanzado la no-mente" ya no existe. El conocimiento desaparece. Incluso la idea de que "ahora no sé nada" ya no existe. El Zen ha dado el paso definitivo.

PENSÓ PARA SÍ -EL ÁNGEL PENSÓ PARA SÍ- "AHORA DÉJAME AVERIGUAR QUÉ MEDITACIÓN ESTÁ PRACTICANDO".

Sólo la indagación de un niño. Recuerda, el ángel sólo representa la inocencia, no es que sea un sabio; sólo es un niño. Y nunca olvides la diferencia entre los dos, porque ambos son similares y al mismo tiempo muy diferentes. El niño tiene el mismo tipo de inocencia que el sabio, pero el sabio ha perdido esa inocencia y la ha vuelto a encontrar, y el niño aún no la ha perdido. Es la misma inocencia, pero cambia de cualidad cuando la pierdes y la recuperas. En el niño puedes tener vislumbres de esa inteligencia que pertenece a un Buda, pero sólo son reflejos. La luna reflejada en un lago se ve exactamente como la luna real, y a veces incluso más hermosa que la luna real, pero es sólo un reflejo. Arroja una pequeña piedra al lago y notarás la diferencia. El reflejo desaparece.

Al niño se le puede molestar muy fácilmente; al sabio no se le puede molestar en absoluto. No hay forma de perturbar al sabio. El niño es inocente, pero su inocencia se perderá tarde o temprano. Es inteligente, pero perderá su inteligencia.

En una clase de escuela dominical, el sacerdote preguntó a la clase: "¿Quién puede decirme cuánto tiempo permanecieron Adán y Eva en el Jardín del Edén?".

El pequeño Johnny contestó rápidamente: "Hasta el 15 de septiembre".

¿Por qué?", preguntó asombrado el cura. "¿Por qué el 15 de septiembre?"

"¡Porque las manzanas no están maduras antes de esa hora!", respondió el pequeño Johnny.

Ahora bien, ningún teólogo ha sido capaz de descubrir esa fecha con tanta exactitud. Y estoy perfectamente de acuerdo con el pequeño Johnny - esa debe haber sido la fecha.

La madre le explicaba a Mario el origen del mundo.

"¡Así que todo esto ocurrió sólo porque Adán desobedeció a Dios y se comió una manzana!", dijo Mario.

"Eso dice la Biblia", respondió la madre.

"¡Qué lástima! Si hubiera estado yo en lugar de Adán, ¡todavía estaríamos todos en el Jardín del Edén!".

"¡Qué! ¿Qué estás diciendo?", exclama la madre.

"Sí, claro, ¿no te acuerdas? ¡No me gustan las manzanas!"

Los niños tienen una visión rápida, una visión directa. Pero se va a nublar, está destinado a nublarse.

Es un don natural, y no puedes apreciar ningún don natural a menos que lo pierdas; sólo lo apreciarás cuando lo hayas perdido. Entonces harás un gran esfuerzo para recuperarlo. El paraíso tiene que perderse y recuperarse; es el paraíso sólo cuando se recupera, de lo contrario no es el paraíso.

El ángel es sólo un niño, inocente. No es un sabio.

Naturalmente; PENSÓ PARA SÍ: "AHORA AVERIGÜEMOS QUÉ MEDITACIÓN ESTÁ PRACTICANDO".

NUNCA SE PRACTICA LA MEDITACIÓN. Los que piensan en términos de practicar la meditación son infantiles; no saben nada de meditación.

Y ABRIÓ SUS OJOS CELESTIALES PARA VER EN QUÉ OBJETO O IDEA HABÍA CONCENTRADO SU MENTE ESTE YOGUI.

Ahora bien, la meditación tampoco es concentración, pero el niño no puede pensar en una meditación que no tenga objeto.

De ahí que haya dos tipos de religión en el mundo: uno, el tipo infantil de religión que piensa en Dios padre. Todas las religiones que piensan en Dios padre o Dios madre son religiones infantiles. Proyectan a Dios como padre o madre; ésa es la mente de un niño.

Luego hay religiones realmente adultas, maduras, que no piensan en Dios como padre o madre, de hecho que no piensan en Dios como una persona en absoluto - que piensan en la piedad, sólo una cualidad que impregna la existencia, que piensan en Dios como la conciencia, como la luz, que piensan en Dios como el vacío, la pureza absoluta, la nada, el no-ser.

El Zen pertenece a la segunda categoría; es el enfoque religioso más maduro.

El ángel pensó: "¿En qué tema, en qué objeto, en qué idea está practicando? ¿En qué está enfocando su mente?"

La meditación no es concentración; la meditación no es mente en absoluto.

LOS ÁNGELES SUELEN PODER LEER LA MENTE DE LOS YOGUIS...

porque los yoguis intentan concentrarse. El Zen va mucho más allá del Yoga: el Yoga sólo te prepara para el salto definitivo - el Zen es ese salto definitivo. Pero hay millones de tontos en todo el mundo que siguen practicando posturas de yoga toda su vida, olvidando por completo que sólo preparando el terreno y preparando el terreno y preparando el terreno no se va a hacer el jardín: también hay que sembrar las semillas. Preparar el terreno es necesario, pero no lo es todo, no lo es todo; es sólo un paso preliminar.

Pero hay personas -y se han hecho mundialmente famosas simplemente porque pueden hacer todas las posturas de yoga- que pueden distorsionar sus cuerpos en todo tipo de formas. Y tienen un gran impacto.

Deberían estar en los circos. No forman parte del fenómeno religioso en absoluto, pero están dominando. Y hay gente que va a ellos, para ser torturada por ellos, porque si empiezas las posturas de yoga desde tu infancia es muy fácil. Si empiezas las posturas de yoga después de que tu cuerpo haya madurado, es muy difícil. Pero la gente piensa que esto es austeridad, que esto es ascetismo.

Todo este asunto de la tortura, todo este masoquismo parece valer la pena porque está la zanahoria colgando delante de tu nariz de que realizarás a Dios, de que realizarás los placeres celestiales, de que realizarás esto y aquello, de que te convertirás en inmortal. Y la gente está dispuesta a hacer cualquier tontería: cuanto más disparatada es, más piensan que debe haber algo en ella.

PERO EL ÁNGEL NO PUDO ENCONTRAR NADA EN ABSOLUTO, PARA SU SORPRESA. RODEÓ Y RODEÓ AL YOGUI...

Rodeó y rodeó al bodhisattva, mirando por todos los rincones...

Y FINALMENTE ENTRÓ ÉL MISMO EN SAMADHI...

porque una mente inocente puede captar, puede imbuir - puede no ser capaz de entender lo que está sucediendo.

Sucede muchas veces: cuando el pequeño Siddhartha viene para un primer plano o para charansparsh puedo ver cómo sucede. No puede comprender lo que ocurre, pero se sumerge inmediatamente en ello. No podrá retenerlo porque no es consciente de lo que ocurre, pero está abierto a mí.

Hace unos días quería vivir con hombres de verdad. Me escribió una carta diciendo que "Ya basta de vivir con niños pequeños, quiero vivir con hombres de verdad". Así que lo envié a vivir con Govinddas. Fue allí por la noche -debía ser la una de la madrugada-, abrió su maleta, arregló sus cosas, dijo: "¡Hola, chicos!", arregló su despertador y se fue a dormir. Todas las noches se pone el despertador para que, cuando vuelva de la conferencia, me reciba en la puerta -debe de estar esperándome allí- todos los días. A veces, como es un niño pequeño, no puede despertarse con el despertador, así que hace otros preparativos. A dos o tres guardias les dice: "Si esto falla, ven tú. Si no aparezco, venid vosotros, pero despertadme a tiempo para que esté listo, lavado y limpio". Y estará bajo un árbol esperándome.

No puede entender lo que ocurre, pero puede entrar en ello. En el momento en que le miro a los ojos, empieza a entrar en samadhi. Puede impregnarse de esa apertura.

Un sannyasin escribió justo el otro día que "había venido para un darshan de cerca y mientras otras personas pasaban por los darshans de cerca yo estaba muy abierto y disfrutando y fluyendo y estaba en un estado de let-go, pero cuando vine yo mismo, de repente algo fue mal - me cerré."

Y sé lo que pasó porque cada vez que alguien se abre y de repente se cierra ¡puedo oír el sonido "clic"! Lo que realmente le ocurrió a esta sannyasin fue -una mujer al fin y al cabo es una mujer- que se puso celosa de otros médiums. Esos celos fueron suficientes. Se olvidó por completo de mí; se puso celosa de los médiums porque están muy cerca de mí, y todos los días. Pude ver lo que le sucedía; los celos la cerraron.

También en su carta, sin saberlo, lo menciona: tus médiums casi me aplastaban, y a causa de sus movimientos no podía permanecer abierta". No es a causa de sus movimientos: sus movimientos están ahí para ayudarte a abrirte. Se balancean en total apertura hacia mí. Te rodean para que su apertura te ayude. Te rodean por todos los rincones: por detrás, por delante, por todas partes. Están creando una atmósfera de apertura, un clima de apertura. Ese es su propósito. Pero ella se puso celosa, al fin y al cabo una mujer es una mujer. Aunque sea una sannyasin es muy difícil olvidar tus cualidades femeninas. ¡Oí el chasquido tan fuerte!

El ángel que giraba y giraba, el propio bodhisattva entró en samadhi:

... PERO SEGUÍA SIN ENCONTRAR NADA EN LA MENTE DEL BODHISATTVA.

La inocencia no puede comprender; puede contactar, pero no comprender. Para comprender es necesario recuperar la inocencia Una inocencia recuperada es capaz de comprender Una inocencia recuperada tiene algo más, algún sabor nuevo, alguna fragancia nueva. Sólo un sabio puede comprender. Para comprender se necesita inocencia, pero también se necesita algo más, algo plus: es perderla y ganarla - se necesita ese vacío.

FINALMENTE EL ÁNGEL SE TRANSFORMÓ EN UN SER HUMANO...

Hasta ahora sólo era un espíritu.

... CIRCUNAMBULÓ AL BODHISATTVA TRES VECES, SE POSTRÓ Y DIJO:

"RINDO PLEITESÍA AL AUSPICIOSO; ¡TE RINDO HOMENAJE, OH SEÑOR DE TODOS LOS SERES SENSIBLES! POR FAVOR, DESPIERTA, SAL DEL SAMADHI Y DIME EN QUÉ ESTABAS MEDITANDO. DESPUÉS DE AGOTAR TODOS MIS PODERES MILAGROSOS, AÚN NO HE LOGRADO AVERIGUAR QUÉ HABÍA EN TU MENTE".

AHORA HAY QUE RECORDAR PROFUNDAMENTE ESTE PUNTO: el niño tiene una cualidad, la inocencia, para comprender, pero le falta la otra cualidad. Aún no la ha perdido, aún no la ha echado de menos, aún no ha caído en desgracia, aún no se ha extraviado. Lo da por sentado; aún no está agradecido por ello. La persona conocedora lo ha perdido, pero no intenta encontrarlo. Tiene otra cualidad: la ha perdido, pero no intenta encontrarla de nuevo. Ni el niño lo entenderá, ni el erudito, ni el experto.

Para comprender, se necesita un sabio que haya perdido y luego haya hecho todos los esfuerzos posibles, arriesgado todo para volver a ganar. Tiene las dos cualidades: la inocencia del niño y la conciencia del que se ha extraviado y del que ha sufrido. Sabe lo que es la ignorancia; por eso puede saber lo que es el conocimiento. Sabe lo que es el conocimiento, por eso puede saber lo que es la sabiduría.

El ángel dijo:

"POR FAVOR... DIME EN QUÉ ESTABAS MEDITANDO. DESPUÉS DE AGOTAR TODOS MIS PODERES MILAGROSOS, AÚN NO HE CONSEGUIDO AVERIGUAR QUÉ HABÍA EN TU MENTE".

No había mente y no había nada en la mente por eso ha fracasado. Pero no es consciente del estado. Por supuesto, él mismo lo ha experimentado - entró en samadhi - pero aún no es lo suficientemente consciente como para saber lo que le ha sucedido.

EL BODHISATTVA SONRIÓ.

Esta es la transmisión especial. Las palabras no sirven de nada, no son lo suficientemente adecuadas, pero la sonrisa puede decir algo que es indecible; puede mostrar algo que no se puede decir.

DE NUEVO EL ÁNGEL GRITÓ: "¡TE RINDO PLEITESÍA, TE RINDO HOMENAJE! ¿EN QUÉ MEDITAS?"

Pero el ángel tampoco puede entender la sonrisa.

EL BODHISATTVA SE LIMITÓ A SEGUIR SONRIENDO Y PERMANECIÓ EN SILENCIO.

La parábola termina aquí; no dice nada de lo que le ocurrió al ángel. Debió de permanecer tan ignorante como antes. Se acercó mucho, pero falló. La persona conocedora se acerca mucho y falla debido a su conocimiento; la persona inocente puede acercarse y fallar porque todavía no es lo suficientemente consciente. Inocencia más conciencia, entonces sólo la transmisión especial es posible. Y Tao puede ser transmitido sólo de una manera muy especial; ningún método ordinario es aplicable.

El bodhisattva hizo todo lo que se puede hacer, pero el ángel no era un Buda. Si hubiera sido un Buda, lo habría comprendido. La misma sonrisa se dibujó en el rostro de Mahakashyapa cuando Buda llegó un día con una flor de loto en la mano para su conferencia matutina, y se sentó y se sentó sin pronunciar una sola palabra. Se hizo un gran silencio. "Nunca antes había sido así. ¿Qué ha ocurrido? ¿Por qué no habla?". Y siguió mirando la flor de loto. Los minutos parecieron tan largos como horas, y entonces Mahakashyapa sonrió y Buda le llamó y le dio la flor de loto y dijo a la asamblea: "Lo que se puede decir os lo he dicho a vosotros, y lo que no se puede decir, se lo he dado a Mahakashyapa. Él lo ha comprendido".

Esa fue la primera transmisión especial más allá de las escrituras. Mahakashyapa es el primer monje Zen, el primer Maestro Zen. A partir de Mahakashyapa comienza la tradición del Zen; él es el primer patriarca. El Zen comenzó con una sonrisa. Es un fenómeno muy extraño; se necesita una gran preparación para comprenderlo. Un niño es capaz pero aún no es lo suficientemente consciente. La persona con conocimientos puede ser capaz en lo que se refiere a palabras, filosofías y conceptos, pero no es capaz de captar el escurridizo fenómeno.

El discípulo tiene que aprender a ser ambas cosas. Tiene que ser muy inocente y muy consciente. Entonces, en algún momento repentino, cuando todo está listo, en un instante, todo se vuelve luz, todo se comprende, y para siempre.

¿Lo pillas?

L a primera pregunta
     Pregunta 1:
MAESTRO,
¿QUÉ HAY PARA COMER HOY?
Sant Maharaj,
¿CUÁL ES EL PROBLEMA? ¿De verdad te estás convirtiendo en célibe? Les pasa a los célibes: su interés empieza a cambiar de las mujeres a la comida. Puedes mirar alrededor de los sannyasins indios, los llamados mahatmas, y siempre los encontrarás muy gordos, con grandes barrigas. Y la razón es que toda su sexualidad se pervierte. Empiezan a centrar su libido en la comida.

La alimentación y el sexo están profundamente relacionados, muy íntimamente relacionados, desde el principio. La comida es necesaria para la supervivencia del individuo y el sexo es necesario para la supervivencia de la especie. El sexo es exactamente como la comida para la especie y la comida es como el sexo para el individuo. Sin alimento el individuo morirá, sin sexo la especie morirá.

Si empiezas a reprimir tu sexualidad, entonces el cambio natural es del amor al almuerzo. No es casualidad.

Mira la foto de Swami Shivananda Maharaj. Toda su vida estuvo hablando de Yoga y meditación, pero viendo la foto parece que sólo comía y comía y comía. No podía

caminar - engordó tanto. No podía levantar sus propias manos; ¡le pesaban tanto que dos personas tenían que llevarle las manos!

¿Y has mirado la estatua o la foto del guru de Muktananda, Nityananda? Ese hombre ha derrotado a todos los swamis y a todos los mahatmas de todas las épocas. Si miras la estatua de Nityananda... Una vez, cuando pasaba cerca del ashram de Muktananda, él me invitó y fui allí sólo para echar un vistazo. Me enseñó la estatua de Nityananda y le dije -y desde entonces está muy enfadado-: "¡Este hombre es realmente un milagro!".

Me dijo: "¿Qué quieres decir?". Debió pensar que yo hablaba de siddhis y poderes de yoga.

Le dije: "Por favor, no me malinterprete. Este hombre es un milagro en el sentido de que he visto a gente con barrigas grandes, pero aun así no son milagros: el hombre tiene barriga. Aquí es justo lo contrario - ¡la barriga tiene al hombre! El hombre parece ser sólo un apéndice añadido de alguna manera; de lo contrario, lo real parece ser el vientre".

Sant Maharaj, no se interese tanto por el almuerzo; es peligroso.

A menos que el brahmacharya, el celibato, suceda por sí mismo, como consecuencia de la conciencia profunda, se va a centrar en una cosa u otra; va a encontrar una salida. Y la comida está muy cerca.

El niño se asocia desde el principio con la idea de comida y amor. Se convierten casi en dos aspectos de la misma moneda, porque recibe el amor de la madre y también la comida de la madre. Su objeto de amor y su objeto de alimento son el mismo. No sólo la madre, sino el pecho en particular: obtiene el alimento del pecho y el calor y la sensación de amor.

Hay una diferencia: cuando la madre ama al niño, el pecho tiene un tacto y una vibración diferentes. La madre disfruta cuando el niño se alimenta de su pecho; es estimulante para la sexualidad de la madre. Si la madre está realmente enamorada del niño, llega casi al orgasmo. Sus pechos son muy sensibles; son las zonas más eróticas de su cuerpo. Empieza a brillar y el niño puede sentirlo.

El niño se da cuenta de que la madre está disfrutando. No se limita a alimentarle, sino que disfruta con ello.

Pero cuando la madre da el pecho sólo por necesidad, entonces el pecho está frío; no hay calor en él. La madre no quiere, tiene prisa. Quiere arrebatar el pecho lo antes posible. Y el niño lo siente. Es tan evidente que la madre es fría, no es cariñosa, no es cálida. No es realmente una madre. El niño parece no ser querido, se siente no querido.

El niño sólo se siente deseado cuando la madre disfruta de que el niño se alimente del pecho, cuando se convierte casi en una relación amorosa, casi en una relación orgásmica. Sólo entonces el niño se siente amado por la madre, necesitado por la madre. Y ser necesitada por la madre es ser necesitado por la existencia porque la madre es toda su existencia; él conoce la existencia a través de la madre. Cualquiera que sea su idea de la madre será su idea del mundo.

Un niño que no ha sido amado por la madre se encontrará alienado en la existencia; se encontrará un extraño, un extraño. No puede creer en Dios, no puede confiar en la existencia. No podrá

ni siquiera confía en su propia madre, ¿cómo puede confiar en nadie más? La confianza se hace imposible. Duda, desconfía; está continuamente en guardia, temeroso, asustado. En todas partes encuentra enemigos, competidores. En todo momento teme ser aplastado y destruido. El mundo no le parece en absoluto un hogar. No puede ser religioso, recuerda.

La religión nace, el primer atisbo de religión le sucede al niño en su relación con la madre.

Si esa relación está envenenada, entonces algo en la fuente misma está envenenado. Entonces se hace muy difícil llevar la religión al niño. Entonces necesita una gran psicoterapia. entonces necesita un largo, largo, arduo. doloroso proceso de retroceder para que pueda desenredar todos sus feos recuerdos, en sintonía con cualquier enfoque religioso hacia la existencia.

El ateísmo nace con su relación -la primera relación. el primer conocimiento- y es con la madre, en particular con los pechos de la madre. Si la madre es feliz, se alegra de alimentar al niño. entonces el niño nunca come demasiado porque confía; sabe que la madre siempre está ahí.

Cada vez que tiene hambre, satisface sus necesidades. Nunca come demasiado.

Un niño bien amado se mantiene sano. No está ni delgado ni gordo; mantiene el equilibrio. Pero si la madre es fría, si la madre no está dispuesta, entonces el niño empieza a atiborrarse demasiado porque tiene miedo: ¿quién sabe si la próxima hora la madre estará disponible o no? Se llena hasta su capacidad total; su barriga empieza a hacerse más grande.

Todos los niños pobres tienen la barriga más grande por la sencilla razón de que la madre se va a trabajar todo el día; echarán de menos a la madre. Puede que ella llegue por la tarde, cansada, agotada, sin ganas de amar ni de ser cariñosa. El niño parecerá una carga. Y una vez que la asociación del niño ha pasado del amor a la comida, entonces toda su vida será una complejidad innecesaria.

No es casual que en la India, donde el celibato ha sido propugnado durante siglos, exaltado por siglos, la gente se haya convertido en adicta a la comida. Tantas especias que no encontrarás en ningún otro lugar del mundo, y tantos tipos de comida. La razón es que la vida amorosa de la gente está hambrienta y tienen que llenarla de alguna manera, rellenarla de alguna manera con comida.

Dos hombres de mediana edad hablaban de la disminución de su libido. Uno le dijo al otro: "Sí, la comida está sustituyendo al sexo como la gran fascinación de mi vida. De hecho, ¡la semana que viene me instalaré un espejo sobre la mesa de la cocina!".

Pero espero que no te refieras literalmente, Sant, a tu pregunta. Me lo tomo en sentido metafórico. Entonces está bien. Si lo que quieres decir es, ¿qué estoy cocinando para ti hoy? entonces está bien, ¡porque estoy constantemente preocupado por quién va a tocar las campanas de Jerusalén en la puerta! Si te conviertes en un Nityananda, Akandananda, Shivananda - y puedes - eres un Punjabi, de cuerpo grande, puedes derrotar a todos estos "nandas". Si realmente te interesas por la comida, ¡puedes llegar a la cima! Pero creo que tu pregunta es metafórica.

Jack le estaba contando a su amigo que conoció a una chica que no sabía la diferencia entre ensalada César y relaciones sexuales.

"¿Se lo has explicado?", le preguntó su compañero.

"¡Diablos, no! ¡Pero almuerzo con ella todos los días!"

Si ese es su significado de almuerzo, entonces está perfectamente bien. Con mi bendición, adelante.

La segunda pregunta

Pregunta 2:

MAESTRO,

NUNCA TEMÍ NADA Y NUNCA ELEGÍ ESCAPAR EN MI VIDA. SÓLO HAY UNA COSA QUE ME ASUSTABA Y ME DABA UNA SENSACIÓN INSOPORTABLE DE QUERER ESCAPAR: EL ABURRIMIENTO. ¿POR QUÉ TENGO TANTO MIEDO AL ABURRIMIENTO? ¿DE QUÉ INTENTO ESCAPAR REALMENTE?

Sarjano,

ES UNA DE LAS PREGUNTAS MÁS IMPORTANTES, porque el hombre es el único animal que siente aburrimiento. Los búfalos no lo sienten, aunque parecen muy aburridos. Los burros no lo sienten, aunque también parecen muy aburridos. Excepto el hombre, nadie siente aburrimiento; e incluso en lo que respecta al hombre, no todos los hombres sienten aburrimiento. Se necesita inteligencia para sentir aburrimiento, así que muy pocos, las personas más inteligentes del mundo, sienten aburrimiento. Buda lo sintió, Mahavira lo sintió. Las personas más raras sienten aburrimiento porque se necesita una tremenda inteligencia para experimentarlo. Así que en cierto modo no es una maldición, es una bendición.

La búsqueda del sentido de la vida surge del aburrimiento. Aquellos que se han sentido aburridos simplemente demuestran que cualquier significado ordinario que tenga la vida, ya no les satisface. Hay personas que son perfectamente felices con el dinero, acumulando más y más dinero, y parecen estar inmensamente interesadas en él, perfectamente felices con su búsqueda de más. Estos no son realmente seres humanos desarrollados: son los seres humanos más mediocres, la clase más baja. Su inteligencia aún no ha florecido; sigue siendo una semilla, sólo un potencial.

Puedes verlo. Las personas avariciosas pueden ser listas y astutas, tienen que serlo, pero nunca verás inteligencia en ellas. No verás agudeza, no verás creatividad en ellos. No verás ninguna fragancia en sus vidas; apestarán. La persona codiciosa apesta.

Y lo mismo ocurre con el hambriento de poder, el político, que siempre corre detrás de puestos cada vez más poderosos, de estatus mucho más elevados, que quiere llegar a ser presidente o primer ministro, cuya vida entera está dedicada al único propósito de dominar a la gente.

Estas personas son aburridas. Su vida es la de la forma más fea. No tienen ningún sentido de la belleza, la poesía, la música. No tienen ningún sentido de la estética Todo su interés está en sillas más grandes, como si sentándose en sillas más grandes fueran a ser más grandes, como si llegando a ser presidente de un país hubieran alcanzado alguna integridad espiritual, como si dominando a millones de personas llegaran a ser dueños de su propio ser. Son personas vacías, huecas; su vida interior es completamente oscura.

Pero nunca los verás aburridos. Están siempre en movimiento, siempre interesados en estúpidos esfuerzos por ganar poder, prestigio, dinero. Pero están contentos; si tienen éxito los verás muy alegres.

Son las personas más inteligentes las que sienten aburrimiento, las que no pueden ver ningún significado en el dinero. Por supuesto, hay cierta utilidad en el dinero, pero ningún significado. Quien no puede ver ningún sentido, ningún significado, en la política del poder, en los viajes del ego, quien puede ver la completa futilidad de todo ello - ahora para la gente de tal inteligencia el mayor problema en la vida será el aburrimiento.

Lo primero, Sarjano, que me gustaría decirte es: siéntete dichoso. Esto es un síntoma de una inteligencia superior. A partir de este aburrimiento la persona comienza a moverse hacia adentro; encontrando todo inútil en el exterior se vuelve hacia adentro - porque no hay otro lugar a donde ir. Su inteligencia es tan clara, tan transparente que puede ver que puede tener todo el dinero del mundo, y aun así seguir siendo la misma persona. Puede tener todo el poder del mundo, pero no se convertirá en un ser nuevo, no renacerá. Puede tener todo el conocimiento disponible, pero seguirá siendo la misma persona estúpida por dentro; su conocimiento será como el de un loro. Repetirá hermosos clichés sin conocer exactamente su significado, porque su significado sólo puede conocerse a través de la propia experiencia. Puede hablar como Jesús, puede sermonear sobre el reino de Dios que está dentro, pero no lo vislumbra. Sólo ha aprendido meras palabras.

La persona inteligente se da cuenta muy pronto de que "todo esto es un ejercicio de pura futilidad. Nada de lo exterior puede darme nunca una realización interior, un sentido interior de significación". Y a menos que se experimente eso, el aburrimiento permanecerá y se hará más pesado cada día.

Ahora hay dos posibilidades. Una es la posibilidad occidental. Si miras sólo a través de la razón, entonces nunca encontrarás ningún sentido a la vida; entonces el aburrimiento se hará cada vez más agudo, crónico. Impregnará toda tu existencia, impregnará cada momento de tu vida. No te permitirá vivir en absoluto. Se convertirá en una carga tan pesada que el suicidio parecerá la única salida posible.

Eso es lo que dice Fiódor Dostoievski: que "Si puedo encontrarme con Dios, lo único que voy a decirle es: '¿Por qué me has creado? ¿Para qué? ¡Y sin siquiera preguntarme! ¿Es esto justo?". Y para lo único que quiero ver a Dios es para devolverle el billete. No quiero participar en esta existencia inútil y sin sentido".

Marcel dice: "El único problema metafísico real es el problema del suicidio. ¿Por qué el hombre debe seguir viviendo? ¿Para qué?" Si miras sólo a través de la cabeza, sólo a través de la razón... eso es lo que ha sido el enfoque occidental hasta ahora. Está orientado a la cabeza, es racional, es aristotélico, es lógico. Ha dado una gran tecnología y ciencia, pero no puede dar sentido a tu vida. La vida se ha vuelto cada vez más aburrida; la gente está completamente aburrida. Siguen viviendo porque son cobardes, porque no pueden reunir el valor suficiente para destruirse a sí mismos, así que de alguna manera siguen tirando, arrastrándose. Occidente ha llegado a un callejón sin salida; el camino se acaba. Ahora ya no hay posibilidad de que el enfoque occidental crezca.

Pero Oriente tiene una alternativa totalmente diferente. Cuando la mente falla, cuando la razón falla, no significa que la vida haya fracasado. Simplemente significa que todo lo que la razón podía hacer, lo ha hecho; ahora tienes que buscar reinos más profundos de tu ser, y hay reinos más profundos. Más profundo que tu mente está tu corazón. Más profundo que la lógica está el amor. Más profundo que la ciencia es el arte. Más profunda que las matemáticas es la música.

Oriente abandona la mente, no la vida, y comienza a moverse hacia el corazón, hacia el mundo de los sentimientos. Y entonces, de repente, surge un gran significado, el aburrimiento empieza a desaparecer. Y recuerda, el corazón es tampoco tu núcleo más íntimo; es sólo un descanso intermedio. Pasando de la mente al ser, el corazón está exactamente en medio. Cuando hayas llegado al corazón, te darás cuenta de que existe una capa aún más profunda. Pero el corazón llenará tu vida de alegría, de gran emoción, de entusiasmo. El aburrimiento desaparecerá, y con el aburrimiento desaparecido serás consciente de un reino más profundo, el más profundo: la dimensión de tu ser, tu núcleo más íntimo. Ese núcleo más íntimo te satisface totalmente, absolutamente. Alcanzarlo es el objetivo de sannyas. Alcanzarlo es el objetivo de la meditación.

Sarjano, pasa de la cabeza al corazón. Pero el corazón sólo debe utilizarse como trampolín.

La cabeza te da la ciencia, el corazón te da el arte; y el ser, que está más allá de ambos, te da la religión. La religión es la dicha, el éxtasis, y nosotros lo buscamos.

La sensación de aburrimiento simplemente muestra que estás preparado para emprender el viaje interior; si no lo haces, te sentirás estancado. Ahora la cabeza no puede satisfacer tu anhelo. El corazón te dará algo, un atisbo, se abrirá una ventana. Conocerás algo del cielo a través de la ventana, algo de las estrellas, algo de la luna y el sol y el viento y la lluvia y las flores, pero sólo a través de la ventana. Tienes que salir también por la ventana, bajo el cielo, porque cuando miras desde la ventana todo está enmarcado, y el marco es falso. Si miras desde la ventana hacia el cielo estrellado, parece como si el cielo estuviera enmarcado, como si el cielo tuviera una limitación, un límite.

Cuando llegas a tu núcleo más íntimo, todos los límites desaparecen... has entrado en lo ilimitado, lo ilimitado, lo infinito. Ese infinito se llama Dios.

El aburrimiento es una bendición. Es un estímulo para la búsqueda. Es un impulso hacia Dios, hacia Tao. El enfoque occidental ha fracasado; ha llegado a un punto en el que ya no hay nada más que hacer. Occidente está atascado, pero el enfoque oriental no ha fracasado y nunca fracasará. Pero Occidente también puede avanzar hacia Oriente sólo cuando su enfoque fracasa. Ha llegado el momento de que Occidente comprenda a Oriente y se produzca el encuentro.

No estoy en contra de la razón. Todo lo que la razón puede dar debe ser usado como un medio, pero una cosa es cierta: no pidas cosas que ella no puede darte. No puede darte sentido, no puede darte significado, no puede darte dignidad, no puede darte tu florecimiento definitivo. Eso sólo es posible a través de la meditación, descubriendo tu yo más íntimo, tu ser último y eterno que nunca nace y nunca muere.

Utiliza el aburrimiento como un trampolín hacia lo último y entonces te sentirás agradecido, incluso agradecido a la experiencia del aburrimiento, que es dolorosa, llena de angustia. Pero el hombre sabio puede transformar incluso la miseria en dicha, y el tonto sigue destruyendo todas las oportunidades de dicha y sigue creando miseria de la energía que podría haber creado un paraíso dentro de ti. El paraíso ya está ahí, sólo tienes que dar un giro de ciento ochenta grados.

La tercera pregunta

Pregunta 3:

MAESTRO,

TANTA SED DE TI Y TAN FUERTE EL ANHELO DE OÍRTE PRONUNCIAR MI NOMBRE.

PERO NO ENCUENTRO NINGUNA PREGUNTA, NI NINGUNA BROMA COMO PRETEXTO.

Bueno, Prem Upachara, he encontrado una broma para usted:

El testamento de un excéntrico millonario decía:

"A mi mujer le dejo su gigoló y el saber que no era el tonto que ella creía. A mi hijo le dejo el placer de ganarse la vida. Durante los últimos treinta años ha pensado que el placer era todo mío. Se equivocaba. A mi hija le dejo cien mil dólares. Ella los necesitará. Lo único inteligente que hizo su marido fue casarse con ella. A mi ayuda de cámara le dejo la ropa que me ha estado robando regularmente durante los últimos diez años y también el abrigo de piel que llevó el invierno pasado cuando estuve en Palm Beach. A mi chófer le dejo mi Rolls Royce y mi ranchera: casi los ha arruinado y quiero que tenga la satisfacción de terminar el trabajo. Y por último, antes de que se me olvide, hola a ti, John, mi querido amigo que siempre solía decir que te olvidaría en mi testamento. No te he olvidado. Hola de nuevo".

¡Hola, Upchara!

La cuarta pregunta

Pregunta 4:

MAESTRO, NO SOY COBARDE, AUNQUE ES CIERTO QUE TODAVIA NO ME HE CONVERTIDO EN SANNYASIN. CREO QUE NO NECESITO NINGUNA INICIACIÓN EXTERNA; YA ESTOY INICIADO POR TI INTERIORMENTE. HE OÍDO TU VOZ HABLÁNDOME DESDE LO MÁS PROFUNDO DE MI SER.

Ramchandra,

El hombre es muy astuto para encontrar racionalizaciones. Has oído mi voz, y no sé si te he hablado alguna vez. Debe haber sido la voz de otra persona. Por favor, libérame de la responsabilidad. Debe haber sido tu propia voz. ¿Para evitar el sannyas piensas que ya te he iniciado interiormente? ¿Entonces estoy engañando a todos mis sannyasins, dándoles sannyas externo? ¿Y a usted, señor, le he dado el sannyas interno - sólo a usted? Y yo ni siquiera sé de ti, quién eres, nunca te he oído antes. ¿Y qué quiere decir con "sannyas interior"? Pero el hombre es tan astuto.

No estoy diciendo que estés mintiendo. Puede que te hayas engañado a ti mismo; puede que hayas creído que te he dado el sannyas interior y ahora no hay necesidad del sannyas exterior.

Entonces, ¿por qué has hecho esta pregunta? Podías haber preguntado interiormente y yo estaba obligado a responder interiormente.

Cuando las cosas suceden en un plano tan sutil, ¿por qué te has molestado en escribirlo? ¿Por qué has venido aquí? No es necesario.

También eres consciente en alguna parte de que eres un cobarde, de lo contrario no hay necesidad. Nadie te está diciendo que te hagas sannyasin, al menos yo no te he dicho que te hagas sannyasin. Nadie te esta llamando cobarde tampoco.

Tú dirás:

NO SOY UN COBARDE.

¿Por qué? Debes estar sintiendo que eres un cobarde. Todos estos trucos son trucos muy antiguos. La comida la necesitas de fuera; no comes comida interior. La ropa la necesitas de fuera; no produces ropa interior. La medicina la necesitas del exterior; vas a un médico. Sannyas lo tomas interiormente. El dinero tendrás que ganarlo en el exterior. Todo lo demás lo harás en el exterior, y sannyas lo harás en el interior.

¿Por qué no dejar claro al menos que no quieres tomarlo? ¿Quién te obliga? Pero no, tú quieres los dos mundos juntos. Quieres sentir que eres un sannyasin, que eres un gran buscador interior, un aventurero, un explorador de la conciencia, que no eres una persona ordinaria dedicada a actividades mundanas, tu verdadero trabajo es espiritual. Pero también eres un cobarde; no quieres arriesgar nada por ello.

Particularmente mi sannyas es arriesgado. Siempre ha sido así, siempre que un Maestro está vivo, estar relacionado con él es arriesgado. Cuando se ha ido, entonces estar relacionado con el pasado nunca es un riesgo; es conveniente.

Cuando Jesús vivía eran muy pocos los que se animaban a estar con él. Y ahora casi la mitad del mundo está "con Jesús". Pero sólo esas pocas personas estaban con Jesús; esta mitad del mundo no está con Jesús. Está con el pasado, con los muertos, con la tradición, con la convención. Ahora es conveniente ser cristiano, muy conveniente. Te ayuda en el mundo, no te estorba. En aquellos dias, era arriesgar tu vida cuando Jesus estaba vivo. Cuando Buda estaba vivo era peligroso. Siempre ha sido así.

Estar con un Maestro vivo significa estar en sintonía con la verdad. Y la verdad no cree en tradiciones, ni en convenciones, ni en conformismos. La verdad es rebelde. Y a menos que seas un rebelde, a menos que estés dispuesto a morir por la rebelión, no puedes estar con un Maestro vivo, no puedes permitirte estar con un Maestro vivo.

Entonces puedes tener una imagen de un Maestro muerto, puedes venerar la estatua de un Maestro muerto, puedes crear una ficción alrededor del Maestro muerto a tu gusto; puedes imponerle lo que quieras. Puedes hacerlo tan dulce y agradable como quieras. Los Maestros reales son totalmente diferentes.

El Talmud dice una cosa muy hermosa sobre Dios. Nunca he encontrado una afirmación tan tremendamente significativa en ningún otro lugar. El Talmud dice: "Dios no es agradable, Dios no es tu tío". Estar con él es peligroso. Pero puedes crear tu propio Dios, que es muy agradable, que es tu tío, y puedes manejarlo como quieras. Es muy fácil. Puedes hacerle lo que quieras a la estatua de Buda o a la estatua de Mahavira; puedes hacer lo que quieras.

Estaba en un pueblo y me enteré de que la policía había cerrado el templo jainista.

Porque hay dos sectas de los jainistas, los seguidores de Mahavira, igual que protestantes y católicos. Las diferencias entre los Svetambaras y los Digambaras, las dos sectas de los jainistas, son muy pequeñas, sin ninguna importancia. Las diferencias son tan tontas que luchar por ellas parece el colmo de la estupidez.

Por ejemplo, los Svetambaras adoran a Mahavira con los ojos abiertos, a su estatua con los ojos abiertos, y los Digambaras adoran a su estatua con los ojos cerrados. Y nadie le pregunta al pobre Mahavira. Por lo que veo, unas veces debe estar cerrando los ojos y otras abriéndolos. Así que puedes adorarlo

de ambas maneras, no hay ningún problema. Al menos por la noche debe haber estado cerrando los ojos, así que qué hay de malo en adorarlo con los ojos cerrados. Y no hay nada malo en adorarlo con los ojos abiertos. Es la misma persona con los ojos abiertos o cerrados.

El pueblo era pequeño y sólo había un templo jainista, y las dos sectas habían contribuido a construirlo. Habían dividido el tiempo: hasta las doce una secta adorará, después de las doce otra secta. Pero a veces ocurría que algún travieso seguía haciendo su adoración incluso después de las doce: sólo por crear problemas no se quitaban los ojos. Hay que fijar los ojos falsos porque la estatua tiene los ojos dosificados, así que hay que fijar los ojos falsos en Mahavira y luego adorarle, y cuando venga la otra secta se quitan los ojos y le adoran. Pero a veces una persona traviesa no se quita los ojos y sigue rezando y sigue rezando.

Llegó a tal punto que un día hubo una gran pelea. Empezaron a pegarse unos a otros - ¡los creyentes en la no violencia! Hubo sangre en el templo. Incluso si Mahavira hubiera tenido los ojos abiertos - ¡se le habrían cerrado inmediatamente al ver todo este sinsentido! La policía tuvo que cerrar el templo; ahora la llave la tenía la policía. Y durante tres años el templo ha permanecido bajo custodia policial; nadie puede adorar. El pobre Mahavira está encarcelado dentro del templo.

Esto se puede hacer con una estatua, pero no con un Maestro vivo. Estar con un Mahavira es peligroso. Vivía desnudo, se movía desnudo. La gente le pegaba, le echaba de sus ciudades, le perseguía con sus perros. Fue torturado de todas las maneras. Y cuando murió, la misma gente comenzó a adorarlo - la misma gente.

¿Estás diciendo que no eres un cobarde? Es arriesgado estar conmigo. Tu esposa creará problemas, Ramchandra, tu familia creará problemas, tus padres crearán problemas. Si estás en algún servicio, tu jefe te creará problemas. Tu sociedad te creará problemas. La gente te boicoteará, pensarán que te has vuelto loco.

Así que has hecho un compromiso. Quieres tomar sannyas, de lo contrario la cuestión no habría surgido en absoluto, pero ahora estás jugando un truco contigo mismo, racionalizándolo, diciendo que "no soy un cobarde". Es mejor darse cuenta de que eres un cobarde, porque con esa comprensión puedes salir de tu cobardía. Reconocer que "soy un cobarde" es el comienzo del coraje; de lo contrario, permanecerás casi inconsciente del hecho, si sigues fingiendo. Incluso las personas inconscientes no aceptan fácilmente que son inconscientes. Incluso los locos no aceptan en absoluto que están locos.

Un hombre, en evidente estado de embriaguez, estaba encorvado sobre la barra, palillo en mano, pinchando la aceituna en su bebida. El palillo se le escapó una docena de veces. Finalmente, el cliente del taburete de al lado se exaspera y agarra el palillo.

"Toma, así es como se hace", dijo, y ensartó fácilmente la aceituna.

"Gran cosa", murmuró el borracho. "Ya lo tenía tan cansado que no podía escapar".

Nadie está dispuesto a aceptar nada. Aunque estés borracho no lo aceptarás; lo racionalizarás de un modo u otro.

Un francés enamorado llevó a su secretaria a su casa mientras su mujer estaba de fin de semana con unos amigos. Justo antes de acostarse, la chica le dijo que se había olvidado de tomar la píldora.

"¿Qué podemos hacer para asegurarnos de que no me quedo embarazada?", preguntó la chica preocupada.

"¿Por qué no usas el diafragma de mi mujer?", sugirió.

Lo buscaron por todas partes, pero no lo encontraron.

"Imagínate", dijo indignado. "La perra no confía en mí - se lo llevó con ella."

Una noche, un camionero llegó a casa muy tarde y se encontró a su mujer esperándole, con fuego en los ojos y un rodillo en la mano.

"Así que", gritó. "¿Dónde has estado?"

"Bueno, verás", respondió, "recogí a esta joven bruja en la autopista hacia Maidstone. Tenía que ser una bruja porque cada vez que me ponía la mano en la rodilla me convertía en un descanso".

¿Lo pillas? Tú dirás:

NO SOY COBARDE, AUNQUE ES CIERTO QUE TODAVIA NO ME HE CONVERTIDO EN SANNYASIN.

¿Con quién estás hablando? ¿Quién te pregunta a ti, Ramchandra? Tu dices:

CREO QUE NO NECESITO NINGUNA INICIACIÓN EXTERIOR.

¡Muy bien! Así me libero de una carga. Mi Arca de Noé ya está llena.

Tú dirás:

YA ESTOY INICIADO POR TI INTERIORMENTE.

Si usted dice que tengo que estar de acuerdo. No me gustaría decepcionarte. Bueno que ya estás iniciado por mí interiormente.

Tú dirás:

HE OÍDO TU VOZ HABLÁNDOME DESDE LO MÁS PROFUNDO DE MI SER.

Por favor, deja de venir aquí, no pierdas el tiempo: puedes oír mi voz dondequiera que estés.

Pero toda tu pregunta muestra algo más; estás tratando de engañarte a ti mismo Ves claramente que quieres convertirte en un sannyasin, pero no tienes las agallas; que te gustaría convertirte en un sannyasin como otros sannyasins, pero tienes miedo de las implicaciones.

Y los indios se han convertido en una raza cobarde, de lo contrario ¿por qué vivieron durante dos mil años en la esclavitud? Un país tan vasto y grande fue dominado por países pequeños, y sin mucho esfuerzo tampoco, por la simple razón de que todo el país se ha vuelto cobarde y todo el país se ha vuelto muy astuto y listo en racionalizar. Cuando alguien conquistó el país el

Los indios dijeron: "¿Qué podemos hacer? Es la voluntad de Dios. Nada puede suceder sin su voluntad. Ni siquiera una hoja de hierba puede moverse sin su voluntad, así que si somos esclavos esa debe ser su voluntad. Es nuestro destino".

Todo esto son racionalizaciones. Ahora eres pobre, el más pobre del mundo, y sigues racionalizando que es a causa de tus malos karmas pasados por lo que estás sufriendo. Como si todas las personas con malos karmas nacieran sólo en India; no van a América. Como si las almas aún no se hubieran enterado de que Colón descubrió América. No van a la Rusia soviética; las almas parecen tener mucho miedo del comunismo. No van a Europa, ni siquiera van a Japón. Todas las almas malas vienen a la India. ¿Es el infierno o algo por lo que se les envía aquí a sufrir? Pero usted está racionalizando, nada más. Has perdido todo el valor para enfrentarte a cualquier situación, para afrontar cualquier problema con autenticidad, con sinceridad. Te has vuelto inteligente para evitar.

Ramchandra, si te conviertes en sannyasin o no, eso no me interesa. No estoy interesado en convertir a la gente en sannyas. No soy un misionero. Pero tienes que ser al menos sincero contigo mismo. Si no tienes valor, reconoce que no tienes valor. Si eres un cobarde, reconoce que eres un cobarde. Pero no juegues con palabras bonitas, no hagas feas esas palabras bonitas: "interior", "el núcleo más íntimo", "la voz interior". Son palabras muy significativas; no las destruyas ni destruyas su belleza.

Quinta pregunta

Pregunta 5:

MAESTRO, ¿SABES POR QUÉ NO HAY MUCHOS SANNYASINS EN ESPAÑA?

¡A los toros no les gustan!

Sexta pregunta

Pregunta 6:

MAESTRO,

HOY SOY UN NIÑO DE UN AÑO EN TU AMOR, EL AMOR DE LA EXISTENCIA. ¿PUEDES DECIRME "FELIZ CUMPLEAÑOS"?

¡FELIZ CUMPLEAÑOS, Anand Joaquin!

Y para tu cumpleaños, algunos chistes. Tu nombre me recordó a estos chistes, de lo contrario no he estado hablando de los portugueses.

Todas las noches, cuando Joaquín vuelve del trabajo, ve una larga cola de hombres delante de su casa, esperando entrar para hacer el amor con su mujer. Finalmente, un amigo se le acerca y le dice: "¿Cómo puedes vivir con una mujer así? Yo que tú me divorciaría inmediatamente".

"Eh, ¿estás loco? Si me divorcio de ella tendré que esperar yo al final de la cola".

Mientras esperaba su turno en un puticlub, el tipo se puso a charlar con la dueña, una portuguesa muy simpática.

"Sr. Joaquín", dice el tipo, "en su opinión, ¿en qué se basa el éxito de su establecimiento?".

"A la diversidad del servicio que ofrecemos", respondió el portugués. "Aquí puede encontrar lo que busca.

Si quieres una buena mujer, la tienes. Si quieres una chica, la tienes. Si quieres un gay, lo tienes".

"¿Así que este negocio es muy rentable?", preguntó.

"¡Oh, sí! Pero al principio fue duro".

"¿Por qué, Sr. Joaquín?"

"Imagínate... ¡al principio sólo estábamos mi mujer, mi hija y yo!".

Durante la Segunda Guerra Mundial, un regimiento alemán luchaba contra uno portugués cuando, de repente, un alemán gritó: "¡Oh, Joaquín!".

La mitad de los soldados portugueses se levantaron y dijeron: "¿Sí?".

Ta... ta... ta... los mataron a todos.

Entonces, de nuevo, un soldado alemán gritó: "¡Oh, Manuel!".

Y de nuevo más soldados portugueses se levantaron y respondieron: "¿Sí?".

Ta... ta... ta... los mataron a todos.

Indignado con la mezquina estrategia utilizada por los nazis, el único superviviente portugués gritó: "¡Fritz!".

Todo el regimiento alemán se levantó y replicó: "¡Aquí no hay ningún Fritz!". A lo que los portugueses respondieron airados: "¡Aie, aie, si lo hubiera!".

Joaquín y María llevaban unos años casados, pero no tenían hijos. Por fin, cansados de todas las averiguaciones que amigos y parientes hacían sobre un heredero, decidieron consultar a un médico.

El médico examina a María y comprueba con sorpresa que aún es virgen.

"¿Cómo esperas tener hijos si no tienes relaciones sexuales?", preguntó.

"¿Qué demonios es eso, doctor?", preguntó Joaquín.

"¿No sabes lo que es el coito?", preguntó el médico asombrado. "¿Quieres que te lo enseñe?".

"¡Por supuesto, doctor, por eso estamos aquí!"

Así que el médico hizo el amor con María, tras lo cual un confuso y sorprendido Joaquín preguntó: "¿Así que ahora podemos tener hijos?".

"Pero claro, amigo mío", sonrió el médico.

"De acuerdo", respondió Joaquín aliviado. "Volveremos el año que viene para el segundo hijo".

Y la última:

Joaquín llevó a su novia de picnic. Por el camino se les pinchó el coche. Así que fueron a la parte de atrás y pincharon y pincharon y pincharon. Luego salieron y arreglaron el pinchazo.

Cuando estaban sentados en el parque, un niño pequeño golpeó a la novia de Joaquín en la teta y le rompió tres dedos. Y cuando le estaba dando el beso de buenas noches, ella cruzó las piernas y le rompió las gafas.

Feliz cumpleaños, Joaquín La séptima pregunta

Pregunta 7:

MAESTRO, ¿POR QUÉ ESTOY CONSTANTEMENTE PENSANDO EN MUJERES Y MUJERES Y MUJERES?

Girijanandan,

¿EN QUÉ QUIERES PENSAR? ¿En los hombres? Hombre, ¿estás loco? Es absolutamente natural. Los psicólogos dicen que cada tres segundos un hombre piensa en una mujer. Ellos no saben acerca de los indios - que no dejan de pensar en absoluto. Este límite de tres segundos no es aplicable a los indios; hay que explorar la psique india. Siglos de represión les han hecho pensar continuamente en las mujeres. Las mujeres piensan en los hombres una vez cada seis segundos; eso crea todo el problema: la diferencia es enorme. Eso crea el conflicto, la lucha, la pelea entre esposas y maridos. Todas las mujeres del mundo piensan que los hombres son sólo pecadores y, naturalmente, porque piensan dos veces. Todas las mujeres parecen ser más santas.

Es natural. Desaparece, pero no puedes hacerlo desaparecer. Si intentas hacerlo desaparecer, se vuelve más obstinado, más persistente, más pervertido.

A menos que te ilumines, estás obligado a pensar en mujeres si eres un hombre, en hombres si eres una mujer. Y no hay nada malo en ello. Pero desde tu infancia te han dicho cosas estúpidas, cosas antinaturales, y todavía te rodean. Aún no has terminado con todas esas tonterías, y a menos que termines con ellas nunca serás una persona adulta.

Un chico le decía al otro: "Mi padre decía que no debía ir al prostíbulo".

"¿Por qué?", preguntó su amigo.

"Me dijo que si iba a ese tipo de lugares acabaría viendo cosas que no debía ver".

"¿Y te fuiste?"

"Sí."

"¿Y qué viste allí?"

"¡Mi padre!"

Tus padres te están corrompiendo, tu sociedad te está corrompiendo, tus sacerdotes, tus políticos te están corrompiendo. Y esto ha sido así durante miles de años; se ha convertido en un fenómeno rutinario. Así que, naturalmente, cuando empiezas a pensar en las mujeres te sientes culpable. La culpa no te ayuda a deshacerte del deseo por las mujeres; simplemente envenena tu alegría.

Eso es lo que dice Friedrich Nietzsche... y en Friedrich Nietzsche he encontrado muchas ideas hermosas. Era un loco, pero a veces ocurre que los locos tienen intuiciones más verdaderas que los llamados cuerdos, porque los cuerdos piensan mil y una cosas antes de afirmar nada; siempre están dispuestos a transigir. Los locos siguen diciendo cosas: aunque esas cosas vayan en contra de la tradición, de las convenciones, aunque esas afirmaciones les dificulten la vida; pero están suficientemente locos y siguen diciendo.

Es bueno que de vez en cuando nazcan en el mundo personas como Friedrich Nietzsche: mantienen viva la verdad. Por supuesto, sufren mucho: él se volvió loco. En una sociedad mejor, en una sociedad normal, en una sociedad sana, se le habría respetado, pero enloqueció porque se le torturó de todas las formas posibles, porque toda esa gente que vive de la mentira, que sólo vive de la mentira, sus propios cimientos se basan en la mentira, no puede tolerar a esa gente.

Friedrich Nietzsche dice: "Los curas no han podido ayudar al hombre a librarse del sexo, pero han podido envenenar su gozo del sexo". Y eso ha creado una gran dificultad: como no puedes disfrutarlo, el deseo continúa. Si puedes disfrutarlo, llegará naturalmente un momento en que habrás terminado con él.

Mi propia observación es: al igual que a los catorce años se alcanza la madurez sexual, a los cuarenta y dos se va más allá del sexo. Si el sexo se vive con naturalidad, se acepta totalmente, sin culpa, sin miedo, sin condena, a los cuarenta y dos años irás más allá. Y no necesitarás ningún Yoga ni ninguna metodología para ir más allá; será una transformación natural. Lo habrás vivido, lo habrás visto. Habrías visto sus alegrías y sus miserias, sus éxtasis y su agonía, lo habrías visto todo. Y la experiencia, y sólo la experiencia, puede hacerte madurar.

Jesús decía a sus discípulos: "Si no odiáis a vuestros padres, no podréis seguirme". Una afirmación muy extraña, pero nada comparada con la de Buda. Él solía decir a sus bhikkhus, sus sannyasins: "A menos que matéis a vuestros padres no podréis seguirme". Ambas cosas significaban -de un modo psicológico- que tienes que deshacerte de tus padres.

Girijanandan, eso es lo que te preocupa, no las mujeres: tus padres siguen pesando sobre ti.

Un niño acude a un abogado llorando. "¡Quiero el divorcio!", dice entre sollozos. "¡La vida es demasiado difícil!"

"¿Pero qué dices?", exclama el abogado. "¡No tienes edad para casarte!".

"¡Quiero divorciarme de mis padres!", responde el chico.

Todo el mundo necesita ese divorcio tarde o temprano, porque tus padres han vivido una vida dominada por sus padres, y así sucesivamente. Si quieres vivir de forma auténtica, verdadera, natural, tienes que desconectarte de todas las tradiciones. Y la única manera de desconectarse es desconectarse psicológicamente de tus padres. Eso no significa que no tengas que respetarlos ni amarlos. De hecho, si te liberas psicológicamente de tus padres serás capaz de amarlos y respetarlos porque serás capaz de perdonarlos; sentirás pena por ellos.

Ahora mismo no puedes perdonarlos, con toda esta culpa.

Lo más difícil en la vida es perdonar a tus padres. Puedes perdonarlos sólo si te vuelves psicológicamente independiente, maduro.

Tú dirás:

MAESTRO, ¿POR QUÉ ESTOY CONSTANTEMENTE PENSANDO EN MUJERES Y MUJERES Y MUJERES?

Porque te habrán dicho que no pienses en las mujeres. Te habrán dicho que las mujeres son las puertas del infierno, que son las mujeres las que te mantienen atado al mundo; ellas son la causa de la esclavitud. Si quieres librarte de la miseria, si quieres liberarte del mundo, tienes que liberarte de las mujeres.

Todas vuestras escrituras han sido escritas por hombres, de ahí que condenen a las mujeres. Si las escrituras hubieran sido escritas por mujeres habrían condenado a los hombres. Todas vuestras escrituras son machistas. Sólo muestran un punto de vista, un aspecto del problema. La mujer se ha visto obligada a guardar silencio.

Y con todas estas ideas estás obligado a pensar en todo lo que has estado reprimiendo. No reprimas más.

Si me comprendes, si quieres comprenderme de verdad, estoy en contra de la represión, de todo tipo de represión: estoy a favor de la comprensión. Comprende tus deseos, pero no los reprimas.

Y es a través de la comprensión que ocurre la trascendencia. Es a través de la comprensión que vas más allá de los deseos. Es a través de la comprensión, meditando, haciéndote más consciente, que tu inconsciente, lentamente, se transforma en consciente, que tu continente oscuro interior se llena de luz. Y eso es nirvana, eso es libertad, eso es moksha. El estado de llenarse de luz es la iluminación.

Girijanandan, solo entonces no pensaras en hombres o mujeres. Pero no reprimas. La gente reprime de mil y una maneras.

Esta misma mañana, cuando llegaba a la conferencia, Vivek me contaba una bonita conversación que escuchó entre Veena y Nandan. Nandan le preguntaba a Veena: "Mientras haces el amor, si hay alguien más presente en la habitación, ¿cómo te sientes?". Veena respondió: "No hay nadie en mi habitación. Estoy sola en mi choza". Nandan dijo: "A mí no me importa, pero me encanta hacer ruidos, enloquecer, y eso molesta a la otra persona; no me preocupa". Veena dijo: "Eso no está bien.

Permanezco completamente fría, silenciosa, inmóvil". Y Veena debe estar haciendo eso. Nandan dijo: "No he ido tan lejos en el Tantra."

Y te bendigo, Nandan. ¡No vayas tan lejos en el Tantra! Disfruta del amor, disfruta haciendo el amor. Es perfectamente natural hacer ruido, gritar, chillar. De hecho, cada vez que dos personas están haciendo el amor, todo el

vecindario debe saber que ahora está sucediendo. Sólo entonces un día serás capaz de trascender; entonces lo habrás vivido totalmente. De lo contrario, si sigues a Veena y te mantienes frío, tranquilo y sereno, entonces te tomará la vida, porque esa expresión forma parte de la experiencia. Lo no expresado permanece sin experimentar; lo expresado se convierte en parte de la experiencia. Y cuando vas en un gozo orgásmico tiene que ser expresado, bailado, cantado.

Sé que entre mis médiums, cuando profundizan en su mediumnidad, hay algunos - Nandan encabeza la lista - que empiezan a gritar y a decir palabras, sonidos incoherentes y sin sentido. Chetana es otra; entra casi en latihan. Pero hay unos pocos que mantienen la calma.

Divya está tranquila, perfectamente tranquila. A veces incluso me he quedado perplejo, porque cuando mis médiums bailan y cantan todas transpiran, excepto Divya. Para mí es bueno, porque ella es la única que no transpira, y si le toco la frente, su frente es la única que está fresca. De lo contrario, todo el mundo transpira, grita, se balancea. Ahora Divya se ha enfriado. Es una terapeuta primaria. Ella ha aprendido ese arte de cómo traer el grito primario en el otro y se ha olvidado de su propio grito primario. ¡Ahora ella traerá el grito primario de Yatri!

Amar totalmente, amar cantando, amar bailando. El amor debe ser una alegría en todas sus posibilidades; no debe ser frío. De lo contrario, te estarás moviendo simplemente hacia el gesto, un gesto vacío que no te llenará.

Ahora Veena funciona como una dama india. De cien, noventa y siete damas indias no han conocido el orgasmo en su vida. He preguntado a muchas de mis sannyasins indias. Es muy raro encontrarse con una mujer india que haya alcanzado el orgasmo, porque se les ha enseñado a permanecer frías y tranquilas, inmóviles -porque son las prostitutas las que se mueven, hacen gestos amorosos. La mujer perfecta simplemente permanece fría. Pero entonces no saben lo que es el orgasmo, y sin conocer el orgasmo nunca trascenderás tu sexo.

Y hay que trascender el sexo. No digo que no haya que trascenderlo, hay que trascenderlo, pero a través de la comprensión. No por el esfuerzo, no por la fuerza - con gracia, naturalmente. Un día cae por sí solo, y cuando cae por sí solo no deja ningún rastro.

No deja atrás a un supuesto santo, deja atrás a un ser tremendamente bello y agraciado.

No una persona muerta y aburrida, sino un ser absolutamente inteligente, ardiente, divino, lleno de fuego, de amor. La pasión desaparece, pero se convierte en compasión. Y si reprimes la pasión nunca alcanzarás la compasión. La pasión reprimida seguirá rondándote; ensuciará toda tu vida.

Girijanandan, todavía estás a tiempo. No sigas sólo pensando en las mujeres, no va a ayudar. Sólo pensar no va a ayudar - pasa por la experiencia. Ama a una mujer, enamórate, arriésgate, y olvida todas tus tradiciones y convenciones. Y un día... ese día no está lejos - si has vivido intensamente ese día llegará, ese día está destinado a llegar, cuando verás que el sexo ha desaparecido y en su lugar la misma energía se ha convertido en amor. Y el amor florece; el perfume que sale de ese florecimiento es la oración.

El pájaro ha volado

UN MONJE RECITABA EL SUTRA DEL DIAMANTE: "... SI UNO VE QUE LAS FORMAS NO SON FORMAS, ENTONCES VE A BUDA".

EL MAESTRO PASABA POR ALLI Y LO OYO. ENTONCES LE DIJO AL MONJE "RECITAS MAL. ES ASÍ: "SI UNO VE QUE LAS FORMAS SON FORMAS, ENTONCES VE A BUDDHA".

EXCLAMÓ EL MONJE, "¡LO QUE HAS DICHO ES JUSTO LO CONTRARIO DE LAS PALABRAS DEL SUTRA!".

EL MAESTRO RESPONDIÓ ENTONCES: "¿CÓMO PUEDE UN CIEGO LEER EL SUTRA?".

ES UNA DE LAS ANÉCDOTAS ZEN MÁS PREGNANTES. El enfoque zen de la vida no consiste en conocer, sino en ser. La verdad no es una cuestión de saber, sino de ser. No es algo que puedas acumular de los demás, de las escrituras, de las tradiciones. No es información:

es transformación. Tienes que llegar a un nacimiento totalmente nuevo. Tienes que morir como eres y tienes que renacer.

Jesús le dice a Nicodemo: "Si no naces de nuevo no entrarás en mi reino de Dios". Nicodemo era un rabino, un erudito famoso, un profesor muy respetado de religión, teología, filosofía, mucho más conocido que Jesús No podía entender lo que Jesús quiere decir: "A menos que nazcas de nuevo..." Dijo: "¿Eso significa que tengo que esperar a otra vida? No puede suceder en esta vida.

No ha entendido nada. Jesús no está diciendo que tengas que esperar a otra vida; está diciendo que tienes que alcanzar una visión diferente, una forma diferente de ver. No se trata de cambiar los objetos, lo visto. Todo depende del cambio en el que ve.

El entendido sigue alimentando su memoria con bellas palabras, teorías, ideologías, con la esperanza de que al acumular todos estos tesoros se está acercando a la verdad, al Tao, a Dios.

De hecho, ocurre justo lo contrario: se aleja cada vez más de la verdad porque cuanto más se espesa la memoria, más se fortalece su capacidad de conocimiento; habrá una Muralla China entre él y lo que es.

Para conocer lo que es, no se necesita información, se necesita claridad. Y la información siempre crea confusión, porque la información proviene de muchas fuentes que son confusas y contradictorias; están destinadas a serlo.

Este es uno de los problemas más importantes a los que se enfrenta hoy el hombre contemporáneo. Nunca ha sido tan grave como ahora, porque el mundo se ha convertido en una pequeña aldea y todas las fuentes de conocimiento están al alcance de todos. Ahora todo el mundo sabe algo sobre el judaísmo, el jainismo, el budismo, el hinduismo, el cristianismo, el mahometismo, el comunismo. Y todas estas fuentes diferentes van acumulando en tu interior información contradictoria. Te conviertes en una contradicción, una contradicción viviente. Te conviertes en confusión. No sabes dónde estás; no sabes qué está bien y qué está mal.

Todo lo que puedes hacer es encontrar en este desorden de tu mente algo que parezca más válido, más probable, más posible que otras informaciones. Pero eso es muy provisional, hipotético. Hoy puedes decidir que el cristianismo es correcto porque sabes más del cristianismo que del budismo. Mañana puede que sepas más sobre el budismo y, de repente, tu cristianismo empiece a evaporarse. Pero tu budismo también está en la misma trampa. Algún día puedes llegar a conocer el jainismo, y entonces tu budismo cede. Todos estos son castillos de arena. No puedes vivir en ellos.

De ahí que el hombre moderno se haya vuelto muy confuso: más conocimiento, más confusión.

El zen insiste en cambiar toda la conciencia del saber al ser. La cuestión no es cuánto sabes, sino cuánto eres. La cuestión no es tu memoria, sino tu integridad. La cuestión no es tu mente, sino tu conciencia, tu conocimiento.

Un hombre puede seguir recitando hermosos sutras mientras duerme; eso no puede ayudarle en nada. De hecho, sólo le ayudará a dormirse más profundamente porque estará pensando que ahora no hay necesidad de despertarse.

Recuerda siempre que el último truco de la mente es darte la ilusión de que estás despierto. Esa es la última estrategia. Uno puede soñar en sueños que está despierto; entonces se acaba toda posibilidad de despertar. No hay necesidad de despertar, ya estás despierto. Eso es lo que estás soñando.

Eso es lo que en realidad les pasa a los eruditos: repiten bellas palabras de Buda, Jesús, Zaratustra, Lao Tzu. Pero cuando Buda dice algo tiene un significado totalmente diferente, porque proviene de su experiencia, está arraigado en su ser. Está vivo. Es una flor de rosa que aún está en el rosal. El jugo de las raíces sigue fluyendo hacia la flor. Cuando repites el mismo sutra, es sólo una flor de plástico, porque no hay experiencia dentro de tu ser que lo sostenga, que lo nutra, que lo alimente. Sólo se impone desde el exterior.

Buda no estaba repitiendo ningún sutra antiguo; simplemente lo decía con su propia autoridad. Y recuerda la diferencia: él no tenía autoridad. El erudito tiene autoridad. Buda hablaba simplemente por su propia autoridad; no tiene autoridad. Todo lo que dice es: "Esto es lo que he experimentado, esta es mi experiencia. Que las escrituras lo apoyen o no es irrelevante.

Aunque todas las escrituras del mundo estén en contra, no importa nada. Aún así es verdad, porque me he conocido a mí mismo". Tiene una cierta validez interior, una autoevidencia.

Las palabras pueden ser meras palabras si las estás repitiendo y no eres la fuente de su origen. Se parecen exactamente a Jesús, Buda, Mahoma, pero eso es sólo la superficie. El recipiente es el mismo, pero ¿dónde está el contenido? El contenido proviene de la experiencia. Son como cadáveres. Cuando repites un sutra, una declaración tremendamente significativa de Buda o de Jesús, sólo llevas un cadáver; el alma ya no está en él. Sólo llevas la jaula; el pájaro ha volado. La jaula puede ser hermosa en sí misma: puede ser dorada, tachonada de diamantes, muy valiosa. Pero ¿dónde está el pájaro vivo, el pájaro que puede cantar, el pájaro que está vivo? El pájaro está muerto. O tal vez hayas colocado dentro sólo un juguete que se parece al pájaro, que incluso finge cantar; puede tener un disco de gramófono escondido, pero aun así no hay vida.

Una vez un borracho volvía a casa desde su taberna. Antes de ir a la taberna pensó: "La noche está muy oscura y cuando vuelva será tarde y estaré muy borracho, así que es mejor que me lleve una lámpara". Así que se llevó una lámpara. Y cuando se cayó casi al suelo en medio de la noche se puso un poco alerta: "Ya es hora de volver a casa". Todo el mundo ya se había ido. El dueño está esperando a que se vaya para poder cerrar la tienda.

Así que cogió su lámpara. Pero estaba muy desconcertado: por el camino empezó a tropezar. Tropezó con un búfalo, luego con un burro, luego con un árbol. Miró una y otra vez su lámpara: ¿Qué ocurre? Lleva la lámpara, ¿por qué tropieza? Finalmente, cayó al borde de la calle.

Por la mañana, unos amigos lo llevaron a casa.

En mitad del día llegó el dueño del pub y le dijo: "Por favor, devuélvame mi jaula. En vez de llevarse su lámpara se ha llevado mi loro".

Entonces miró... Pero cuando un hombre está borracho es inevitable que suceda.

Lees la Biblia, ¿pero meditas lo suficiente para comprender el mensaje de Jesús?

Una vez me invitó el mayor colegio de Oriente que prepara misioneros cristianos, el Leonard Theological College, un curso de seis años para preparar misioneros. Ha preparado a miles de misioneros, y cada año cientos de personas pasan los exámenes y se convierten en misioneros. Fui a echar un vistazo; el director me lo estaba enseñando todo. Le pregunté: "¿Enseña a esta gente algún tipo de meditación?".

Dijo: "¿Meditación? ¿Para qué? Estamos preparando misioneros. Les enseñamos la Biblia, cómo interpretarla, cómo apoyarla con argumentos lógicos, con pruebas -porque el mundo se está volviendo ateo-, cómo argumentar contra las religiones paganas que no son religiones verdaderas, cómo demostrar que el cristianismo es la única religión verdadera y Cristo el hijo unigénito de Dios. No necesitan meditación; necesitan erudición. Y estos seis años los dedicamos a la gran erudición". Y tenían una biblioteca enorme.

Fui de un lado a otro y estaban enseñando de todo, parecía una tontería. En una clase vi que el profesor estaba enseñando a los aspirantes a misioneros cómo pronunciar un sermón: cómo estar de pie, cómo hacer gestos con las manos, dónde hacer una pausa, dónde hablar despacio y dónde gritar fuerte, dónde hay que golpear la mesa con el puño para enfatizar lo que se quiere decir...

Le dije al director: "Estáis preparando actores, no misioneros. No están preparando cristianos. ¿Puede decirme dónde se preparó Jesús, en qué tipo de universidad, qué lecciones tomó de elocuencia, dónde aprendió a pronunciar el Sermón de la Montaña: cómo ponerse de pie, cómo hablar, qué palabras enfatizar?".

El director dijo: "Nunca aprendió nada".

Le dije: "Entonces la diferencia es clara. Las palabras que le vinieron a él salieron de su experiencia, y esta pobre y estúpida gente que estás preparando, simplemente repetirán como loros. Jesús no estará en sus corazones. Falta la experiencia; no tendrán autenticidad. Cuando tienes algo que decir, la propia experiencia encuentra su forma de expresión. Cuando tienes algo que decir, la experiencia encuentra su propio modo de expresarse; encuentra las palabras, los gestos. Pero puedes aprender los gestos y las palabras, eso no significa que encuentres la experiencia. Si hay experiencia hay expresión, no al revés.

"Están preparando loros. Estás haciendo a esta gente más estúpida de lo que hubiera venido aquí Y lo que están haciendo es tan tonto que sólo gente muy mediocre puede hacer ese tipo de cosas."

Pero eso es lo que sigue ocurriendo en todo el mundo.

La religión no tiene nada que ver con las palabras; tiene que ver con la realización. Y si te das cuenta, las palabras surgen automáticamente Cuando tu corazón está lleno de una canción empiezas a encontrar las palabras. Empiezas a encontrar el lenguaje correcto, o cualquier lenguaje que utilices se convierte en el lenguaje correcto y cualquier palabra que utilices se vuelve significativa.

Jesús no es un gran erudito; usa palabras muy ordinarias, palabras cotidianas, el lenguaje de la gente común, del mercado, de los jornaleros, agricultores, jardineros, pescadores, leñadores, mendigos, prostitutas, jugadores, borrachos. No es un erudito, pero nadie ha hablado con tanta belleza.

Sus palabras tienen una calidad tremenda, una magia inmensa. Sí, sólo puede llamarse magia por la sencilla razón de que están vivas.

No sabes el nombre de ningún rabino que participó en la conspiración para crucificar a Jesús. Todos esos grandes eruditos han caído en el olvido. Y este joven, hijo de un carpintero, sigue teniendo una importancia tremenda, por la sencilla razón de que sus palabras tienen algo de verdad. No son sólo recipientes vacíos; hay algo de contenido.

ZEN DICE: LAS PALABRAS CORRECTAS, incluso las palabras correctas, en las manos equivocadas se convierten en erróneas, y viceversa.

Incluso las palabras equivocadas en las manos correctas se vuelven correctas. Es la magia de la persona, es el carisma del hombre despierto y experimentado que todo lo que toca se convierte en oro; incluso el polvo se vuelve divino. En las manos de aquellos que están profundamente dormidos incluso el oro no es oro.

Esto es algo que hay que recordar. Entonces estas pequeñas parábolas empezarán a revelarte grandes tesoros. Podemos usar palabras, pero el significado vendrá de nuestra propia experiencia.

Un paleto arrastró a su hijo, que protestaba, a una nueva escuela que acababa de abrirse en un municipio cercano. Al llegar a la escuela, el padre paleto preguntó al profesor: "¿Qué tipo de aprendizaje está a-enseñando?".

El profesor respondió: "Bueno, todas las asignaturas habituales. Lectura, escritura, aritmética...".

El serio papá le interrumpió: "¿Qué es esto de arith... arith... lo que has dicho?".

"Aritmética, señor", repitió el profesor. "Daré un curso completo de geometría, álgebra, trigonometría..."

"¡Triggemometría!", gritó el paleto. "¡Maldita sea! Eso es justo lo que necesita mi chico, ¡es el peor tirador de la familia!".

Está destinado a ser así. En el momento en que una palabra llega a ti, cambia inmediatamente de significado. Se convierte en tu palabra, toma tu color.

La profesora pregunta a su clase quién inventó la bombilla.

Todos gritan: "¡Edison!", excepto Pierino, que grita: "¡Mi padre, mi padre!".

El profesor, perplejo, pregunta: "¿Tu padre, Pierino? ¿Qué quieres decir?"

"Bueno", responde el pequeño, "todas las noches en la cama mi padre le dice a mi madre: "¡Apaga la bombilla y haremos otra!"".

El niño puede tener su propio significado, sólo puede tener su propio significado. Es natural. Puedes oír grandes palabras. pero ¿de dónde vas a dar el significado a esas palabras?

El otro día Mutribo me preguntó: "Maestro, ¿has oído hablar de la carcoma polaca?"

¡Sí, Mutribo, fue encontrado en un ladrillo! Una carcoma polaca, una cosa es cierta, no se puede encontrar en la madera. ¡Un polaco es un polaco! Y lo mismo ocurre con todo el mundo.

En su visita a la horca rusa, el embajador estadounidense quedó conmocionado por los horribles gritos de los ejecutados. Inmediatamente ordenó que le trajeran de Estados Unidos una moderna silla eléctrica, como regalo del pueblo americano.

Unos meses más tarde, al visitar de nuevo el patíbulo, se alarmó al oír gritos mucho peores que los de su visita anterior. "¿Qué está pasando?", preguntó.

El comisario dijo: "Recibimos la silla eléctrica, gracias, pero no tenemos electricidad... así que tenemos que usar velas".

UN MONJE RECITABA EL SUTRA DEL DIAMANTE.

EL SUTRA DEL DIAMANTE es ciertamente uno de los tesoros más valiosos jamás entregados a la humanidad. Es ciertamente la escritura más preciosa, de ahí el nombre de "El Sutra del Diamante". También se le ha dado este nombre porque un diamante lo corta todo, y el Sutra del Diamante corta tu sueño, tus sueños, tus proyecciones, tus deseos, tu mente, toda tu estupidez, como un diamante.

Va como una espada dentro de ti, cortando todas las capas, cortando todo lo que has acumulado en millones de vidas. Vuelve a poner a tu disposición tu núcleo más íntimo. Pero no es para recitar.

Eso es lo que han estado haciendo los budistas durante veinticinco siglos: seguir recitándolo. Lo han recitado tantas veces que hay millones de budistas en todo el mundo que pueden recitar todo el Sutra del Diamante de memoria. No necesitan mirar el libro; pueden recitarlo con los ojos cerrados. Pero recitar no te va a ayudar; de hecho, va a obstaculizar tu progreso, tu crecimiento, porque recitar es una especie de autohipnosis. Si recitas un determinado sutra una y otra vez, se crea un sueño profundo en ti.

Hipnosis viene de la palabra hypnos; hypnos significa sueño deliberado, sueño creado. Y se ha descubierto que si repites una cierta palabra o un cierto mantra una y otra vez te ayuda a caer en un sueño profundo - un sueño muy refrescante, por supuesto, un sueño rejuvenecedor, por supuesto - pero un sueño es un sueño; no es un despertar. Y te sentirás bien: después de haber hecho Meditación Trascendental durante quince minutos, te sentirás bien. No hay duda de ello, porque durante quince minutos la mente deja de parlotear, porque ésta es una de las leyes de la mente, que sólo puede repetir una cosa a la vez. Si repites un mantra o sutra lo suficientemente rápido y no dejas intervalos entre ellos, la mente no puede hacer nada más. Puedes seguir repitiendo, "Ram, Ram, Ram..." cualquier cosa servirá. Puedes repetir tu propio nombre y eso servirá. No tiene nada que ver con ningún nombre sagrado ni con ningún mantra sagrado. No hay necesidad de obtenerlo de nadie; puedes inventar tu propio mantra. Cualquier cosa servirá - abracadabra - sólo repítelo. El punto es: repetición constante, y rápida, porque si das lapsos entonces tu mente comienza a parlotear. Si dices: "Ram..." y luego haces una pausa, en esa pausa la mente pensará: "El tren está pasando... alguien está llorando... la hormiga se arrastra por el pie... Me pregunto qué hora es..." y mil y una cosas. Pero si no le das tiempo a nada, si repites de tal manera que un Ram empieza a superponerse a otro Ram, entonces creará en ti un sueño muy tranquilizador.

Puede hacerse mediante cualquier tipo de repetición, no sólo la de una palabra. Puedes colgar un péndulo y mirar el péndulo en movimiento, de derecha a izquierda, de izquierda a derecha. Con sólo mirar el péndulo moverse continuamente, en pocos minutos te quedarás profundamente dormido. Caerás en un sueño profundo que será más profundo que tu sueño ordinario, porque tu sueño ordinario sigue teniendo sueños.

Este sueño creado deliberadamente le lleva más profundamente que el sueño ordinario; incluso el sueño se detiene.

Y si has estado repitiendo el mantra durante muchos años te quedarás dormido, pero el mantra se ha vuelto ya casi autónomo. Seguirá repitiéndose, reverberando dentro de ti, "Ram, Ram"; seguirás oyéndolo. Primero lo repites tú; al cabo de unos meses o años empiezas a oír cómo se repite el mantra. Tu mecanismo lo asume. La mente tiene una parte robótica que siempre se hace cargo de las cosas.

Empiezas a aprender a conducir. Primero tienes que estar atento a todo Tienes que estar atento al acelerador y a los frenos y al embrague y a la caja de cambios y a la carretera y a la gente que pasa - y hay mil y una cosas. Y estás realmente temblando por dentro, si vas a conseguirlo o no, porque están pasando tantas cosas juntas, ¿serás capaz de recordarlas todas? Si miras la carretera te olvidas del freno; si te concentras en el freno te olvidas del acelerador; si miras el acelerador, te olvidas de la carretera.

Pero al cabo de unos días no habrá necesidad de recordar nada. Puedes seguir cantando una canción o discutiendo, hablando, escuchando la radio, fumando o lo que quieras, o pensando mil y un pensamientos... y tu parte robótica habrá tomado el control. Ahora tu mente sólo será necesaria en casos de emergencia. Si de repente se te pone un coche delante y es cuestión de vida o muerte, entonces tu mente entrará en acción; serás consciente. La parte robótica ya no puede funcionar porque no puedes prepararla para las emergencias.

No puedes prepararla para accidentes, así que no tiene ni idea de cómo enfrentarse a un accidente. Así que sólo de vez en cuando tu consciencia estará ahí, de lo contrario todo seguirá inconsciente.

Esta parte robótica va tomando todo lo que aprendes. Y si recitas un mantra o un sutra durante años, la parte robótica lo aprende. Entonces te quedas dormido, pero la parte robótica sigue repitiéndolo en tu lugar, y tú sigues pensando que no has estado dormido. Has estado recitando el sutra, ¿cómo puedes estar dormido? Has estado haciendo tu mantra, ¿cómo puedes estar dormido? Y parece que hay alguna lógica en ello, algún razonamiento en ello.

Muchos Meditadores Trascendentales me han dicho que "¡Usted dice que nos dormimos, pero seguimos repitiendo el mantra!". Eso es verdad. Sigues repitiendo el mantra porque ahora no necesitas estar allí para repetir el mantra; la parte robótica de la mente lo repite. La parte robótica sigue haciendo muchas cosas por ti. ¿Quién hace circular tu sangre? ¿Tú? Si tuvieras que hacer circular la sangre, habrías muerto mucho antes... ¡porque ves pasar a una mujer hermosa y te olvidas de hacer circular la sangre! Y para cuando te acuerdas, ¡ya se ha acabado! ¿Quién respira? ¿Tú? Es la parte robótica, si no, ¿quién respirará cuando estés dormido? Incluso en coma seguirás respirando.

Una vez fui a ver a una mujer que lleva nueve meses en coma, sigue respirando, respira perfectamente. La parte robótica sigue haciéndolo.

Te sorprenderá saber que la parte robótica se vuelve tan capaz de hacer cosas que incluso cuando mueres la parte robótica sigue haciendo algunas cosas. ¿Qué decir del sueño? Si cavas una tumba uno o dos meses después de que el hombre haya sido enterrado, te sorprenderás: le ha crecido el pelo, le han crecido las uñas. ¡Y el hombre está muerto! ¿Quién lo ha conseguido? ¿Cómo le han crecido el pelo y las uñas? La parte robótica se ha vuelto tan autónoma que aún no se ha enterado de la muerte del hombre. A menos que todo se marchite en la tierra, continuará, seguirá haciendo su trabajo. Es algo mecánico: estés o no en la habitación, tu reloj seguirá funcionando, ¡igual que el reloj!

Entonces sentirás que has estado repitiendo, así que no estabas dormido - eso es absolutamente erróneo.

Has estado absolutamente dormido. Pero la parte robótica está dentro de ti; se repite para que puedas oír la vibración. Y cuando entras en el sueño vas oyéndola y cuando sales del sueño sales oyéndola. Y el intervalo entre los dos no puedes recordarlo porque estabas dormido, así que piensas que has estado oyendo todo el tiempo.

Durante siglos millones de personas religiosas se han estado engañando a sí mismas mediante la autohipnosis. El noventa y nueve por ciento de tu religión consiste en autohipnosis y nada más. Una vez que eso sea abandonado, entonces podrás descubrir la verdadera religión, no antes de ella.

UN MONJE ESTABA RECITANDO EL SUTRA DEL DIAMANTE...

Recitar se ha convertido en un ritual. La misma palabra "koran" significa recitar - la misma palabra "koran"

significa recitar, como si sólo sirviera para recitar. Nadie se molesta siquiera en comprender su significado.

Conozco a muchos amigos mahometanos que pueden recitar el Corán sin saber exactamente el significado; no les preocupa el significado. Conozco amigos jainistas que pueden recitar el Kundkund Samayasar sin conocer su significado. Y conozco budistas, monjes y monjas, que pueden recitar el Sutra del Diamante, el Sutra del Loto, sin conocer en absoluto el significado. E incluso si conocen el significado, será erróneo. Será erróneo porque ellos están equivocados. El significado depende de su ser. El significado sólo puede ser correcto si alcanzan la Budeidad; nunca puede ser correcto antes de eso.

El Sutra del Diamante dice, y el monje estaba recitando "... SI UNO VE QUE LAS FORMAS NO SON FORMAS, ENTONCES VE A BUDDHA".

EL CAMINO DE BUDDHA es el camino de neti-neti, via negativa, ni esto ni aquello. Este es todo su proceso de llegar a tu núcleo esencial. Tienes que ir descartando, eliminando. Tienes que decir: "El cuerpo no soy yo, yo no soy el cuerpo, porque puedo ver el cuerpo, puedo sentir el cuerpo".

Has sido niño y sabías que tu cuerpo era un cuerpo de niño. Luego te hiciste joven y sabes que tu cuerpo se hizo joven. Luego te hiciste viejo y sabes que tu cuerpo se hizo viejo. A veces has estado enfermo y a veces has estado sano, y conoces una sensación interna de salud, bienestar, enfermedad.

Tú eres el conocedor y el conocedor nunca puede ser lo conocido; ésa es la aritmética de la vía negativa.

El observador no puede ser lo observado. Así que "yo no soy el cuerpo" tiene que ser la primera experiencia cuando entras dentro. El primer cuelgue es con el cuerpo, así que tienes que desconectarte con el cuerpo. Esa es tu primera identidad: "Yo soy el cuerpo".

Cuando tienes hambre dices: "Tengo hambre", pero en realidad el caso es distinto. Sólo observas que el cuerpo tiene hambre, que tu estómago se siente vacío; ésa es tu experiencia. No tienes hambre.

Y cuando comes y estás saciado, esa también es tu experiencia. Tú eres el observador; la comida no entra en la conciencia, ni la conciencia pasa hambre ni se sacia, ni tiene sed ni se apaga. Es sólo un observador.

Buda ha dicho: "Observa y desconéctate del cuerpo. Tú no eres el cuerpo".

Y lo mismo hay que hacer con la mente. Entonces observa de nuevo: ¿eres tú los pensamientos? ¿Cómo puedes ser los pensamientos? Los pensamientos van y vienen, y tú permaneces. Los pensamientos son como reflejos en el espejo, nubes que pasan por el cielo, pero el cielo no son las nubes. Los deseos, los recuerdos, la imaginación, todos van y vienen. Tú tampoco eres tu mente, así que di: "Yo no soy mi mente".

Y en tercer lugar, "tampoco soy mi corazón", los sentimientos, las emociones, que son lo más sutil. Entonces, ¿quién soy yo? Cuando has cortado estas tres identidades, no queda casi nada. Has cortado la raíz misma del ego. Entonces ni siquiera puedes decir: "Yo soy", sólo puedes decir: "Hay cierta amabilidad. pero no hay yo".

"Yo" consiste en cuerpo, mente y corazón. Estos son los tres componentes del cuerpo, del ego. Una vez que estos tres son abandonados, eliminados, el ego desaparece. Entonces sólo existe la conciencia pura. El cuerpo es una forma, la mente también es una forma y el corazón también es una forma. Y el ego es el contenedor, el conjunto de todas las formas. Cuando todo ha sido eliminado, el ego se vacía y se desvanece.

De ahí que este Sutra del Diamante diga:

"... SI UNO VE QUE LAS FORMAS NO SON FORMAS..."

"El cuerpo no es mi cuerpo, la mente no es mi mente. No estoy ni en el cuerpo ni en la mente; sólo son formas". Y las formas no son verdad. Las formas son sólo formas, ondas, fases pasajeras, como los sueños.

Las formas no son formas. Si una vez se comprende esto, entonces uno se convierte en Buda, uno ve a Buda.

La conciencia es Buda.

Hay una historia sobre Buda que me ha encantado:

Está sentado bajo un árbol. Un gran astrólogo pasa por allí. Ha visto sus huellas en la arena de la orilla del río. Acaba de llover y la arena está mojada y puede ver las huellas de los pies de Buda muy claramente. Está perplejo, muy perplejo. Toda su astrología está en peligro porque ha estado estudiando toda su vida que estos son los símbolos de un chakravartin. Chakravartin significa el hombre que gobierna todo el mundo, el emperador de los seis continentes. "¿Qué hace un chakravartin aquí, en esta pequeña y pobre aldea, junto a este río corriente? Y caminando descalzo por la arena, ¿un chakravartin? ¡Imposible!"

Observó muy de cerca, debió de mirar con lupa. Todas las indicaciones son tan exactas que o toda su astrología está equivocada o un chakravartin ha caminado descalzo. Siguió las huellas por donde había pasado este hombre y encontró a Buda sentado bajo un árbol justo al lado de la orilla. Su perplejidad aumentó. El rostro del hombre parece el de un chakravartin: tan grácil, tan hermoso. Nunca en su vida había visto tanto esplendor. Pero es un mendigo, sus ropas son las de un mendigo. Y al lado de Buda está su cuenco de mendicidad.

Fue, se inclinó y preguntó al Buda: "¿Puedo preguntarle quién es usted, señor? ¿Eres un dios que ha descendido del cielo para alguna visita especial a la tierra?".

Buda dijo: "No, no soy un dios".

"¿Entonces eres un ángel?"

Y Buda dijo: "No, no soy un ángel".

Y así sigue preguntando y Buda sigue diciendo "No, no, no...". Molesto, pregunta: "Al menos dirás que sí a esta pregunta. ¿Eres un hombre o dirás que no eres un hombre?".

Buda dijo: "Yo tampoco soy un hombre".

Exasperado, el hombre pregunta: "Entonces, ¿quién eres tú?".

Buda dijo: "Sólo soy conciencia. He abandonado todas las formas porque las formas no son formas... sólo sueños, flores del cielo".

A veces las ves cuando estás cerca del océano: ves las flores del cielo. En la mitología india se llaman flores del cielo. Los físicos dicen que es oxígeno condensado, porque cerca del océano hay demasiado oxígeno en el aire, así que cuando miras a veces ves formas en el cielo moviéndose.

Buda dijo: "Sólo soy conciencia, nada más".

Este monje estaba recitando este sutra.

EL AMO PASABA POR ALLÍ Y LO OYÓ.

LOS MAESTROS SIEMPRE UTILIZAN TODAS LAS OPORTUNIDADES para ayudar a la gente a despertar; no pierden ni una sola oportunidad. El monje debía de ser su discípulo.

EL MAESTRO PASABA POR ALLI Y LO OYO. ENTONCES LE DIJO AL MONJE: "RECITAS MAL. DICE ASI: 'SI UNO VE QUE LAS FORMAS SON FORMAS ENTONCES VE A BUDA'".

Ahora el Maestro está diciendo justo lo contrario del sutra. El monje lo recita correctamente, el Maestro lo dice mal. Pero el Maestro tiene razón y el monje está equivocado, porque en manos de una persona correcta incluso las palabras equivocadas se convierten en correctas y en manos de una persona equivocada incluso las palabras correctas se convierten en equivocadas.

Me ha ocurrido muchas veces. En Sarnath me invitaron los budistas; un monje budista, Bhikshu Jagdeesh Kashyap, me había invitado. Estuve hablando con los monjes budistas. Sarnath es el lugar donde Buda pronunció su primer sermón. Conté algunas historias sobre Buda.

Después de hablar, Bhikshu Jagdeesh Kashyap, mi anfitrión, se levantó y dijo: "Estamos muy agradecidos.

Nadie nos ha hablado así. Pero las historias que has contado no son exactamente como se dan en las escrituras; has cambiado en muchos lugares". Y él era un gran erudito; conocía todas las escrituras.

Le dije: "¡Tú conoces las Escrituras, yo conozco a Buda! Así que si digo algo que no está en las escrituras, puedes añadirlo a tus escrituras. Si digo algo que no está en las Escrituras, puedes corregirlas. Tú sólo conoces las escrituras, yo conozco a Buda".

Me dijo: "¿Qué quieres decir con conocer a Buda? Lleva muerto veinticinco siglos".

Y yo le dije: "Eso también lo dicen las Escrituras; por lo demás, está vivo en todo el mundo, ¡ahora mismo! Incluso está vivo en ti. Tú no eres consciente de él, pero yo sí. No estoy hablando de Gautam el Buda. Yo he experimentado la consciencia, y todo lo que digo es según mi experiencia.

Las historias tienen que ser así, como yo las cuento. Si tus escrituras dicen otra cosa, entonces alguien debe haberlas puesto mal".

Era mi anfitrión, así que no podía discutir tanto; habría sido de mala educación. Más tarde, por la noche, dijo. Pero esto es demasiado. Llevo todo el día dándole vueltas. ¿Quieres decir que nuestras escrituras, que hemos respetado durante siglos, están equivocadas?".

Yo dije: "Yo no he dicho eso. Lo que digo es: tú sólo conoces las escrituras, de ahí que tu conocimiento no sea fiable". Y le conté esta historia, esta historia Zen:

UN MONJE RECITABA EL SUTRA DEL DIAMANTE:... SI UNO VE QUE LAS FORMAS NO SON FORMAS, ENTONCES VE A BUDA.

El monje recitaba perfectamente, exactamente como se dice.

EL MAESTRO PASABA POR ALLI Y LO OYO. ENTONCES LE DIJO AL MONJE: "RECITAS MAL. ES ASÍ..."

Cambió exactamente por lo contrario.

'SI UNO VE QUE LAS FORMAS SON FORMAS...'

que el cuerpo es el cuerpo, la mente es la mente, el corazón es el corazón... entonces uno ve al Buda.

EXCLAMÓ EL MONJE, "¡LO QUE HAS DICHO ES JUSTO LO CONTRARIO DE LAS PALABRAS DEL SUTRA!".

Y el monje tiene razón en lo que respecta al sutra, pero aun así sólo conoce el sutra; no tiene experiencia directa de la realidad.

EL MAESTRO RESPONDIÓ ENTONCES: "¿CÓMO PUEDE UN CIEGO LEER EL SUTRA?".

Eres ciego y hablas de la luz. Puede que hayas leído sobre la luz, pero ¿qué puedes decir sobre la luz? Cualquier cosa que digas estará equivocada.

Ramakrishna solía contar una y otra vez la historia de un ciego.

Un ciego fue invitado por unos amigos; hubo un banquete. Por primera vez probó un nuevo dulce de leche. Preguntó a la persona que estaba sentada a su lado -y la persona que estaba sentada a su lado era un gran pundit, un gran erudito-, preguntó: "¿Qué es esto?".

El experto dijo: "Esto es un dulce de leche".

El ciego le pidió: "Por favor, cuéntame algo más sobre la leche para que pueda entender mejor el dulce".

El experto dijo: "¿Leche? La leche es blanca".

El ciego dijo: "Me estás creando más rompecabezas. Soy ciego. No me crees más enigmas, ayúdame a entender. ¿Qué es el blanco? ¿Qué quieres decir con blanco?"

Pero los expertos son mucho más ciegos que los ciegos. El experto dijo: "¿Blanco? ¿No sabes lo que es blanco? ¿Qué clase de pregunta es ésta? ¿Has visto alguna vez un cisne? El color del cisne es blanco; eso es lo que es el blanco".

El ciego le dijo: "Pareces molesto, pero perdóname, soy ciego. No te enfades, pero tus respuestas han despertado mi curiosidad. Ahora me pregunto qué quiere decir con "cisne". Nunca he oído, nadie me ha hablado nunca del cisne. ¿Cómo es un cisne? ¿Cómo es? Y que quede claro, sabiendo perfectamente que soy ciego. Primero piensa en mi ceguera y luego trata de explicármelo; según mi ceguera tienes que ilustrar el punto".

El experto recapacitó un poco. Dijo: "Esto va ad infinitum. Diga lo que diga, este hombre va a hacer otra pregunta. Tiene que terminar". Así que cogió la mano del ciego, puso la suya sobre su propio brazo y le dijo: "Mueve tu mano sobre mi brazo. ¿Sientes algo?"

Dijo: "Sí, puedo sentir una mano curvada".

La respuesta del ciego hizo regocijarse al pundonoroso. Dijo: "Ahora lo entenderás. Así es el cuello del cisne: curvado como esta mano".

El ciego estaba exultante. Dijo: "¡Gracias, muchas gracias! Ahora sé de qué está hecho este dulce: ¡de mano curva!".

Es una conclusión lógica. Un ciego no puede entender el color, no puede entender la blancura. Es estúpido explicárselo. Puede pasarse la vida recitando sutras sobre la blancura, pero no sabrá lo que es la blancura. Lo que necesita no son sutras sobre la blancura: lo que necesita es un hombre que le despierte, un médico que le cure los ojos, que le haga ver.

EL MAESTRO RESPONDIÓ ENTONCES: "¿CÓMO PUEDE UN CIEGO LEER EL SUTRA?".

"Estás ciego. No sabes nada. Yo también sé", dijo el Maestro, "lo que dice el Sutra".

Esa es una forma de acercarse a la propia conciencia: vía negativa neti-neti - ni esto ni aquello. Esa es la vía negativa. Hay otro camino: vía afirmativa iti-iti - esto también, esto también. Ese es otro camino. Uno puede llegar a través de lo negativo, uno puede llegar a través de lo positivo. Y la persona que ha llegado conoce ambas puertas.

La primera afirmación se refiere a la vía negativa:

"SI UNO VE QUE LAS FORMAS NO SON FORMAS, ENTONCES VE A BUDA".

Pero si has visto al Buda dentro de ti, si has llegado a esa comprensión, entenderás también mi afirmación. Entonces no la contradice, sólo la compensa; es complementaria. Entonces es vía positiva vía afirmativa: "SI UNO VE QUE LAS FORMAS SON FORMAS ENTONCES VE A BUDDHA".

Pero ambas afirmaciones parecerán contradictorias al ciego; para el hombre que tiene ojos no hay contradicción alguna.

Hay personas que encontrarán mil y una contradicciones en las palabras de Buda, en las palabras de Jesús, por la sencilla razón de que no han experimentado ese estado de conciencia en el que los opuestos se encuentran, se mezclan, se funden y se convierten en uno, en el que los opuestos ya no son opuestos sino que se convierten en complementarios, en el que los opuestos son absolutamente necesarios para la existencia del otro, en el que ya no son enemigos sino amigos, compañeros en una danza. Aquellos que lo han conocido, para ellos no existe contradicción alguna.

Ha sido mi experiencia... Durante todos estos veinticinco años que llevo hablando con la gente, una y otra vez, eruditos, profesores, expertos y teólogos se me acercan y me dicen: "Tus afirmaciones son contradictorias. En un sitio dices una cosa y en otro justo lo contrario".

Les he estado diciendo: "Sólo os parecerán contradictorios si no habéis alcanzado la conciencia. la consciencia. Una vez alcanzada esa cima, desde esa cima podréis ver todos los caminos que conducen a la misma cima. El camino que viene del norte y el que viene del sur no son opuestos".

Pero la gente que está en el valle, el valle oscuro, por supuesto que dirá que el camino que va desde el norte y el camino que va desde el sur son caminos opuestos: no pueden llevarte a la misma meta. Discutirán, discutirán, se pelearán y perderán el tiempo. Todas las religiones se han peleado, pero no hay disputa entre Buda y Lao Tzu, Zaratustra y Mahoma, Bahauddin y Ramakrishna, Raman y Krishnamurti; no hay disputa. La disputa sólo existe entre filósofos. Sí, Buda también ha argumentado contra los necios, pero nunca contra otro Buda Mahavira también ha argumentado contra los pseudo maestros, pero nunca contra un verdadero Maestro. Jesús también ha dicho cosas contra los rabinos, los sacerdotes, pero nunca contra un verdadero profeta; eso es imposible. Todos tienen el mismo gusto, la misma experiencia; han conocido la misma verdad.

Es la clase del domingo y el cura está alabando la belleza del altruismo y la generosidad. Pierino se levanta y dice: "Sí, mi padre también dice que en la vida hay que dar y dar y dar".

El cura se alegra mucho y responde: "Tu padre debe de ser un hombre piadoso y temeroso de Dios. Sería bueno que hubiera muchos más como él. ¿A qué se dedica?"

"¡Es un boxeador!", responde Pierino.

Manuel dejó Portugal y se fue a Brasil para montar un negocio. Cuando llegó a Río, buscó a su viejo amigo Joaquín, quien le aconsejó que se dedicara al negocio de los moteles, ya que era el más rentable de Río.

Al cabo de unos meses, los dos amigos volvieron a encontrarse.

"¡Tu sugerencia me está llevando a la quiebra!", se quejó Manuel.

"¿Cómo puede ser?", preguntó Joaquín. "En este negocio no hay riesgos. Quizá hiciste algo mal".

"¡No, no!", dijo Manuel. "Hice todo lo que me sugeriste. Utilicé al mejor arquitecto y decorador de interiores. Todo tiene ambiente y gusto. Todo el motel está diseñado en estilo árabe.

Es muy romántico, como acampar en una tienda en el desierto. Las camas son redondas, hay espejos en el techo, suena música exótica y hay finos velos que brillan bajo la suave luz roja de las lámparas".

"Entonces, ¿qué puede ir mal?", preguntó el amigo.

"No lo sé", respondió Manuel. "No ha venido ninguna de las parejas que dijiste que vendrían a comprobarlo cada hora. Sólo de vez en cuando se pasa una familia".

"¿Qué nombre le has dado a tu motel?"

"¡Motel de Nuestra Santa Madre María!", responde Manuel.

Las personas funcionan a partir de su propio entendimiento; no pueden ir más allá, ni siquiera se puede esperar...

Tom va a una agencia de viajes de Nueva York para reservar sus vacaciones en Inglaterra. La chica del mostrador le pregunta: "¿Quiere alquilar un coche mientras esté en Londres?".

"Sí, ¿por qué no?" responde Tom.

"Vale, señor, pero ya sabe que en Inglaterra se conduce por la izquierda", le explica la chica.

Tom se sorprende. "No lo sabía, pero cada país tiene sus costumbres, así que, ¿por qué no?".

Tom sale feliz de la agencia de viajes y todo queda arreglado.

Dos semanas más tarde entra en la oficina de la agencia de viajes con los brazos y las piernas escayolados.

"¡Quiero cancelar mi viaje a Inglaterra!"

La chica del mostrador quiere saber qué le ha pasado.

Bueno", explica, "¡pensé que antes de irme a Inglaterra sería mejor practicar un poco la conducción por la izquierda!".

Un brasileño fue a una fiesta y se emborrachó mucho, tanto que se desmayó de camino a casa. Una pequeña serpiente que pasaba por allí se metió en sus pantalones y se acurrucó cómodamente en el bosque negro junto a su pelvis.

A la mañana siguiente se despertó, se frotó los ojos y fue a mear. Metiendo la mano en la bragueta, sacó la serpiente. Sorprendido, dijo: "¿Qué es eso, zeezee? Sabía que tenías esta boquita, pero esos dos ojitos no los recuerdo".

Dos gatos atigrados cotillean en el vertedero. Una dice: "¿Quién es el padre de tus últimos gatitos?".

El otro responde: "El gran magnífico tom jengibre de la orilla del canal. ¿Y tú?"

"No sé quién lo hizo: tenía la cabeza en una lata de sardinas en ese momento".

Tres mujeres fueron enviadas a un psiquiatra para un chequeo de salud mental. El psiquiatra realizaba pruebas de asociación de palabras. "Mares azules, cielos azules, acantilados blancos, arenas resplandecientes, el sol brillando en el cielo... ¿en qué piensa?", preguntó a la primera mujer.

"Oh, un cuadro precioso", dijo la mujer. Era pintora.

"Vale, puedes irte, estás cuerdo", dijo el psiquiatra.

La segunda mujer entró en la habitación. "Mares azules, cielos azules, acantilados blancos, arenas relucientes, el sol brillando en el cielo... ¿en qué piensa?", preguntó el psiquiatra.

"Vacaciones de verano", dijo la mujer. Era profesora en una universidad.

"Vale, puedes irte, estás cuerdo", dijo el psiquiatra.

Entró la tercera mujer y el psiquiatra repitió su pregunta: "Mares azules, cielos azules, acantilados blancos, arenas relucientes, el sol brillando en el cielo... ¿en qué piensas?".

"Un capullo", respondió la mujer.

"¿Un gilipollas?", dijo el psiquiatra. "¿Qué demonios te hace pensar en un gilipollas?"

Es en lo único que pienso", dijo la mujer.

"¿Estás loco?", preguntó el psiquiatra.

"No, no estoy loca, sólo soy una monja católica", dijo la mujer.

Pero no se puede esperar más de una monja católica.

La gente vive en su propia mente. Incluso las nubes blancas, el cielo azul, el sol brillando en el cielo, no harán mucha diferencia. Sólo recordarán lo que puedan recordar.

Puedes leer el Sutra del Diamante, pero sólo verás lo que puedes ver, sólo comprenderás lo que puedes comprender. No se trata de saber más, sino de ser más. Cuanto más integrado estés, cuanto más consciente seas, cuanto más consciente seas, entonces habrá sutras por todas partes: en las briznas de hierba, en las rocas. Sí, sermones en las rocas y escrituras en los árboles. La cuestión está en tus ojos. Si eres capaz de ver, entonces Dios está en todas partes. No necesitas ir a una iglesia, a un templo o a una mezquita. Si tienes claridad, transparencia de visión, entonces no necesitas leer el Gita, el

Dhammapada, el Sutra del Diamante, el Corán, la Biblia. Lo que leas se convertirá en el Sutra del Diamante, se convertirá en el Bhagavad Gita, se convertirá en el Corán - todo depende de ti.

De ahí mi insistencia aquí en que te vuelvas más meditativo, no más informativo, que te vuelvas tan meditativo que seas capaz de ver a través y a través, de modo que nada obstaculice tu visión, de modo que ya no haya ninguna barrera entre tú y la realidad. Cuando la realidad está desnuda ante ti y tú estás desnudo ante la realidad, hay bendición, hay dicha.

Por eso los monjes Zen, los maestros Zen han dicho incluso: "Quemen las escrituras". No es que lo digan literalmente.

Un Maestro Zen, Ikkyu, se alojaba en un templo. Por la noche hacía demasiado frío y el templo tenía tres estatuas de Buda de madera, así que cogió la estatua más grande e hizo una hoguera dentro del templo. El fuego despertó al sacerdote, que salió corriendo. Tenía un poco de miedo de este hombre porque parecía un poco excéntrico, pero le había permitido quedarse. También parecía muy agradable y bueno. ¿Y qué había hecho?

El cura se enfadó. Dijo: "¿Qué estás haciendo? Has quemado al Buda".

Ikkyu cogió un pequeño trozo de madera y empezó a buscar, rebuscando entre las cenizas. La estatua casi había desaparecido.

El cura preguntó: "¿Qué buscas?".

Dijo: "¡Por los huesos de Buda!".

Dijo: "¡Debes estar totalmente loco! ¿Cómo una estatua de madera puede tener huesos?".

Ikkyu dijo: "Entonces la larga noche sigue ahí y hace demasiado frío, y el Buda interior está temblando.

Tú trae... hay dos estatuas más - ¡tú también ven y déjanos calentar!"

Por supuesto, el cura lo echó. ¡Este hombre era peligroso! Podría quemar todos los Budas, podría quemar incluso el templo. Pero

Ikkyu estaba mostrando algo al hombre: que una estatua de madera es una estatua de madera; no es Buda. Buda está dentro de ti. Pero si sigues adorando una estatua de madera seguirás engañado.

Por la mañana, el sacerdote abrió las puertas del templo y vio a Ikkyu sentado ante la puerta con unas flores, adorando al hito. Le dijo: "Estás realmente loco, ¡lo siento por ti!

Anoche quemaste mi mejor estatua, ¿y ahora qué haces?".

Y decía: Buddham sharanam gachchhami Sangham sharanam gachchhami, Dhammam sharanam gachchhami... y derramaba flores sobre el hito. "Voy a los pies del Buda, voy a los pies de su comuna, voy a los pies del Tao supremo que ha enseñado". E Ikkyu dijo: "Cuando tengo ganas de rezar, rezo; entonces cualquier excusa es suficiente". ¡Éstas son excusas! ¿Qué necesidad hay de tener excusas especiales? Vuestras estatuas son excusas; yo invento mis excusas cuando y dondequiera que esté. No necesito preocuparme por un templo, no necesito preocuparme por una estatua. Dondequiera que esté creo mis Budas.

"De momento, este hito está perfectamente bien. ¿Qué tiene de malo? Mira, qué bonito es y con las flores que le llueven. Y cuando dije Buddham sharanam gachchhami -voy a los pies de Buda-, asintió con la cabeza. Dijo: '¡Eres aceptado, eres bendecido!'"

Ikkyu volvía a mostrar el mismo fenómeno desde un ángulo diferente. Si sabes, si realmente sabes, entonces todo es sagrado; si no sabes, entonces nada es sagrado, ni siquiera las escrituras sagradas. Si lo sabes, entonces lo mundano se transforma en sagrado; si no lo sabes, entonces todo lo sagrado no es más que abracadabra. Todos tus templos y todas tus estatuas y todas tus escrituras son sólo invenciones, imaginaciones, sueños.

Medita sobre esta historia:

"¿CÓMO PUEDE UN CIEGO LEER EL SUTRA?"

Descubre tus ojos. Y no hay otra medicina, excepto la meditación, que pueda ayudarte a abrir los ojos. Las palabras "medicina" y "meditación" provienen de la misma raíz; ambas significan lo mismo.

La medicina cura el cuerpo, la meditación cura tu alma más íntima. La medicina cura la forma exterior, la meditación cura el ser esencial.

Es una transmisión especial

La primera pregunta
Pregunta 1:
MAESTRO,
TOMARÉ SANNYAS DENTRO DE UNOS DÍAS. ME GUSTARIA MUCHO QUE ME DIJERAS ALGO. TENGO MIEDO - HAY DUDAS - Y SIENTO SURGIR LA FELICIDAD.

Evi Huber,

Es natural sentir miedo cuando uno se adentra en algo desconocido. Cada aventura conlleva sus propios miedos. Si uno quiere vivir sin miedos sólo puede vivir en la tumba. Así es como vive mucha gente: sólo aparentan estar vivos. Respiran, hacen su trabajo, pero no es vida.

La vida sólo puede significar una cosa y es una aventura constante: pasar siempre de lo conocido a lo desconocido y, finalmente, dar un salto cuántico de lo desconocido a lo incognoscible.

Sannyas tiene dos pasos: El primero es de lo conocido a lo desconocido, y el segundo es de lo desconocido a lo incognoscible. Es natural sentir miedo y no es contradictorio que también sientas surgir la felicidad; eso también es tan natural como el miedo. la persona que vive sin ninguna aventura vive sin miedo pero también sin felicidad. Vive una vida conveniente, cómoda, acogedora, pero aburrida, estúpida, sin sentido, sin alegría, sin canciones, sin bailes; nunca ocurre nada en su ser, simplemente vegeta. Desde que nace hasta que muere, simplemente va muriendo cada día, cada momento, lentamente. Por supuesto, su muerte es tan lenta que no puede sentirla. Es una especie de suicidio lento.

La gente ha elegido este tipo de suicidio lento sólo porque quieren evitar todo miedo. Esto es evitar la vida misma, y si evitas la vida estás evitando a Dios.

Alguien preguntó una vez a Mark Twain: "¿Cuáles cree que son las tres mejores cosas de la vida?".

Con humor y sarcasmo, dijo: "Lo primero es no nacer nunca. Lo segundo mejor es morir inmediatamente después de nacer. Y lo tercero mejor es morir lo antes posible". Pero su humor encierra una tremenda verdad. Esa es tu lógica también, esa es la lógica de la mente promedio, esa es la lógica de la mente como tal.

La mente tiene mucho miedo a lo desconocido porque se siente capaz cuando funciona dentro de los límites de lo conocido. Mente significa conocimiento. Conoces todos los pros y los contras, sabes qué hacer y qué no hacer. Has pasado por la misma ruta tantas veces que ahora puedes pasar con los ojos cerrados sin miedo a tropezar con nada o a caerte o extraviarte. Puedes funcionar como un robot. La mente consiste sólo en lo conocido. En el momento en que empiezas a invitar a lo desconocido, la mente se asusta. La mente dice: "No, esto es peligroso. No estoy dispuesto".

No escuches a la mente porque mente significa pasado; muerta está, ya muerta y se ha ido. No existe. Es sólo la huella de los acontecimientos que ya no existen. La mente no sabe nada del presente, no puede saber del presente. No tiene ninguna capacidad de comunión con el presente porque el presente es siempre desconocido. No puede reducirlo al pasado. Y el miedo de la mente es que en el momento en que te encuentras con el presente tienes que ser espontáneo, y la mente se vuelve inútil. Hay que dejar la mente a un lado.

Ese es el momento en el que empieza a suceder la meditación. Permanecer confinado en lo conocido es estar en la mente; permitir que lo desconocido entre en tu ser es el comienzo de la meditación, el comienzo del Zen. El presente sólo puede abordarse a través de la no-mente. Si sacas conclusiones, sigues cargando con el pasado; las conclusiones vienen del pasado, los prejuicios vienen del pasado. Tienes que dejar de lado todo lo que has conocido. Tienes que mirar el presente en un estado de no-saber. La mente temblará, déjala temblar. Deja que muera de temblor. No la escuches.

La mente creará muchas dudas. Por eso, Evi Huber, dices... QUE HAY DUDAS... Es natural que la mente cree muchas dudas. La mente dirá "Eres perfectamente feliz, estás perfectamente cómodo. ¿Por qué te arriesgas? ¿Para qué? Puedes perder incluso lo que tienes; puede que no ganes nada. No te arriesgues". La mente te enseña a ser calculador, a ser precavido.

Y sannyas es para los jugadores; no es para los negociantes, no es para los calculadores, no es para los ordenadores. Es para hombres, hombres de verdad, hombres auténticos que siempre están dispuestos a escuchar el desafío de lo desconocido, que están dispuestos a adentrarse en el mar inexplorado. No hay garantía de la otra orilla; no puede haber ninguna garantía en sannyas.

La religión no puede ofrecer ninguna garantía. Y en el momento en que una religión empieza a ofrecer garantías, deja de ser religión y pasa a formar parte de ciertos intereses creados. Jesús no puede darte ninguna garantía; la iglesia cristiana puede darte todo tipo de garantías. Buda no podría haberte dado ninguna garantía; la iglesia budista te proporciona todo tipo de garantías, aquí y en el más allá, incluso en el otro mundo.

Las personas que siguen siempre están buscando garantías, consciente o inconscientemente; están esperando ciertos indicios de que la verdad debe estar asegurada. "Entonces podemos lanzarnos a cualquier aventura" - pero no es más aventura si está garantizada.

La dicha no se puede garantizar, la verdad no se puede garantizar, el éxtasis no se puede garantizar. Sí se puede decir que sucede. El hombre que lo ha probado puede decir: "Yo lo he probado, y existe la posibilidad de que tú también lo pruebes. Si yo lo he probado, ¿por qué no tú?". Pero no hay garantía: puede que sí, puede que no.

Y la mente vive de estas dudas. La mente dice: "¿Quién sabe? Este hombre puede estar engañando.

Tal vez no esté engañando, pero él mismo puede estar engañado. Puede estar alucinando con el éxtasis, el samadhi, soñando, creyendo. Tal vez se ha autohipnotizado o tal vez es sólo un fraude que engaña a los demás, explotando su credulidad". La mente creará todas estas preguntas, miles de preguntas. En la mente las preguntas surgen como las hojas crecen en los árboles; la mente sigue haciendo crecer muchas y muchas preguntas a cada momento. Ninguna respuesta es de ayuda; de cada respuesta la mente creará muchas más preguntas.

Es natural dudar. Si no hay dudas, tampoco hay crecimiento. Cuanto más lleno de dudas te sientas y aun así sigas el viaje, esa es la diferencia. La persona estúpida, el imbécil, el idiota puede no sentir ninguna duda, puede simplemente creer, pero no va a ninguna aventura; no puede entender lo que es la aventura. Es simplemente accidental, está a merced de los vientos. Pero la persona inteligente está obligada a sentir dudas. A pesar de las dudas uno tiene que ir; así es la vida. Ais dhammo sanantano - esta es la ley de la vida. A pesar de todas las dudas uno tiene que ir.

¿Crees que la gente que intentaba llegar al Everest no estaba llena de dudas? Durante cien años, ¿cuántas personas lo intentaron y cuántas perdieron la vida? ¿Sabes cuántas personas nunca volvieron? Ni siquiera sus cadáveres volvieron; se perdieron, se perdieron para siempre. Pero, aun así, unos pocos valientes siguieron adelante.

Hay que anotar este hecho: que ningún indio lo ha intentado. Este país ha perdido el espíritu de aceptar retos. Por eso este país ha vivido en la esclavitud durante dos mil años, y todavía no es muy libre, porque la libertad no puede ser sólo política; básicamente tiene que ser espiritual. Y este país no es espiritualmente libre.

Pero la gente seguía viniendo de todo el mundo, arriesgándose, sabiendo que tal vez no volverían nunca, que tal vez se perderían. Pero merece la pena, porque en el riesgo nace algo dentro de ti: el centro. Nace sólo en el riesgo. Esa es la belleza del riesgo, el don del riesgo.

Las personas que iban a la luna, ¿crees que estaban seguras de que llegarían? ¿Crees que estaban seguros de que volverían con sus familias, con sus hijos, con sus esposas, con sus padres? Nada era seguro. De hecho, había más posibilidades de que algo saliera mal.

Uno de los dichos más famosos de Murphy es:

Si algo puede salir mal, saldrá mal.

Y había millones de cosas que podían haber salido mal porque era el primer esfuerzo para llegar a la luna. Sólo unos segundos de diferencia y no llegarían a la luna; podrían perderse para siempre en el espacio. Puede que ni siquiera sepamos si están vivos o muertos.

Ahora se intenta llegar cada vez más lejos; tarde o temprano el hombre intentará alcanzar las estrellas.

Será un viaje largo, pero vale la pena emprenderlo, vale la pena arriesgarse. Va a ser un viaje muy extraño, porque según Albert Einstein cuando te mueves a esa velocidad no envejeces, sigues teniendo exactamente la misma edad: el tiempo se detiene. Cuando te mueves con la velocidad de la luz... y es tremenda, ciento ochenta y seis mil millas por segundo; sólo entonces podremos alcanzar las estrellas. La estrella más cercana tardará cuatro años en alcanzarse con esta velocidad y cuatro años en volver de ella; esa es la estrella más cercana. La siguiente estrella tardará sesenta años en ir y sesenta años en volver; y luego el universo es infinito - entonces hay millones de estrellas que tardarán millones de años en ir y venir. Pero la gente lo intentará algún día; los preparativos están en marcha, se están haciendo planes.

La persona que se va de viaje durante tanto tiempo, cuando regrese su mujer se parecerá a su madre - y él seguirá siendo el mismo.

Si hubiera dejado la tierra a los cuarenta años, seguiría teniendo cuarenta. Este es uno de los milagros de la velocidad, que no se envejece. Sus padres habrían muerto, sus hijos habrían llegado a ser exactamente como él era - cuarenta años de edad. Su mujer puede tener ochenta años, muy vieja, irreconocible. ¡Menudo riesgo! Pero así es como crece el espíritu del hombre.

Y éstas son aventuras exteriores, nada comparadas con la aventura interior de sannyas, la meditación, el Zen, porque cuando vas hacia dentro vas solo, absolutamente solo; nadie puede acompañarte. Pierdes todo contacto con el mundo exterior: cuanto más te adentras, el mundo exterior empieza a desaparecer. En el centro mismo de tu ser, el mundo desaparece como un sueño.

No es sólo una filosofía que los místicos hayan llamado al mundo ilusorio, maya, un sueño, hecho de la misma materia de la que están hechos los sueños No es sólo un concepto filosófico; hunde sus raíces en una profunda realización espiritual. Es una experiencia, una experiencia existencial. Ellos habían experimentado. En el momento en que llegas al centro mismo de tu ser, el mundo entero desaparece: la gente, las montañas, las estrellas, empiezan a retroceder y llega un momento en que ya no están allí Hay una inmensidad infinita, la nada.

Y cuando el mundo desaparezca, recuerda que tú, como ego, también desapareces, porque sólo puedes existir en relación con los demás. Yo/tú es un par: el "yo" no puede existir sin el "tú". Los psicólogos dicen que el "tú" es lo primero que existe y después viene el "yo"; el "yo" se añade más tarde. Primero el niño toma conciencia de los demás: la madre, el padre, los otros niños. Primero toma conciencia del "tú", y poco a poco empieza a sentir que "estoy separado".

Al principio, los niños pequeños se dirigen a sí mismos en tercera persona. Por ejemplo, un niño dirá: "Juanico tiene hambre". Tiene hambre -se llama Juanito- y dice: "Juanito tiene hambre". Aún no es lo suficientemente consciente como para decir: "Tengo hambre". Incluso piensa en sí mismo como si fuera otra persona. Mirándose en un espejo, un niño pequeño no reconoce que es su cara; piensa que hay otro niño. Intenta agarrar al niño. Si no puede agarrarlo, intenta ir detrás del espejo: "Quizá se esconde detrás del espejo". Muy lentamente, a medida que el "tú" se va definiendo con claridad, toma conciencia del "yo".

Lo mismo ocurre a la inversa cuando se pasa a la meditación. Primero desaparece el "tú" y luego, poco a poco, el "yo" pierde todo su significado. Naturalmente uno siente miedo, duda. Es un viaje peligroso, el viaje más peligroso que existe, pero con un éxtasis tremendo. Cada momento está lleno de éxtasis, de excitación, de sorpresas y sorpresas, de misterios sobre misterios.

La persona valiente no es la que no tiene miedo -sólo los idiotas no tienen miedo-, la persona valiente es la que tiene miedo, pero a pesar del miedo sigue el viaje, a pesar del miedo sigue la investigación de lo desconocido. Y lo desconocido es sólo un proceso de aprendizaje porque al final tienes que dar el salto cuántico de lo desconocido a lo incognoscible. Lo desconocido no es tan arriesgado, recuérdalo.

Evi Huber, lo desconocido es aquello que puede llegar a ser conocido, de ahí que no sea opuesto a lo conocido; es reducible a lo conocido, puede transformarse en lo conocido. La mente siente duda, miedo, pero no tanto miedo, no tanta duda como cuando llega el momento de dar el salto a lo incognoscible, porque lo incognoscible no puede reducirse a lo conocido. "Incognoscible" significa que va a seguir siendo incognoscible; su propia naturaleza es la incognoscibilidad.

Dios es incognoscible, no desconocido.

La ciencia sólo cree en dos categorías: lo conocido y lo desconocido. La religión cree en tres categorías: conocido, desconocido, incognoscible. Si la ciencia tiene razón, tarde o temprano habremos reducido todo lo desconocido a lo conocido - y la ciencia se suicidará ya no habrá necesidad de ciencia. Porque cada día más y más territorio de lo desconocido está siendo tomado por lo conocido - cosas que eran desconocidas ayer se han convertido en conocidas hoy, cosas que son desconocidas hoy serán conocidas mañana - tarde o temprano, tarde lo que tarde, pero todo lo desconocido será reducido a conocido. Por eso la ciencia piensa que no hay necesidad de religión - la ciencia es suficiente.

Pero si se pregunta a los más grandes científicos en sus raros momentos de revelación, sus declaraciones son totalmente diferentes. Justo antes de morir Albert Einstein, apenas dos días antes, dijo que "El universo se ha convertido para mí en un misterio mayor de lo que era antes de que empezara a indagar sobre él. Hoy sé menos de lo que pensaba antes".

Eddington, otro gran científico, escribió en su autobiografía que "Cuando empecé mi carrera científica era un materialista total. Me crié en un ambiente materialista. Me dijeron que sólo existe la materia y yo creía que sólo existe la materia. Pero ahora, antes de morir, quiero que conste en acta que ahora la existencia parece ser más como un pensamiento que como una cosa. Cuanto más he intentado comprender, más he sentido el misterio de todo ello".

Hay algo en la existencia que es irreductible a lo conocido, que no es desconocido sino incognoscible. Sannyas es un viaje de lo conocido a lo desconocido y de lo desconocido a lo incognoscible.

Tú dirás:

TOMARÉ SANNYAS DENTRO DE UNOS DÍAS. ME GUSTARIA MUCHO QUE ME DIJERAS ALGO. TENGO MIEDO - HAY DUDAS - Y SIENTO SURGIR LA FELICIDAD.

Escucha tu felicidad, sigue tu felicidad. Siempre te da la indicación correcta. Si un hombre escucha su felicidad nunca puede equivocarse. La felicidad es simplemente una indicación de que te estás acercando a la verdad, de que te estás acercando a la armonía de la existencia. Incluso el anhelo de acercarte a ella libera en ti fuentes ocultas de alegría. Y en el momento en que te armonizas con ella, tu vida se convierte en un puro éxtasis.

No te dejes entorpecer por tus dudas, tus incertidumbres y tus miedos. Todo el mundo tiene que enfrentarse a ellos y cuanto más inteligente es una persona, más tiene que enfrentarse a ellos. Pero la verdadera inteligencia es ser capaz de dar el salto a pesar de todos ellos.

La segunda pregunta

Pregunta 2:

MAESTRO, ¿QUÉ ES LA CODICIA?

Sahajo,

EL HOMBRE SE SIENTE SIN SENTIDO, vacío, hueco por dentro, y quiere llenarlo, rellenarlo. El esfuerzo por llenarlo de alguna manera es codicia. Ese esfuerzo está destinado al fracaso por la sencilla razón de que todo lo que acumulas permanece en el exterior; no puede llegar a tu interior. Y el problema está dentro y la solución que buscas está fuera.

Por ejemplo, sientes que no tienes sentido y tratas de llenarlo con dinero. Es un esfuerzo estúpido, un esfuerzo inconsciente, no ver un punto simple: que el dinero se puede juntar, acumular, pero se amontonará a tu alrededor. Puedes tener montañas de dinero a tu alrededor... ha habido gente con montañas de dinero.

Uno de los hombres más ricos del mundo fue Andrés Carnegia. Dejó tesoros inestimables, pero cuando agonizaba su biógrafo le preguntó: "¿Mueres contento?".

Abrió los ojos y dijo: "No, soy un hombre muy descontento. Toda mi vida ha sido un fracaso.

Me muero insatisfecho".

El biógrafo se sorprendió. Le dijo: "¡Pero si tienes tanto dinero! Quizá nadie tenga tanto dinero como tú. ¿Por qué no estar contento y satisfecho?"

Andrew Carnegie se rió y dijo: "Sí, la misma lógica destruyó toda mi vida. Yo también pensaba que si podía tener tanto dinero todo iría bien. El dinero está ahí, y he perdido mi vida acumulando toda esta basura, pero por dentro estoy tan vacío como siempre, de hecho mucho más vacío que nunca, porque cuando era pobre..." Nació pobre. No ha heredado dinero, se lo ha ganado él mismo. Trabajaba duro, dieciocho horas al día; ni siquiera los mendigos trabajan tanto. Era la avaricia encarnada. Toda su vida es la historia de la codicia.

Y su experiencia es significativa porque dice: "Cuando era pobre al menos tenía la esperanza de que algún día sería rico y entonces todo iría bien. Ahora incluso he perdido esa esperanza, porque soy rico y mi pobreza sigue siendo la misma."

La codicia es el esfuerzo del hombre no inteligente por dar sentido a su vida. Pero recuerda mi énfasis:

esfuerzo de un hombre poco inteligente. Ningún cambio cuantitativo puede realmente transformar tu vida. Puedes tener millones de dólares o billones de dólares; no va a cambiar. Es sólo mirar en la dirección de la cantidad.

Lo que realmente necesitas es una transformación cualitativa de tu ser. Necesitas que tu vida se llene de luz. Necesitas riqueza interior; la riqueza exterior no te va a ayudar. De hecho, te hará más consciente de tu pobreza interior por contraste. Y si tienes un millón de dólares y no ha pasado nada, ¿cómo puedes esperar que teniendo dos millones de dólares vaya a pasar? Si un millón de dólares no te ha dado nada, dos millones de dólares no te van a dar nada. Si un millón de dólares te han dado algo de alegría interior, de esplendor interior, entonces por supuesto que dos millones de dólares lo harán el doble; se convertirá en más. Pero la gente nunca piensa en ello. Siguen corriendo casi inconscientemente, pidiendo lo mismo una y otra vez, más y más.

La codicia significa un deseo de más sin ver la total inutilidad de ello. Si menos no te da nada.

entonces no va a pasar por tener más de lo mismo.

En su vuelo matutino por el bosque, un ángel se encuentra con un enano polaco. El ángel le dice: "Enano, te concedo dos deseos. Lo que desees, dímelo y se cumplirá".

El enano polaco se rasca la cabeza, lo que le ayuda a pensar, y con una gran sonrisa dice: "Bueno, si es así, no me importaría un buen trago de cerveza fría".

Inmediatamente aparece ante él una enorme jarra de cerveza. El ángel le dice: "Es una jarra encantada. Nunca podrás vaciarla. Siempre saldrá cerveza de ella. Te emborracharás, pero nunca te hartarás de ella. Pruébala y nunca la olvidarás. Saciará toda tu sed y siempre estarás bebiendo de ella".

El enano polaco está contento. Toma un sorbo, se lame los labios y se siente muy satisfecho de sí mismo.

El ángel mira al enano y le dice: "Aún te queda un deseo".

"¿Sí?", exclama. "Bueno, no me importaría otra cerveza, como ésta".

La avaricia es estupidez, Sahajo, estupidez total. El hombre codicioso no funciona inteligentemente. La persona inteligente puede verlo, pero ¿cuál es realmente su necesidad? Su necesidad básicamente es saber en primer lugar "¿Quién soy yo? - porque a menos que sepa quién soy, todo lo que haga estará mal; no me llenará. Una vez que sepa exactamente quién soy, entonces todo lo que haga va a aumentar mi riqueza, mis tesoros, mi dicha, mi bendición, porque entonces me estaré moviendo de acuerdo a mi naturaleza".

Enraizarse en la propia naturaleza es conocer la dicha. Sin conocer tu naturaleza, sin conocer tu ser interior, estás destinado a extraviarte. Todo lo que haces son conjeturas, todo lo que haces es imitar a los demás. La gente va detrás del dinero, así que tú vas detrás del dinero. La gente está detrás de las grandes casas, así que tú estás detrás de las grandes casas. La gente está detrás de esto, así que tú estás detrás de esto. Simplemente estás siendo imitativo, y sólo una persona estúpida es imitativa.

La persona inteligente nunca es imitativa. Trata de encontrar primero: "Cuál es mi naturaleza". Nunca imita, nunca sigue a otros. Escucha su voz interior.

Lo primero que hay que hacer es estar tan en silencio, tan meditativo, que puedas escuchar tu propia voz interior.

Es una vocecita muy quieta, pero una vez que la escuchas, te dirige, y entonces nunca te desvías.

Había una vez un portugués muy pobre cuyas únicas posesiones eran un carro y un burro. Las cosas le iban muy mal, así que decidió pedir consejo a un amigo más rico.

"Manuel", le dijo su amigo, "la solución es vender el burro. Así te ahorrarás el dinero que gastas en alimentar al burro y podrás tirar tú mismo del carro. Ya verás, puedes hacer lo mismo que el burro".

Manuel siguió su consejo y vendió su burro. Unas semanas más tarde, mientras tiraba del carro, se encontró con su amigo rico.

"Así que ya ves, Manuel", dijo su amigo, "¡te dije que podías hacer lo que hiciera el burro!".

"Puedo hacerlo casi todo, Antonio", respondió Manuel, "excepto una cosa: ¡todavía no puedo cagar mientras camino!".

Y la gente hace eso todo el tiempo: imitar a los demás. Y siempre tienen problemas porque no pueden hacer esto o aquello. Alguien está haciendo eso y ellos son incapaces y se sienten inferiores. Todo el mundo sufre de complejos de inferioridad de una forma u otra, por la sencilla razón de que seguimos comparando.

De hecho, todo el mundo es tan único que toda comparación es errónea, totalmente errónea. Pero tú no conoces tu unicidad. Nunca has entrado en tu propio ser, nunca te has encontrado contigo mismo Nunca has mirado en esa dirección en absoluto. Estás obligado a sentirte inferior. Incluso la gente más grande de tu historia, la gente que llamas muy grande, todos se sienten inferiores de una forma u otra, quizás diferentes formas de sentirse inferior, pero nadie puede realmente sentirse superior - le faltará algo. Puede que no sea tan bello como otro, puede que no sea tan sano como otro, puede que no sea tan buen músico como otro. Puede ser presidente de un país, pero cuando se trata de cantar, un mendigo puede hacerle sentir inferior. Puede ser presidente de un país, pero no ser tan rico. Hay miles de personas mucho más ricas.

La vida consiste en millones de cosas y si estás constantemente comparando... y eso es lo que te han dicho que hagas. Te han criado de tal manera, te han educado de una manera tan estúpida que estás constantemente comparando. Alguien es más alto que tú, alguien es más hermoso que tú, alguien parece ser más inteligente que tú, alguien parece ser más virtuoso, más religioso, más meditativo. Y siempre estás en un estado de inferioridad, de sufrimiento.

Mira dentro de ti y experimentarás una gran unicidad. Y toda inferioridad desaparece, se evapora; fue creada por ti y por una educación equivocada, fue creada por una estrategia sutil - la estrategia de la comparación. Una vez que conoces tu unicidad te sientes feliz, y entonces no hay necesidad de seguir a nadie. Aprende de todo el mundo. Una persona inteligente aprende incluso de los idiotas, porque hay pocas cosas que puedas aprender sólo de los idiotas porque son expertos en la idiotez. Al menos mirándolos, observándolos, puedes evitar algunas cosas en tu vida.

Puedes aprender de todo el mundo, no sólo del hombre, sino también de los animales, de los árboles, de las nubes, de los ríos. Pero no se trata de imitar. No puedes convertirte en un río, pero puedes aprender alguna cualidad que se asemeje a la de un río: el fluir, el dejarse llevar. Puedes aprender algo de una rosa. No puedes convertirte en una rosa, no es necesario, pero puedes aprender algo de ella. Ves la rosa tan delicada y tan fuerte en el viento, en la lluvia, en el sol. Al atardecer ya no estará, pero no le importa, está feliz en ese momento. Puedes aprender de la rosa cómo vivir el momento. Ahora mismo la rosa flor está bailando bajo el viento, bajo la lluvia, sin miedo, despreocupada por el futuro. Al atardecer los pétalos se marchitarán, pero ¿a quién le importa el atardecer? Este momento es todo y esta danza es todo lo que hay.

Aprende algo de la rosa. Aprende algo del pájaro al vuelo: el coraje, el valor de adentrarse en lo ilimitado. Aprende de todas las fuentes, pero no imites. Pero eso sólo es posible si has encontrado el espacio adecuado para empezar, que es el conocimiento de ti mismo.

Entonces, Sahajo, la codicia desaparece. La codicia es desconocimiento de uno mismo. La codicia se debe a que nunca has mirado dentro de ti, y te sientes vacío y sigues haciendo todo tipo de esfuerzos para llenar ese vacío. No se puede llenar. Experiméntalo y te sorprenderás: ese vacío sólo parece vacío desde fuera; cuando entras en él, es una plenitud de su propia clase. No está vacío en absoluto; es vasto, es infinito. Tiene una tremenda belleza de silencio, de pureza. Y entonces no lo verás como vacío en un sentido negativo; empezarás a sentir un bienestar positivo en él. Es amplitud, no vacío. Es amplitud, no vacío.

Y ése es el mensaje del Zen: experimentar tu vacío tan totalmente que el vacío mismo se convierta en plenitud. Entonces toda codicia desaparece, y esa es la única manera en que desaparece; no hay otra manera.

La tercera pregunta

Pregunta 3:

MAESTRO,

¿NO SON REALMENTE Y BÁSICAMENTE DIFERENTES LAS DISTINTAS RAZAS DEL HOMBRE?

Prageeto,

EL HOMBRE ES ESENCIALMENTE IGUAL - pero esencialmente, intrínsecamente, centralmente. En la circunferencia no es el mismo, y hay millones de variedades. De hecho, no se trata de diferentes razas - no hay dos individuos iguales, ¿cómo puede ser igual toda la humanidad? Las personas han vivido en climas diferentes, en situaciones diferentes, enfrentándose a retos diferentes; por supuesto, han desarrollado circunferencias diferentes, mentes diferentes. En lo que respecta a las mentes, las personas son diferentes, y cada raza tiene un determinado tipo de mente.

Pero la diferencia está sólo en la mente y la mente no es muy sustancial; es una sombra. Tu sombra es diferente de mi sombra, pero la diferencia es sólo de la sombra. De hecho, mi propia sombra no es la misma todo el día: por la mañana es diferente, por la noche es diferente, por la tarde es diferente.

He oído hablar de un zorro:

El zorro salió de su madriguera por la mañana temprano. El sol acababa de salir, y el zorro vio su sombra, una sombra muy larga. Y, por supuesto, ¿cómo te conoces a ti mismo? - Por tus sombras. Los zorros no usan espejos, pero es lo mismo. Tú lo haces de una forma más tecnológica: utilizas el espejo o utilizas los ojos de otras personas como espejos, sus opiniones. Así es como creas tu identidad. Los zorros son gente pobre, gente sencilla, gente primitiva, no muy sofisticada ni culta ni educada.

El zorro vio su sombra, una sombra muy alargada, bajo el sol de primera hora de la mañana. Y por supuesto pensó: "¡Dios mío, así que soy así de grande! Parece que necesitaré, si no un elefante, al menos un camello para el desayuno". Y mirando la sombra acertó de pleno. Y se puso a buscar a ver si encontraba un camello o un elefante para el desayuno, pero el pobre zorro no pudo encontrar ningún elefante ni ningún camello.

Eran las doce y tenía mucha hambre: no había desayunado. Y se acerca la hora de comer ¡y ni siquiera ha desayunado! Volvió a mirar su sombra; estaba muy sorprendido:

"¿Qué ha pasado?" Pero luego argumentó: "¡Claro, sin desayunar va a pasar esto!".

La sombra era tan pequeña, justo debajo de él, que pensó: "Dios mío, parece que estoy muy cerca de la muerte. Si no encuentro algo inmediatamente, ¡voy a morir! Y ahora no hay necesidad de ningún elefante o camello - incluso si puedo encontrar una hormiga grande, eso será suficiente - ¡al menos para el desayuno!"

Tu sombra cambia; incluso tu propia sombra nunca es la misma. Cada raza tiene su propia sombra.

En otras palabras, cada raza tiene su propia historia. En otras palabras, cada raza tiene su propia mente: el pasado. Por supuesto, el pasado de los judíos no es el pasado de los hindúes. ¿Cómo pueden tener el mismo tipo de mente? No pueden. El pasado de los cristianos no es el pasado de los jainistas. ¿Cómo pueden tener el mismo tipo de mente? Es imposible.

Pero estas diferencias están sólo en la circunferencia, recuerda; en el centro, la conciencia es la misma. Que tu piel sea negra o blanca o amarilla o roja, no importa. Es sólo una cuestión de unos pocos pigmentos de color; tampoco vale mucho. De hecho, entre un negro y un hombre muy muy blanco la diferencia es sólo de un pequeño pigmento de color, que vale cuatro annas solamente, no más que eso. Y recuerda, el negro tiene cuatro ANAS más de pigmento que el hombre blanco; es mucho más rico, no es más pobre en ese sentido. El hombre blanco es más pobre en ese sentido. Pero la diferencia de piel y el color no es la diferencia de conciencia.

La humanidad entera sólo necesita un tipo de meditación, porque la meditación pertenece al estado de no-mente; no es una cuestión de mente. Hay muchas moralidades en el mundo, tiene que haberlas, porque diferentes mentes tienen diferentes moralidades. Y puedes discutir por siempre y para siempre y no va a haber nada concluyente sobre las moralidades.

Hay jainistas en la India que creen en el vegetarianismo absoluto. Yo nací en una familia jainista. En mi infancia, ni siquiera entraban tomates en casa por su color: parecen carne.

De hecho, no sé si se parecen exactamente a la carne o no porque nunca he visto carne; ni siquiera ahora, todavía no he visto carne. Sólo la idea de que la carne debe ser roja y los pobres tomates también parecen rojos... Mi abuela estaba muy en contra de los pobres tomates. Yo no había comido tomates hasta los dieciocho años, y cuando por primera vez comí tomates vomité inmediatamente. No podía asimilarlo, tenía que tirarlo; era tan repelente.

Ahora sé que no hay ningún problema. Puedo comer Michael Tomato muy fácilmente, ¡no hay ningún problema! Pero era una cierta mente.

Una vez se quedó conmigo un cristiano cuáquero... y los jainistas piensan que son el pueblo más vegetariano de todo el mundo; deberían olvidarse de todo eso. Yo también pensaba antes que los jainistas son el pueblo más vegetariano. Le pregunté al cuáquero -era un misionero cuáquero- qué le gustaría:

¿leche, café, té?

Me dijo: "¿Leche? ¡¿Un hombre como tú bebe leche?!"

Parecía tan desconcertado. No podía creer lo que veía: ¿qué le pasa a la leche? Le pregunté: "¿Qué te pasa? ¿Le pasa algo a la leche?".

Él respondió: "¡Por supuesto! Es un producto animal. Nosotros los cuáqueros no usamos ningún producto animal. Es igual que la comida no vegetariana. Tanto si bebes sangre como si bebes leche, es lo mismo: ambos provienen del cuerpo".

Y hay alguna razón en ello, alguna lógica en ello. Ahora, en la India, todos los vegetarianos piensan que la leche es el más puro, el alimento más sáttvico - el más puro, el alimento más espiritual Hay personas, santos, sólo famosos por la simple razón de que beben sólo leche y nada más; no comen nada.

Y son adorados - por esa razón, porque su sacrificio es grande. Ahora bien, según los cuáqueros son pecadores e irán al infierno.

Las moralidades están destinadas a ser diferentes porque surgen de la mente. Sólo una cosa puede unir a toda la humanidad, y es la meditación. Sólo una cosa puede hacer de toda la tierra una familia, y es la meditación. Todas las demás religiones se han peleado y seguirán peleándose; han dividido a la humanidad. Hay trescientas religiones en el mundo, y éstas son las grandes; hay pequeñas sectas y subsectas. Si las cuentas todas, llegarán a cerca de treinta mil - pero trescientas divisiones en la humanidad Y todas se miran unas a otras como pecadoras.

Ningún cristiano cree que alguien que no sea cristiano pueda entrar en el paraíso. En el último día del juicio se decidirá quiénes son los cristianos y quiénes no lo son. Lo mismo piensan los jainistas, los hindúes y los mahometanos. Todos serán clasificados.

Los mahometanos irán al cielo y los no mahometanos, los kafirs, irán al infierno. Y los hindúes tienen un derecho de nacimiento, por supuesto, son el pueblo más religioso, el pueblo más sagrado de la tierra. Y también lo son los judíos, el pueblo elegido de Dios; nadie ha sido elegido por Dios excepto los judíos. Todas estas son ideas egoístas.

Pero en la circunferencia la gente difiere. En sus filosofías, en sus ideologías, en sus morales, en sus mentes, están obligados a ser diferentes. Pero en lo que respecta al núcleo esencial, son uno.

Y mi énfasis aquí es para el núcleo esencial. Así que aquí nadie es hindú, mahometano o cristiano. Mis sannyasins no son una nueva religión, mis sannyasins son sólo religiosos. Es una religión sin religión. Es un tipo de religiosidad, no una ideología, no una moral, sino una meditación. Es Zen puro: la transmisión especial más allá de las escrituras, más allá de las palabras, más allá de las mentes.

Y no estoy en contra de la variedad de personas. No estoy diciendo que todos deban ser exactamente iguales; eso sería una tierra muy aburrida, una situación muy aburrida. La gente debe seguir siendo diferente. Si reconocen la unidad esencial, entonces no hay problema. Entonces la variedad es hermosa.

El lord inglés sale por la puerta de su castillo y le dice a James, su mayordomo: "James, por favor, dame un portazo: ¡he discutido con Milady!".

Un turista estadounidense visita Alemania Occidental. Antes de volver a casa, decidió visitar el barrio rojo de Múnich.

Después de disfrutar de las delicias de una de las rubias pechugonas de la luz roja, se marchó inmediatamente, sin pagar dinero.

"¿Y las marcas?", gritó la prostituta.

"Oh, sí. Diez de diez", respondió.

Un irlandés compró a su novia un magnífico ramo de rosas. Al recibir el regalo, ella le cogió de la mano, le llevó a su dormitorio, se quitó la ropa y se tumbó desnuda en la cama.

"Esto es por las rosas", dijo sexy.

"No seas tonto", me contestó, "¡durarán más en un jarrón!".

Un negro entra en un restaurante que acaba de ser obligado por ley a servir a gente de color. Es el único negro de la sala. Todos los demás clientes le miran indignados.

El camarero se le acerca con la carta de vinos. "¿Qué quiere?", le pregunta.

El negro, mirando alrededor de la habitación antes de contestar, dice en voz alta: "¡Dame una blanca, seca!".

Un prisionero es conducido a la horca en la India cuando se desata una tormenta.

Dice el prisionero a su escolta: "¡Terrible tiempo!".

El verdugo le mira en silencio durante un momento y luego dice: "Tienes suerte, amigo, ¡tengo que volver a entrar en él!".

Un alemán que sube a un tren se dirige al revisor, le entrega su billete y le pide que le indique su asiento. El revisor accede.

Poco después, el pasajero alemán se dirige de nuevo al revisor y le pide un asiento junto a la ventanilla. Le dicen: "No hay problema. Si quiere sentarse junto a la ventanilla, sólo tiene que pedirle a la persona que está sentada junto a la ventanilla que cambie de asiento con usted".

"Ya, ya", dice el alemán. "¡Eso está muy bien, pero no hay nadie sentado junto a la ventana!"

Un ginecólogo estaba perplejo. En los últimos días había atendido a cinco clientas que se habían tatuado la letra "W"" en el estómago. Con la llegada del sexto caso, el médico no pudo contener por más tiempo su curiosidad y preguntó a la señora al respecto.

"Bueno, doc", respondió ella, "hay un barco americano en el puerto en este momento. A bordo hay un marinero maravilloso llamado William que tiene su inicial tatuada en el estómago. Ha utilizado un moderno proceso de tatuaje que deja una marca si toca otra cosa, como el papel secante".

El médico quedó muy impresionado, tanto por la original forma de tatuar como por la actuación, a todas luces brillante, de William.

Así que cuando llegó la siguiente señora con la marca le dijo: "¡Ah, veo por esta marca que has tenido un encuentro con un marinero americano llamado William!".

"No, doc", fue la sorprendida respuesta. "He tenido una aventura con un marinero cuyo tatuaje deja marca, ¡pero es francés y se llama Maurice!".

Un brasileño, sentado en el compartimento restaurante del tren, comía lentamente su comida, cuando una señora inglesa y sus dos hijos se sentaron a su mesa. Mientras ellos pedían, el brasileño terminó su comida, se hurgó los dientes, estiró las piernas y soltó un gran eructo.

La señora se escandalizó y exclamó: "¿Tiene la costumbre de hacer estas cosas delante de sus hijos?".

El brasileño respondió: "Oi, donna, en mi casa no tenemos reglas. A veces eructan ellos, a veces eructo yo".

El polaco le pide a su novia que luchen, pero ella dice que no quiere porque no se encuentra bien.

"¿Cómo que no te encuentras bien?", dice.

"Sabes", dice, "tengo mi momento del mes".

"¿A qué te refieres con la época del mes?", dice.

"Sabes", dice, "tengo la regla".

"¿Cómo que punto?", dice.

"Sabes", dice, "estoy sangrando aquí abajo". Y se abre los pantalones para enseñárselos.

"¡Jesús!" dice, "¡No me extraña que estés sangrando! Te han cortado la polla".

La pareja griega de recién casados se abraza profundamente. Mientras la besa y la acaricia, él le susurra: "¡Amor mío, ahora la meteré donde nunca nadie lo ha hecho!".

Con voz asustada grita: "¡Oh, no! ¡En mis oídos... nunca!".

Y la última:

Una inspectora de sanidad, tras comprobar las condiciones sanitarias de la panadería Boccala, citó al propietario.

"Escucha", se quejó, "¡uno de los panaderos de ahí detrás está tirando la masa contra su pecho desnudo para aplanarla y hacer pizzas!".

"Eso no está tan mal", dijo Boccala, "¡deberías haber estado aquí ayer cuando hizo los donuts!".

La cuarta pregunta

Pregunta 4:

MAESTRO, SOY FELIZ COMO SOY. SOY UN HOMBRE MUY AMBICIOSO Y NO QUIERO SER ILUMINADO. POR FAVOR BENDÍCEME PARA CUMPLIR MIS SUEÑOS. TODO ES POSIBLE A TRAVES DE TU GRACIA.

Sunderlal,

NO ES EL LUGAR ADECUADO PARA TI. Has caído en una compañía equivocada. Primero dices:

SOY FELIZ COMO SOY.

Un hombre feliz nunca es ambicioso. No tiene por qué ser feliz si es ambicioso, o si es feliz no tiene por qué ser ambicioso. Ambas cosas no pueden existir juntas. Si eres feliz, la ambición desaparece; si eres ambicioso, eres desgraciado. Sólo en la miseria crece la ambición.

La ambición simplemente significa que no eres feliz tal y como eres.

¿Qué sueños quieres cumplir? Eso significa que la realidad en la que vives no te satisface, no es suficiente; quieres algo más. Sólo una mente miserable quiere algo más. La idea misma del "más" es por miseria. Pero pareces ser muy inconsciente de tu miseria, o tal vez muy astuto. No quieres reconocerla, no quieres confesarla. Dices:

SOY FELIZ COMO SOY.

Eso sólo es posible si estás iluminado. Y la persona iluminada ya no tiene sueños que cumplir; ha terminado con los sueños. No es que todos sus sueños se cumplan, pero ha llegado a saber que los sueños son sueños y que no pueden cumplirse. Ha llegado a ver la completa inutilidad de todos los sueños, de todas las ensoñaciones. Está despierto; los sueños sólo pueden existir en el sueño.

Pero si eres feliz en tu miseria, entonces no te molestaré en absoluto. Es tu vida; tienes que decidir sobre ella. Si la quieres como es, quédate como estás. ¿Por qué has venido aquí?

Una vez, en un lejano país invernal, vivía un joven gorrión rebelde. Cuando se acercaba el final del otoño y otros gorriones se disponían a volar hacia el sur, hacia el sol, el joven gorrión decidió no ir con ellos.

Pronto llegó el invierno y el gorrioncillo cada vez tenía más frío. Finalmente decidió volar hacia el sur, sabiendo que moriría congelado quedándose donde estaba.

Hacía tanto frío que se formó hielo en sus alas mientras volaba, cayó fulminado a tierra y aterrizó en un corral.

Una vaca que pasaba por el patio hizo una gran cagada encima del gorrioncillo. El gorrión pensó que se asfixiaría, pero en lugar de eso volvió a la vida. Así, caliente, feliz y capaz de respirar, el joven pájaro empezó a cantar.

Un gato que pasaba por allí, al oír el alegre canto, retiró la mierda de vaca, vio al pájaro feliz y se lo comió.

Esta historia tiene tres moralejas:

Primero: Cualquiera que se cague en ti no es necesariamente tu enemigo.

Segundo: Cualquiera que te saque de la mierda no es necesariamente tu amigo.

Y tercero: si eres feliz y estás calentito en un montón de mierda, mantén la bocaza cerrada.

Entonces, ¿por qué esta pregunta? ¡Cállate! De lo contrario hay peligro... ¡hay muchos gatos iluminados por aquí! Tú dirás:

SOY FELIZ COMO SOY.

¿De verdad? Nunca he oído hablar de tal cosa. Buda puede decirlo, Mahavira puede decirlo, Zaratustra puede decirlo, pero entonces no preguntarán otras cosas que tú estás preguntando. No dirán que son ambiciosos, muy ambiciosos. Tienes miedo de la iluminación porque lo tienes claro: si quieres estar iluminado, tienes que dejar de ser ambicioso. Esto es una barrera. Ambición significa ego. Ambición significa esfuerzo continuo para engrandecer tu ego, para seguir inflándolo, para seguir haciéndolo más y más grande. Por eso tienes miedo de la iluminación.

Pero has venido aquí para ser bendecido. Así es como se ha deteriorado el genio indio. Vienes a una persona religiosa en la India para ser bendecido, para cumplir tus sueños. Y hay personas supuestamente espirituales en la India que bendecirán tus estúpidos sueños y te darán la esperanza de que se cumplan. Te has acostumbrado a todas estas tonterías. Ni tú eres religioso ni ellos son religiosos. Si son religiosos destruirán todos tus sueños, porque una persona religiosa sólo tiene trabajo que hacer y es destruir tus sueños.

Esa es la única manera en que puede serte útil, esa es la única manera en que puede ser una bendición para ti.

No puedo bendecir tus sueños. Puedo bendecirte, pero no tus sueños. Y puedo bendecirte para que puedas estar despierto, para que puedas salir de tus sueños.

Esta ambición, Sunderlal, es pura estupidez. Es monería. En los monos han descubierto que existe una jerarquía. Siempre hay un mono jefe -el presidente, puedes llamarlo así, o el primer ministro-, el más astuto, el más peligroso, el más destructivo, violento, sangriento; se convierte en el jefe, domina a todo el mundo. Si vas a un árbol donde hay muchos monos sentados, puedes ver su jerarquía. El mono más alto estará en la rama más alta, luego debajo de él estará la gente que espera que muera, que espera que sea demasiado viejo para hacerse con el poder, y así sucesivamente. En la más baja se encuentran los monos jóvenes que están aprendiendo formas de alcanzar un estatus cada vez más alto.

El mono más alto tendrá muchas más hembras, obviamente; las hembras más hermosas le pertenecerán. Él tendrá el primer derecho a hacer el amor con cualquier hembra, y luego se podrá permitir a otras, pero ahí también sigue una jerarquía.

Si Darwin no hubiera descubierto que el hombre procede de los monos, la política habría bastado para demostrar que el hombre debe de proceder de los monos.

Tienes una mente política. Una mente ambiciosa significa una mente política: agarrar, aferrarse, aferrarse a más y más, siempre tratando de llegar a la cima. Y no hay nada más allá de la cima; simplemente pareces tonto sentado ahí. Pero al no encontrar a dónde ir, tienes que parar. Sólo los polacos tienen una cosa que es muy bonita: en las escaleras polacas, en el último peldaño, hay un pequeño aviso: "STOP", porque los polacos pueden seguir y seguir.

A un hombre tuvieron que extirparle quirúrgicamente los testículos, y todo lo que había disponible para sustituirlos eran un par de bolas de mono.

Tiempo después, cuando su mujer dio a luz a su primer hijo, preguntó a la enfermera si era niño o niña.

"No lo sé", respondió ella. "¡No podemos quitar al bastardo peludo del techo!"

¿Qué harás aunque llegues hasta el techo? ¡Sólo parecerás tonto!

Intenta comprender que todos tus sueños son básicamente una huida de ti mismo. Dices que eres feliz, pero no lo eres. Intentas escapar de ti mismo en tus sueños, en tus ambiciones.

El hombre que es feliz está relajado, está en un let-go, está en un descanso. No está interesado en convertirse en otra persona, no está interesado en estar en otro lugar, no está interesado en el futuro en absoluto. Su presente es tal alegría, cada momento es tal éxtasis, que ¿por qué debería preocuparse por el futuro? El mañana sólo existe para el miserable, porque el miserable vive en la esperanza. Su vida está tan llena de miseria que la única manera de tolerarla es seguir manteniendo alguna esperanza, esperando que mañana las cosas sean diferentes.

Por favor, cuando estés aquí sé al menos honesto y sincero. No me interesa que te ilumines -nadie puede obligarte a ello-, pero no sigas engañándote a ti mismo diciéndote que eres feliz. No lo eres.

Y pronto todos tus sueños simplemente te agotarán, te cansarán, te aburrirán. Y recuerda una cosa: es muy difícil cumplirlos. Incluso con todas las bendiciones de todos tus supuestos santos no pueden cumplirse; son intrínsecamente incumplibles. Así que al final sólo la frustración estará en tus manos. Y si por casualidad, sólo por puro accidente, coincidencia, se cumple algún sueño, te sentirás aún más frustrado y agotado que si no se hubiera cumplido, porque una vez cumplido verás la futilidad de todo ello.

Su majestad, el león, rey de la selva, sale a dar un paseo matutino. En su camino se encuentra con Charlie, el mono, profundamente desesperado, con lágrimas rodando por su cara.

"¿Qué te pasa, Charlie, amigo mío?", pregunta el león con cariño.

"Oh, mi rey", llora Charlie. "Me he enamorado de Alexandra, la hermosa jirafa, pero las autoridades no nos permiten casarnos, por razones de discriminación racial. Oh, por favor, rey, concédenos este matrimonio. No puedo vivir sin ella".

Sintiendo la verdad de su amor, el rey permite este matrimonio excepcional.

Unas semanas más tarde, el rey se encuentra con Charlie en su paseo matutino. Charlie ha adelgazado tanto que apenas puede sostenerse sobre sus temblorosas piernas. El rey se sorprende. "Charlie, amigo mío, ¿qué está pasando?".

"Pues verás, mi rey", responde Charlie, balanceando sus brazos de mono, "el amor sigue fluyendo entre Alexandra y yo, pero es muy difícil, ¡ya sabes, correr para besarse, correr para follar, correr para besarse, correr para follar...!".

Aunque tus sueños se cumplan estarás muy agotado, muy cansado. Y tampoco soy mago.

Tú dirás:

TODO ES POSIBLE POR TU GRACIA.

No intentes sobornarme de ninguna manera: no se me puede sobornar. No esperes que alabándome puedas obtener mis bendiciones. Sólo puedo bendecirte por la iluminación, y nada más puede tener mi apoyo de ninguna manera posible, porque sé que sólo si te llenas de luz tu vida tendrá algún significado, alguna verdad, alguna alegría, alguna celebración, alguna danza.

Y recuerda, yo no soy un mago. Debes ir a Satya Sai Baba o a gente como él, gente que pretende hacer milagros. Pero recuerda siempre, a veces estos milagros pueden ir al otro extremo. Y la mente siempre se mueve de un extremo al otro extremo; nunca se detiene en el medio. Si se detiene en el medio se ilumina. Se mueve de un extremo al otro extremo.

El pobre quiere ser rico, el rico quiere ser pobre. Continuamente la gente pide lo contrario. Lo contrario les parece atractivo porque lo desconocen. ¿Cuáles son tus sueños? Deben ser cosas opuestas, cosas que no has experimentado; y las anhelas y en el fondo piensas que los demás están disfrutando de todas esas cosas. Nadie está disfrutando de nada en el mundo, no me he encontrado con una sola persona que esté disfrutando de algo. Hay muy pocas personas, se pueden contar con los dedos de la mano, que disfrutan, pero no disfrutan de nada. Están disfrutando de su ser, de su conciencia. Y de eso se trata la iluminación.

Un hombre acababa de casarse con una hermosa joven. Quería hacer el amor con ella, pero tenía la polla muy corta, así que fue a ver a un mago. El mago le dio una píldora y le dijo: "Cada vez que alguien diga 'Perdóname', crecerá una pulgada".

Así que lo intentó. Pasó entre multitudes de gente: "Perdón, perdón, perdón", y el mago tenía razón: se estaba produciendo el milagro. Estaba exultante.

Pronto llegó a casa y estaba a punto de hacer el amor con su hermosa joven cuando alguien entró en la habitación. "¡Perdone! Perdón! exclamó el intruso. "¡Mil veces perdón!"

Ahora piensa en ese hombre... ahora el hombre ha desaparecido. Ahora está buscando a otro mago que pueda ayudarle.

Olvídate de estos magos; son buenos en lo que respecta a los cuentos. En la vida real sólo hay una magia: la magia del despertar. Sólo hay un milagro: el milagro de volver a casa. Y eso es posible, y yo estoy dispuesto a bendecirte y ayudarte. Puedo cogerte de la mano y guiarte hacia la felicidad suprema. Pero no pidas ninguna otra estupidez.

Pero este es un problema constante. Los indios siguen escribiéndome: "Si tomamos sannyas, ¿nos ayudará a ser prósperos?

¿Nos ayudará a tener más éxito en la vida?". Estas no son las personas que pueden pertenecerme, y yo no soy la persona que puede tener comunión alguna con este tipo de personas frustradas y ambiciosas. Y estas son las personas que se creen religiosas.

Pero hay supuestos santos - Muktanandas y Akandanandas - que siguen bendiciéndolos por cualquier tipo de estupidez. Tú pides y ellos están dispuestos a bendecirte.

Sólo puedo bendecirte por una cosa, absolutamente sólo por una cosa, y es la iluminación. Y tú dices que no estás interesado en iluminarte; entonces tampoco estoy interesado en ti. Estoy interesado en la gente que está interesada en la iluminación. Este lugar les pertenece, toda mi energía les pertenece. Ellos son mi gente. Los demás no deben molestarse, no deben tomarse la molestia de venir aquí.